Hans Reichelt

Mitarbeit: Elisabeth Ittershagen und Frank Schumann

Die deutschen Kriegsheimkehrer

Was hat die DDR für sie getan?

edition ost

ISBN 978-3-360-01089-6

© 2007 edition ost im Verlag Das Neue Berlin, Berlin
Das Neue Berlin Verlagsgesellschaft mbH

Umschlaggestaltung: www.buchgestalter.net
Umschlagfotos: Stiftung Archiv der Parteien und Massenorgani-
sationen im Bundesarchiv (SAPMO-BArch)
Illustrationen: Archiv Hans Reichelt, Frank Schumann 100, 117;
Bundesarchiv S. 34, 40, 43, 50, 59, 72, 105, 106, 113, 119, 124,
126, 127, 133, 140, 143, 147

Druck und Bindung: Salzland Druck, Staßfurt

Ein Verlagsverzeichnis schicken wir Ihnen gern:
Das Neue Berlin Verlagsgesellschaft mbH
Neue Grünstr. 18, 10179 Berlin
Tel. 01805/30 99 99 (0,14 Euro/Min.)

Die Bücher des Verlags Das Neue Berlin und der edition ost
erscheinen in der Eulenspiegel Verlagsgruppe
www.edition-ost.de

Das Buch

Zur Politik gehören Legenden. Sie gehen irgendwann in die Geschichtsbücher als historische Wahrheit ein. Schon Napoleon war der Meinung, Geschichte sei lediglich die Lüge, auf die man sich geeinigt habe. Eine der Legenden der Bundesrepublik lautet: Adenauer hat 1955 die deutschen Kriegsgefangenen aus der Sowjetunion heimgeholt. Dieses Verdienst kommt in Wahrheit anderen zu. Die Führung in Ostberlin hat ausdauernd, beginnend bereits 1946, sich für Hunderttausende Männer (und auch Frauen!) engagiert, die sich in sowjetischen, polnischen, tschechischen, jugoslawischen, albanischen, ja selbst in vietnamesischen Lagern befanden.

Hans Reichelt war nicht nur selbst geraume Zeit in sowjetischer Kriegsgefangenschaft. Er war auch Zeuge und Beteiligter dieser Bemühungen. Seine Erinnerungen sind darum sowohl exklusiv als auch erheblich für die Geschichtsschreibung. Nicht Adenauer ist also die Heimkehr zu danken, sondern Pieck, Grotewohl, Ulbricht, Merker und anderen ostdeutschen Politikern, was wie so vieles andere, das mit diesen Namen verbunden ist, heute gern verschwiegen wird.

Der Autor

Hans Reichelt, Jahrgang 1925, aus Schlesien stammend, kam von der Oberschule zur Wehrmacht. 1945 schickte man ihn noch zur Offiziersschule. Er war zwölf Tage Leutnant, als er mit 20 Jahren südlich von Prag am 9. Mai 1945 in Kriegsgefangenschaft ging und danach von Partisanen fast noch erschossen worden wäre.

Nach viereinhalb Jahren Kriegsgefangenschaft kehrte er zurück: geläutert und reifer. Die Zeit der Umkehr in Tscherepowez und Taliza betrachte er noch immer als wesentlich für sein Leben. Reichelt wurde mit 28 Minister in der DDR und gehörte im August 1953 der Regierungsdelegation an, die in Moskau u. a. über die restlichen deutschen Kriegsgefangenen in der Sowjetunion verhandelte.

Mit kurzzeitigen Unterbrechungen gehörte Hans Reichelt (DBD) 32 Jahre lang der DDR-Regierung an. Damit war er wohl der längstgediente Minister der Welt. Wichtige Überzeugungen und charakterliche Haltungen dafür gewann er in der schweren Zeit seiner Internierung, die er – wie viele andere auch – nicht nur als Schicksal, sondern als Chance begriff.

Inhalt

Es gibt Dinge,
über die spreche ich nicht einmal mit mir selbst.

Konrad Adenauer

Vorwort

Auch wenn bei diesem Thema meist nur mit Hunderttausenden und Millionen gerechnet wird, sollten wir nie vergessen: Es handelt sich um Menschen. Jeder einzelne, der in dieser anonymen Zahl verschwindet, hatte ein individuelles Schicksal. Er gehörte zu einer Familie, die daran Anteil nahm. Insofern ist der Kreis der unmittelbar Beteiligten und Betroffenen weitaus größer. Die Tragik eines einzelnen Lebens berührt stärker als das von Massen. Trotzdem müssen wir zunächst über die vielen reden, ehe über den einzelnen gesprochen werden soll.

Vom ersten Tag des Zweiten Weltkriegs an gerieten Soldaten der jeweils anderen Seite in die Hände. Sie galten als Kriegsgefangene.

In Europa wurden etwa elf Millionen Angehörige der Deutschen Wehrmacht und der Waffen-SS von Armeen der Antihitlerkoalition interniert – knapp acht Millionen davon durch die Westalliierten, etwas über drei Millionen von der Sowjetunion. Seit 1941, seit dem Überfall Nazideutschlands auf die UdSSR, gerieten nahezu sechs Millionen Rotarmisten in deutsche Kriegsgefangenschaft, davon die meisten im ersten Jahr. Mit dem Einbruch der Kälte im Herbst 1941 starben bis Februar 1942 insgesamt rund zwei Millionen sowjetische Kriegsgefangene an Erfrierungen in improvisierten Lagern ohne Behausung oder an unmenschlicher Behandlung. Der von der Naziführung einkalkulierte »Tod durch Hunger« hielt reiche Ernte. Zehntausende entkräfteter Soldaten verloren ihr Leben auf den Transporten zur Zwangsarbeit nach Deutschland oder bei Epidemien in den Sammellagern. Lediglich etwa 630.000 sowjetische Kriegsgefangene überlebten das Kriegsende in Deutschland, jeder Zehnte also.

Gemäß der Haager Landkriegsordnung von 1907 sollten Gefangene human und »in Beziehung auf Nahrung, Unterkunft und Kleidung auf demselben Fuße«, also genauso »wie die Truppen der Regierung, die sie gefangengenommen hat« behandelt werden. In Genf hatten sich 1929 die teilnehmenden Staaten auf weitere Bestimmungen im Umgang mit Gefangenen festgelegt, darunter auch auf das Verbot, sie zu »unzuträglichen und gefährlichen Arbeiten zu verwenden«.

Unmittelbar nach der Zerschlagung Polens wurde vom Hitlerregime den rund 400.000 in Gefangenschaft geratenen polnischen Soldaten der Status »Kriegsgefangener« demonstrativ mit der Begründung aberkannt, ein nicht existenter polnischer Staat könne auch über keine bewaffneten Organe verfügen. Die polnischen Soldaten erklärte man zu Zivilisten und setzte sie als Zwangsarbeiter in der deutschen Wirtschaft ein. So erging es auch etwa 100.000 serbischen Soldaten. Hingegen wurden die 1,6 Millionen der im Rahmen der deutschen Westoffensive 1940 gefangengenommenen französischen Soldaten zu Arbeitseinsätzen im Deutschen Reich verpflichtet, für die sie aber bezahlt wurden.

Allein schon aus diesen wenigen Fakten ist ersichtlich, daß die Führung des deutschen Nazireiches sich kaum, allenfalls punktuell an die Genfer Kriegsgefangenen-Konvention hielt. Und daß sie sehr unterschiedlich mit Kriegsgefangenen umging: Slawische »Untermenschen« wurden auch als solche behandelt. Das erklärt im wesentlichen die große Furcht, insbesondere der deutschen Soldaten, vor einer Gefangennahme durch die Rote Armee. Es waren nicht nur antikommunistische und antisowjetische Ressentiments im Spiel. Viele wußten, wie mit den Rotarmisten umgegangen worden war und rechneten nun mit Vergeltung. Denn wenn das Gleichheits-Prinzip der Haager Landkriegsordnung nach der deutschen Niederlage in Anwendung kommen würde, konnten sie nichts Gutes für sich erwarten.

Wir wissen, daß es so nicht kam. Von den 3,3 Millionen deutschen Kriegsgefangenen, die von der Sowjetarmee interniert worden waren, kehrten fast zwei Millionen nach Deutschland zurück. Wäre die Sowjetunion nach dem alttestamentarischen Grundsatz des Aug' um Auge, Zahn um Zahn verfahren, hätten weit weniger das Martyrium überlebt …

Eine solche Analogie verbietet sich gewiß aus ethischen Gründen. Jeder einzelne Tote war einer zuviel. Egal, wo und woran er zugrunde ging. Doch um die Kausalität der Vorgänge, über die in diesem Buch geredet werden soll, nicht ganz aus dem Auge zu verlieren, müssen wir auch dieses festhalten:

1. Der Weltkrieg wurde von Nazideutschland vom Zaun gebrochen und nicht von seinen Nachbarn.

2. Jeder Soldat, egal, welche Uniform er trug und in welche Gefangenschaft er geriet, war darum objektiv Opfer der verbrecherischen Nazi-Ideologie und des Dranges der deutschen Führung zur Weltherrschaft.

3. Trotz der vielen bedauerlichen Toten unter den deutschen Kriegsgefangenen wurden diese in summa nicht annähernd so barbarisch behandelt wie sowjetische Kriegsgefangene von Deutschen in den Jahren des Krieges.

4. In den meisten Staaten, in denen deutsche Soldaten nach dem Krieg interniert waren, wurden diese im Rahmen einer Wiedergutmachung zur Arbeit herangezogen. Das war in Frankreich nicht anders als in der Sowjetunion, in Großbritannien wie in den USA.

Man darf die Toten der einen Armee nicht gegen die der anderen Armee aufrechnen. Doch wir sollten diesen Kontext stets mitbedenken, wenn wir von berührenden Einzelschicksalen hören oder lesen. Da es hierzulande viele Filme und Bücher von und über deutsche Soldaten gibt, in denen sie von unsäglichen Haft- und Internierungsbedingungen berichten, von ihrer Flucht aus Holzfällerlagern in Sibirien, von Hunger, Elend und Verzweiflung – aber kaum Vergleichbares von sowjetischen oder serbischen Kriegsgefangenen im Umlauf war und ist, entstand zwangsläufig der Eindruck, als hätten nur ehemalige Wehrmachtsoldaten gelitten oder, wenn man sich zum Schuldeingeständnis durchringt, diese mit ganz besonderer Härte. Wenn Deutsche etwas tun oder wenn ihnen etwas widerfährt, muß es stets einzigartig und unübertroffen sein.

Und je weiter der Vorgang zurückliegt, desto monströser pflegt man ihn aufzublasen. So heißt es beispielsweise bereits außen auf einem dickleibigen, 2003 erschienen Buch zum Thema Kriegsgefangene: »Sibirien wurde zum Synonym für das Elend von elf Millionen deutschen Kriegsgefangenen.« Weder die Zahl noch die Geographie stimmt, doch die Lesart ist massentauglich. Der Autor jenes Buches (»Die Gefangenen«) ist der Geschichtspapst des Zweiten Deutschen Fernsehens, Guido Knopp …

Natürlich muß man auch über Verbrechen *an* Deutschen reden. Aber wenn über die Schuld der anderen gesprochen wird, darf man von der eigenen Schuld und den eigenen Verbrechen nicht schweigen. Doch das passiert fortgesetzt hierzulande. So verschieben sich Perspektiven und Maßstäbe, es entstehen Halbwahrheiten und Legenden.

Eine der Legenden der Bundesrepublik lautet, Konrad Adenauer habe 1955 die deutschen Soldaten aus sowjetischer Kriegsgefangenschaft gleichsam befreit. Bei ihrer Ankunft im Lager Friedland küßte man dem Bundeskanzler die Hände, die Glocken läuteten und alle sangen ergriffen: »Nun danket alle Gott«.

Zwanzig Jahre später, Adenauer lag schon längst unter der Erde und Friedland war Museum, machte Allensbach eine Umfrage. Das Meinungsforschungsinstitut wollte von den Bundesbürgern wissen, welches das größte Verdienst des ersten Kanzlers der Bundesrepublik Deutschland wäre. »Die Heimführung der deutschen Kriegsgefangenen aus Rußland«, lautete die Antwort. Das überraschte nicht: In den Geschichtsbüchern stand es seit Jahren, in den Zeitschriften und Zeitungen, im Fernsehen und in anderen Dokumentationen wurde unablässig kolportiert, wie der Kanzler in Moskau gekämpft und den Russen im September 1955 das Ja zur Freilassung der Landsleute abgetrotzt hatte.

In Wahrheit verhielt es sich anders.

Die Führung in Ostberlin, namentlich Personen wie Wilhelm Pieck, Otto Grotewohl, Walter Ulbricht, Paul Merker und Käthe Kern, engagierten sich seit 1945 für die Freilassung der Kriegsgefangenen in der Sowjetunion. Das wird in diesem Buch ausführlich dokumentiert. Zum ersten Male. Im Westen hatte man an solcher Sicht kein Interesse, sie hätte das verbreitete Geschichtsbild korrigiert, mindestens in Frage gestellt.

Die Kriegsgefangenenfrage betraf das Schicksal von Millionen Menschen unmittelbar. Und mittelbar war fast der größte Teil des deutschen Volkes davon berührt. Deshalb war es ein zentrales Thema für die Kommunisten – und das nicht erst bei Kriegsende. Im ersten Nachkriegs-Programm, das in Deutschland veröffentlicht wurde, jenem Aufruf der KPD vom 11. Juni 1945, hieß es zunächst: »Millionen Kriegsgefangene und nach Deutschland verschleppte ausländische Arbeiter wurden zu Tode geschunden, starben an Hunger, Kälte und Seuchen. Die Welt ist erschüttert und zugleich von tiefstem Haß gegenüber Deutschland erfüllt angesichts dieser beispiellosen Verbrechen.« In Kenntnis dieses Staatsterrors fragten die Unterzeichner aber zurecht: »Wäre Gleiches mit Gleichem vergolten worden, deutsches Volk, was wäre mit dir geschehen?«

Die Kriegsgefangenen-Frage wurde schon bald im Kalten Krieg instrumentalisiert. Die Tatsache der Internierung wurde als Argument gegen die Sowjetunion eingesetzt, die westliche Propaganda benutzte menschliche Schicksale, um eigene Positionen konfrontativ durchzusetzen. Nach 1990 nutzte man das Thema verstärkt zur Glorifizierung der Bundesrepublik und zur Delegitimierung der DDR. Dazu gehört, daß die Wahrheit verschwiegen, gebeugt oder verdrängt wird. Zeitzeugen, die anderes berichten als gewünscht, kommen nicht zu Wort. Im Jahr 2003 drehte das ZDF den Fünfteiler »Die Gefangenen«. Auch bei mir meldete sich ein Aufnahmeteam. Ich zögerte zunächst mit meiner Zusage, da auch ich inzwischen hinlänglich Erfahrungen im Umgang mit Journalisten hatte machen müssen. Schließlich stimmte ich doch zu. In einem fast anderthalbstündigen Interview gab ich Auskunft und belegte mit Dokumenten, die sich auch in diesem Buch finden, die Bemühungen der DDR-Regierung in dieser Sache. Die mir gestellten Fragen waren sachlich und intelligent, was die Hoffnung nährte, daß es vielleicht doch richtig war, der Aufforderung nachgekommen zu sein. Man bedankte sich für das interessante, erhellende Gespräch und nannte den Sendetermin. Eine Woche vor Ausstrahlung erhielt ich die Aufzeichnung und erneut einen herzlichen Dank. Im Brief hieß es aber: »Zu meinem eigenen Bedauern wurde die Kriegsgefangenenfrage aus Sicht der DDR und die Moskau-Reise der Grotewohl-Delegation ganzheitlich aus der Dokumetation ausgeklammert.« Dafür solle ich Verständnis haben.

Im Mehrteiler schrumpfte der Beitrag der DDR an der Freilassung der Kriegsgefangenen auf ein Telegramm, daß Pieck an Stalin gesandt hatte.

Nein, dafür hatte und habe ich kein Verständnis. Wie kann unsereiner es hinnehmen, wenn auf solche Weise die Geschichte geleugnet und aktuellen politischen Zwecken untergeordnet wird? Eine »Aufarbeitung« der Geschichte ist nicht möglich – wohl aber die Notwendigkeit, sie vollständig und unvoreingenommen zu betrachten.

Was das ZDF verschwieg, will ich darum nunmehr in dieser Veröffentlichung nachreichen.

Zu den läßlichen Fehlern der DDR, die sich aber auch jetzt in gewisser Weise rächen, gehörte die Bescheidenheit an falscher Stelle. In bezug auf die Kriegsgefangenen führte am 26. September 1955 Ministerpräsident Otto Grotewohl vor der Volkskammer aus: »Wir haben in dieser Frage bereits seit Jahren still, selbstlos und erfolgreich gearbeitet, als Herr Adenauer noch bis über beide Ohren in seiner maßlosen Hetze über die sogenannte Kriegsgefangenenfrage steckte.« Ja, die DDR handelte »still, selbstlos und erfolgreich«, während andere tröteten. Das galt auch für ein anderes Problem: Von den 12,3 Millionen Menschen, die aus Ostpreußen, Pommern, Schlesien und den Sudeten »vertrieben« wurden, nahm die sowjetische Besatzungszone 4,3 Millionen auf. Das war, gemessen an der Größe der Zone, prozentual erheblich mehr, als Amerikaner, Briten und Franzosen in ihren Zonen begrüßten. Diese Heimatlosen wurden erfolgreich in Ostdeutschland integriert. Daran änderte wenig, daß zwischen 1949 und 1989 rund drei Millionen Ostdeutsche in den Westen gingen – ihnen standen immerhin etwa 550.000 Westdeutsche gegenüber, die der BRD den Rücken kehrten und in die DDR kamen.

Doch weil die DDR aus falscher Bescheidenheit und ideologischen Vorbehalten das propagandistische Feld bei diesem Thema sukzessive der Gegenseite überließ, sind heute Bilder in den Köpfen und Halbwahrheiten in den Geschichtsbüchern, die keiner kritischen Bewertung mehr unterzogen werden.

Diese ist allerdings zwingend nötig, wenn denn die Völker Europas offen und ehrlich miteinander umgehen wollen. Viele Vorbehalte und Vorurteile speisen sich aus Unwissen und Geschichtslügen, die nicht mehr als solche erkannt werden. Überhaupt nicht darüber zu reden, wozu unsere gegenwärtige Gesellschaft neigt, ist auch nicht hilfreich. Ob mit oder ohne dialektischen und historischen Materialismus: Die Geschichte vollzieht sich in großen Linien, die sich durch die Jahrhunderte ziehen. Das, was wir heute und morgen tun werden, hängt fester an der Vergangenheit, als es uns manchmal lieb ist. Um damit umgehen zu können, muß man allerdings die Geschichte kennen.

Es gibt jene Anekdote, die uns Lord Noel Annan (1916-2000) überlieferte. Der britische Geheimdienstmann und nachmalige Vizekanzler der University of London pflegte Adenauer regelmäßig zu besuchen, nachdem dieser von der britischen Besatzungsbehörde, die ihn 1945 erneut als Kölner OB eingesetzt hatte, wieder seines Amts enthoben wurde, weil der katholische Rheinländer ihnen ein sehr, sehr schwieriger Partner war. In dieser ämterlosen Nachkriegs-Phase besuchte ihn Annan wiederholt. Er brachte Adenauer Bohnenkaffee und unterhielt sich mit ihm über Rosen. Und über

Geschichte. So antwortete Adenauer auf die Frage, worin denn Englands größter Fehler im Umgang mit Deutschland bestanden habe, nicht etwa, daß man ihn abgesetzt habe, sondern: daß die Briten Preußen erlaubt hätten, sich 1814 das Großherzogtum Berg einzuverleiben.

Das Großherzogtum Berg – das war das Ruhrgebiet. Die Industriellen von der Ruhr und die ostelbischen Getreideagrarier, dieses Bündnis aus »Eisen und Roggen«, dazu die preußische Militärmaschinerie: das wäre der Ursprung der beiden von Deutschland ausgegangenen Weltkriege gewesen.

Sofern 1814 nicht ganz präsent ist: In jenem Jahr begann unter Fürst Metternichs Federführung der Wiener Kongreß, auf dem – nach dem Sturz Napoleons – die politische Landkarte Europas korrigiert wurde, um eine dauerhafte Nachkriegsordnung zu schaffen. Alle Parteien, die gegen das napoleonische Frankreich Krieg geführt hatten, waren zugegen – politisch bevollmächtigte Vertreter aus rund 200 europäischen Staaten, Herrschaften, Körperschaften und Städten. Das ließ Preußens Marschall Blücher sarkastisch feststellen: »Der Kongreß gleicht einem Jahrmarkt in einer kleinen Stadt, wo jeder sein Vieh hintreibt, es zu verkaufen und zu vertauschen.«

Wohl wahr – aber mit was für Konsequenzen, wenn man Adenauer folgt! Er hatte jedenfalls zwei Jahrhunderte im Blick.

Wir mitunter nicht einmal zwei Jahre.

Hans Reichelt,
im Sommer 2007

Feldpost

WADOWITZ (OBERSCHLES)
24.10.44 -12
a

Meine wichtigen Jahre

Das war's dann also. Gerade 20 und schon eine Leiche. Die beiden Tschechen, die ihre Gewehrläufe auf mich richten, machen nicht den Eindruck, als würden sie spaßen. Ich blinzle in die Sonne. Welchen Tag haben wir heute? 10. Mai 1945? Das Datum käme also auf den Grabstein: Hier ruht Leutnant Hans Reichelt, geboren in Oberschlesien, erschossen in Böhmen. Grabstein? Quatsch, den wird es nicht geben. Ich werde vermutlich anonym in irgendeinem Massengrab landen, vielleicht in jenem, in dem wahrscheinlich die SS-Leute liegen.

Die Russenpanzer hatten die von Generalfeldmarschall Ferdinand Schörner[1] befehligten Truppen in Böhmen, denen unsere Einheit Anfang Mai zugeteilt worden war, ohne Mühe überrollt. Mit den Rotarmisten kamen tschechische Partisanen, die für Ordnung sorgten.

Die Gefangenen, unter den ich mich befinde, sind Angehörige der Wehrmacht und der SS. Man brachte uns uns auf einen Sportplatz. Die Wlassow-Leute wurden von den Rotarmisten sofort herausgenommen und vor unseren Augen erschossen. Am heutigen Morgen wurde sortiert – eine Gruppe Wehrmacht, eine andere Gruppe SS-Leute. Auf dem Weg durch den Ort wurden insbesondere die SS von der Bevölkerung wütend attackiert. Solchen Haß hatte ich noch nie erlebt. Erst später soll ich den Grund erfahren: Nur Stunden vorher hatten SS-Einheiten in einem Ort bei Prag ein Blutbad unter der Bevölkerung angerichtet. Am Bahnhof las ich erstmals den Namen des Ortes, in dem wir uns befinden: Ritschany. Die SS-Männer wurden fortgeführt, wir sollten aufräumen. Es sah chaotisch aus, nachdem offenkundig verschiedene Trecks durchgezogen waren und sich die Flüchtenden unter Zurücklassung all ihrer Habe in die überfüllten Züge gequetscht hatten. Bloß weg hier.

Zwei Partisanen hatten mich vorhin aus dem Arbeitskommando herausgewunken. Jetzt stehe ich hier. Mit erhobenen Händen vor zwei auf mich gerichteten Gewehrläufen.

Ich bin 1,83 Meter groß, schlank und dunkelblond. Vermutlich halten sie mich für einen SS-Mann. Ich war doch nie bei der SS. Bei der HJ war ich. NSDAP-Anwärter auch. Am 30. September 1943 hatten sie mich zur Wehrmacht geholt, nachdem ich den Reichsarbeitsdienst absolviert hatte. Ich war nichts. Oberschüler, hatte ich stets als Beruf angegeben. Dann kam ich zum 8. Panzer- und Jägerbataillon der Reserve in Oppeln, war Infanterist an der Ostfront. Keine Auszeichnung in anderthalb Jahren, einmal Urlaub von fünfzehn Tagen im letzten Oktober. Hochgedient vom Schützen über den Gefreiten zum Unteroffizier, schließlich Fahnenjunker am 1. Januar 1945 und noch drei Monate zum Reserveoffizierslehrgang in Milowitz² an der Elbe. Leutnant seit zwölf Tagen. Lächerlich. Ich trage noch immer die alte Uniform. Selbst Schulterstücke hatte es nicht mehr gegeben, als wir am 28. April drei Monate vor der Zeit per Führerbefehl zu Leutnanten erklärt wurden. Grotesk, einfach grotesk. Für die beiden jedoch nicht. Was tun? Wie beweisen, daß ich nicht der bin, für den sie mich halten?

Ich nestle an meiner Rocktasche. »Ich Wehrmacht. Nix SS!« Der eine mustert mich aufmerksam. »Das sagt jeder.«

Gottseidank, denke ich, der spricht deutsch. »Doch, ich kann's beweisen.« Endlich habe ich den Knopf auf und fingere mein

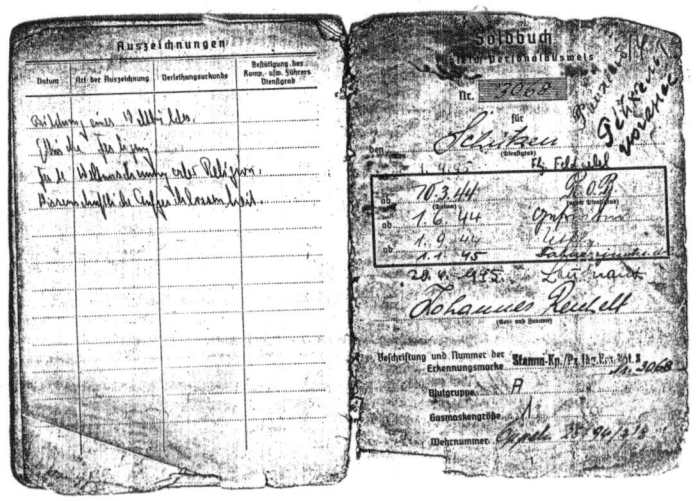

Lebensretter Soldbuch: »Ich Wehrmacht. Nix SS!«

Soldbuch heraus. »Hier, sehen Sie!« Mein Herz schlägt bis zum Hals. Der Krieg ist für mich vorbei, warum soll ich jetzt noch sterben? Schlagartig aber wird mir bewußt, was ich schon längst hätte sehen können: In dieser Zeit ist ein Menschenleben nichts wert. Peng und aus, und kein Hahn kräht nach einem. Jetzt, erst jetzt, wo es mir unmittelbar ans eigene Leben geht, sehe ich das.

Jener, der deutsch spricht, tritt an mich heran. Er mustert aufmerksam das abgegriffene Dokument. Langsam wendet er Blatt für Blatt. Er studiert jeden Eintrag. Sinnt, scheinbar, nach. »Das scheint echt zu sein.«

»Ja, sicher. Das ist mein Soldbuch«, bekräftige ich und nicke dazu heftig. »Ich Wehrmacht, nicht SS!«, rufe ich auch dem anderen zu, der mit dem Gewehr auf mich zielt. Ich schöpfe Hoffnung.

Jetzt ist er auf Seite fünf. Dort sind die Anschriften der nächsten Angehörigen aufgeführt. Die Spalte, in der der Name des Vaters stehen müßte, ist leer. Darunter steht die Mutter: Elisabeth Reichelt, Proskau, Kreis Oppeln, Bruno-Schramm-Straße. Vater ist tot. Gibt es nicht. Ich kenne ihn nicht einmal.

Er blickt lange auf die Seite, dann schlägt er um.

»Wo ist die Pistole?«

»Was für eine Pistole?«

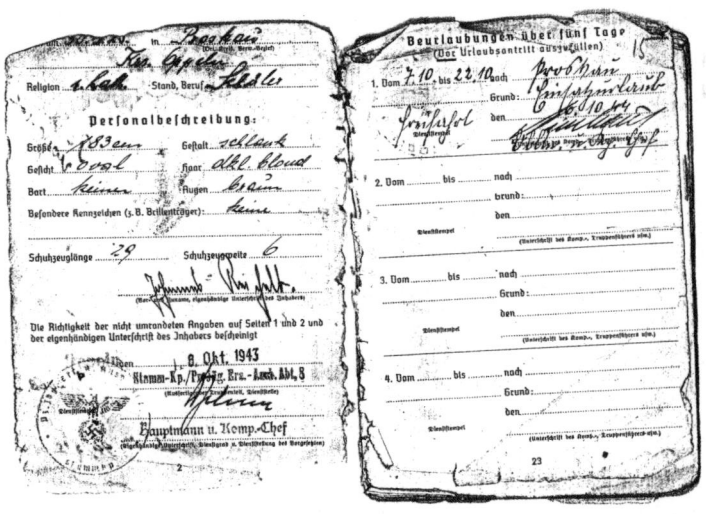

Das Original befindet sich seit Jahrzehnten in Moskau im Archiv

»Hier steht: Fhj.Uffz. Reichelt hat am 10.4.1945 1 Pistole 7.65 mm Walther PP Nr. 345129 p, 8 Schuß Pist. Patr. 7,65 käuflich aus Heeresbeständen erworben. Den Namen des Majors und Inspektionschefs, der unterzeichnet und gesiegelt hat, kann ich nicht lesen … Also, wo ist die Walther?«

»Die haben mir gestern die Russen abgenommen«, antworte ich verwirrt. Was will er damit? Kriegsbeute machen? Gebrauchen kann er sie nicht mehr, das Schießen ist vorbei.

»Und bezahlen mußtest du die auch noch.« Der Partisan schüttelt den Kopf. »Mann, seid ihr Deutschen blöd.«

Er reicht mir das Dokument zurück, läßt die Waffe sinken und sagte etwas auf Tschechisch zu seinem Kameraden. Dieser macht eine Bewegung mit seinem Gewehrlauf, was ich als Aufforderung deute, die Hände herunterzunehmen und mich in Bewegung zu setzen. Bin ich gerettet? Es scheint so.

»Hau ab«, sagt der andere. »Hast noch mal Glück gehabt.«

Ich weiß nicht, was ihn veranlaßt hat, mich laufen zu lassen. Vielleicht liegt es daran, daß nur eine Mutter auf mich zu Hause wartet. Kein Vater, keine Geschwister. Niemand. Ich trolle mich wieder zu den anderen, wo soll ich denn sonst hin.

Am nächsten Tag heißt es »Sammeln!«. Es formiert sich ein Marschblock. Wir trotten mehr als wir marschieren nach Prag. Links und rechts laufen Russen mit Maschinenpistolen. Sie werden schießen, wenn einer abhaut. Aber es sieht nicht danach aus. Wir sind alle müde und fertig vom Krieg. Ich habe auch keine Lust, stiften zu gehen. Mich hat eine merkwürdige Lethargie befallen.

Nach einem Tag erreichen wir die tschechische Hauptstadt. Wir sinken in einem großen Stadion zu Boden. Es kursieren Gerüchte. Die Russen werden uns nach Sibirien verfrachten, lautet das gängigste. Doch die Tage unterm freien Himmel verrinnen, ehe etwas geschieht. Die Sonne brennt, wir haben nichts zu trinken. Immer mehr Soldaten treffen ein. Irgendwann kommt der Befehl: Dawai, dawei! Wohin? Niemand weiß es. Die Goldene Stadt bleibt langsam hinter uns zurück. Dann erreichen wir einen Ort, dessen Namen ich schon mal gehört habe, glaube ich. Theresienstadt. »Der Führer schenkt den Juden eine Stadt«. Ich sah den Film an der Offiziersschule in Milowitz, er kam im März in die wenigen Kinos, die noch spielten. So richtig geglaubt hat keiner, was da gezeigt wurde.

Oberschüler Hans Reichelt, 14. Mai 1943

In der Garnisonsstadt drängen sich Zehntausende. Juden und Helfer vom Roten Kreuz, Tschechen und russische Soldaten. Die scheinen erst vor kurzem hier eingerückt zu sein. Nach einigen Tagen Rast ziehen wir weiter.

Wir schlurfen unablässig gen Norden, Richtung Reich. Das wird mir immer unverständlicher. Inzwischen heißt es, Berlin habe kapituliert, ganz Deutschland sei von fremden Truppen besetzt. Ich bin weder besonders erschüttert noch erfreut darüber, allenfalls erleichtert. Irgendwie. Jetzt habe ich nur noch Hunger, und die Füße schmerzen vom Laufen.

Hinter Tetschen überschreiten wir die alte Reichsgrenze, Dresden kommt nach einem Tag in Sicht. Mein Gott, wie sieht die Innenstadt aus? Kein Stein scheint mehr auf dem anderen zu liegen. Vereinzelt ragen verrußte Bauwerke in die Höhe, sie haben auf wundersame Weise überlebt. In Dresden-Reick, südlich vom Großen Garten, sind ein paar Baracken und Häuser eingezäunt. Es ist ein Lager für Kriegsgefangene. Zum ersten Mal werden wir gezählt und registriert. Vor dem Zaun beginnt sich das Leben zu normalisieren. Vor zwei Restaurants sitzen Russen und deutsche Frauen in der Sonne, es dringt Musik zu uns herüber. Man tanzt, lacht, trinkt und vergnügt sich. Ständig kommen weitere Soldaten ins Lager. Ein paar Tausend mögen es bereits sein, die ergeben darauf warten, daß etwas geschieht. Es kommen auch welche von draußen zu uns. Sie halten Vorträge über die Verbrechen der Nazis und dergleichen. Ich will mir einiges notieren, was mir interessant erscheint. In Ermangelung von Papier nehme ich die hinteren Seiten des Soldbuches. Den meisten der mir unbekannten Kameraden aber geht jeder Vortrag glatt am Arsch vorbei. Sie wirken lethargisch. Im August werden die ersten Transporte zusammengestellt. Es geht »in die kalte Heimat«, heißt es …

Am 28. Oktober 1945 treffe ich, aus Frankfurt/Oder kommend, mit einem russischen Militärzug im Kriegsgefangenenlager Tscherepowez im Gebiet Wologda ein. Das befindet sich ungefähr fünfhundert Kilometer nördlich von Moskau. Es trägt die Nummer 7437 und ist dem NKWD[3] unterstellt. Das allerdings erfahre ich erst in den 90er Jahren, als ich die 29 Blatt umfassende Kopie meiner Personalakte mit der Nr. 1794 aus einem Moskauer Archiv erhalte. Auch die Abbildung meines Soldbuches, das mir 1945 das Leben rettete, liegt dabei. Meine Notizen inklusive.

Als ich mit vielen anderen deutschen Kriegsgefangenen im Herbst '45 in Tscherepowez ankomme, zählt das Lager zwischen drei- und fünftausend Mann. Es sind meist Offiziere, oft betagte Reserveoffiziere. Ich gehöre zu den ganz wenigen Jungen. Vielleicht bin ich sogar der Jüngste. Ich weiß es nicht. Die Diskussionen der Silberlitzen nerven. Sie kreisen in der Regel nur um die eine Frage: Wer hat Schuld an der Niederlage? Und sie haben auch die Antwort: natürlich Hitler. Die Militärs haben alles richtig gemacht und nur deshalb bisweilen falsch und gegen ihre Überzeugung gehandelt, weil der Führer sie gezwungen hat. Die verlorenen Schlachten werden wieder und wieder durchgehechelt: Stalingrad, Kursk, Smolensk, El Alamein … Ich kann es nicht mehr hören.

Im Dezember melde ich mich freiwillig zu einem Arbeitskommando. Ich will meine Ruhe haben und nicht mehr an diesen sinnlosen Gesprächsrunden teilnehmen müssen. Erstmals verweigere ich mich und entscheide für mich selbst. Ein halbes Hundert Mann zieht in die karelischen Wälder und fällt Bäume.

Am 12. Januar 1946 werde ich erstmals vernommen. Ich habe wie jeder andere Kriegsgefangene einen Fragebogen mit 41 Positionen zur Biographie ausfüllen müssen. Die Personenbeschreibung fügt der sowjetische Offizier hinzu. Das Gespräch ist sach-

Reichelt mit 14, bevor der Krieg beginnt. Vier Jahre später wird er, inzwischen Soldat der Wehrmacht, Anwärter der NSDAP. Die Kandidatenzeit beträgt zwei Jahre. Bevor ihm jedoch das Mitgliedsbuch der Nazipartei ausgehändigt werden kann, sind Hitlerreich und NSDAP Geschichte. An der Antifa-Schule in Taliza räumt er die Tatsache ein, die er bis dahin aus Vorsicht verschwiegen hatte.

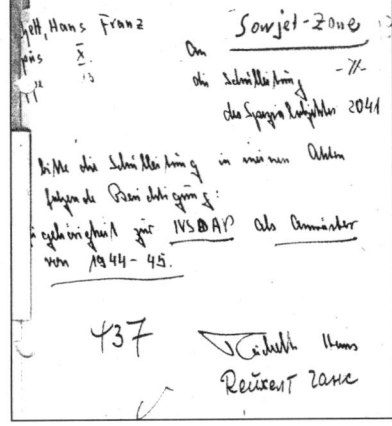

lich und korrekt. Die dort gemachten Personalangaben tauchen in allen nachfolgenden Beurteilungen auf, deren Existenz mir seinerzeit nicht bekannt war. Regelmäßig werden Beurteilungen über jeden PW (*Plenni Woina*) gefertigt. Sie treffen, lese ich sie heute und sofern mich meine Erinnerung nicht trügt, vollständig zu. Bis auf jene Angaben, die ich erfunden habe.

Ich werde nach dem Namen meines Vaters gefragt. Die Russen tragen bekanntlich zwei, den eigenen und den des Vaters. Da ich meinen Vater nicht kenne, nenne ich ihn Franz. Jetzt bin ich der Kriegsgefangene Hans Franz Reichelt, obwohl auf meinem Soldbuch noch »Johannes« steht. Was war der Vater von Beruf, lautet die nächste Frage. Ich blase die Backen auf und sage »Beamter«, das klingt in russischen Ohren gut. Die Mutter ist Hausschneiderin, Geschwister habe ich keine, sage ich wahrheitsgemäß.

Dann ziehen meine ganzen zwanzig kurzen Jahre vor meinem geistigen Auge vorüber. Die Großeltern: geschieden. Oma und Mutter aus Oppeln, der Kreisstadt, wo Opa als Verwalter in einem Miltärkrankenhaus arbeitete, gleichsam vertrieben nach Proskau. Mutter verschwieg beharrlich, wer mein Erzeuger war. Selbst jenseits der 90 winkte sie noch ab: Ach, das sei schon so lange her. Ich fand Hinweise darauf, daß es sich um einen Hamburger Polizisten gehandelt haben könnte, der 1924 nach Schlesien abkommandiert worden war. Wer weiß … Als Hausschneiderin war Mutter tagelang unterwegs, sie besorgte mir mit unserem Dorfgeistlichen einen Platz im Mendikanten-Stift in Neiße. Die Mendikanten waren ein katholischer Bettelorden, das Stift ein Waisenhaus mit 24 Jungen. Dort blieb ich vier Jahre, bis ich 14 war, und lernte Wesentliches fürs Leben. Erstens die freie Rede (ich las sehr viel und mußte abends den Kameraden das Gelesene, meist Karl May, vortragen – im Gegenzug wuschen sie mir meine Sachen). Im übrigen trainierte dies ungemein das Gedächtnis. Und zweitens lernte ich Organisieren. Nach einem Jahr war ich Oberministrant und mußte dafür sorgen, daß zu den Messen immer genügend Ministranten zugegen waren. Die erste Messe im Dom begann bereits 6 Uhr. Von Neiße kam ich an die Oberschule nach Oppeln und gleich in die Untersekunda. Mit Hilfe eines arbeitslosen Lehrers schaffte ich in einem Jahr den Stoff von dreien, wodurch mir dieser Sprung gelang. Und einer der Lehrer, ein Oberstudienrat, der auch NSDAP-Ortsvorsitzender war, warb mich für seine Partei. Ich mochte den Mann …

Fortan zieht sich eine kleinbürgerliche Herkunft durch alle meine Biographien. Zunächst verschweige ich, daß ich 1944/45 Anwärter der Nazi-Partei war. Instinktiv ahne ich, daß diese Mitteilung Mißfallen auslösen könnte. Erst 1949 werde ich mich an der Antifa-Schule offenbaren und darüber Mitteilung machen. Da bin ich bereits überzeugter Antifaschist und kann damit umgehen. Jetzt noch nicht. Es geschieht weniger aus Scham denn aus Vorsicht. Ich habe nicht gesehen, daß jemand aus dem Lager verschwand, nur weil er gestand, der Nazipartei angehört zu haben. Aber ich spüre die Grenze, die man besser nicht überschreitet.

Die NSDAP würde Mitte der 50er Jahre noch einmal kurz eine Rolle in meinem Leben spielen. 1955 sollte sich ein ehemaliger Widerstandskämpfer und erfahrener Genosse bei Hermann Matern, dem Chef der Zentralen Parteikontrollkommission der SED, beschweren. Wieso müsse er als Kommunist und Antifaschist gegenüber einem ehemaligen NSDAP-Mitglied zurückstecken, klagte er. Und Matern entgegnete: »Hör' mal, der Junge war damals keine 20, nun laß mal die Kirche im Dorf.« Damit war die Sache erledigt, und erst nach 1990, als es der antifaschistischen Substanz der DDR an den Kragen gehen sollte, wurde dieser Fakt wieder hervorgekramt. Im Internet beginnt der Wikipedia-Eintrag so: »Hans Reichelt (* 30. März 1925 in Proskau/Oberschlesien) war stellvertretender Vorsitzender des Ministerrates und Minister für Land- und Forstwirtschaft der DDR. Reichelt wurde 1943 Anwärter der NSDAP, war bis 1945 Soldat der deutschen Wehrmacht (zuletzt im Rang eines Leutnants) und bis 1949 in sowjetischer Kriegsgefangenschaft.«[5] Weitaus bedeutendere Fakten aus meinem Leben finden sich bei den lexikalischen Angaben nicht. Wohl aber diese Anwartschaft: Sie wird als Kainsmal für den Staat benutzt …

Wir *Plenni* fällen Bäume in Karelien und hausen in einem Blockhaus. Ein Soldat bewacht uns. Er hungert wie wir. Ab und an geht uns ein Kaninchen in die Falle. Wir teilen auch den Tabak und rauchen den selben Knaster, der in Zeitungspapier gedreht wird. Reden können wir nicht miteinander. Außer den russischen Bezeichnungen für das Werkzeug kennen wir keine Vokabel. Wir sitzen und schweigen. Keiner tut dem anderen etwas zuleide. Und dabei waren wir noch vor einem Jahr Feinde, die aufeinander schossen. Politik interessiert uns nicht. Wir hören nur auf das

Knurren unserer Mägen. Abends liegen wir auf den Pritschen und erzählen uns Kochrezepte.

Im Sommer '46 werden wir in Wologda beim Straßenbau eingesetzt. Von Moskau nach Murmansk wird eine Trasse gezogen. Anderthalb Jahre, unterbrochen vom winterlichen Holzschlagen, schleppe ich mit einem Hamburger die Nassilka. Das ist eine Trage aus zwei Birkenstämmen und einem Brett, auf dem wir Erde oder Kies befördern.

Die Leitung in unserem Zentrallager wird von Deutschen gebildet, der Kommandant ist ein Major aus Halle. Der Mittdreißiger hat sich mit den Russen arrangiert – er und seine Leute sorgen für Ruhe und Ordnung, die Russen für Verpflegung. Ein russischer Offizier vom Dienst geht einmal am Tag durchs Lager und schaut nach dem Rechten. Das ist alles. Gelegentlich kontrolliert auch eine sowjetische Ärztin die Hygiene. Danach setzte ein großes Schrubben mit Kalklauge ein.

Bereits auf der Oberrealschule in Oppeln war in mir der Wunsch erwacht, Pädagogik zu studieren und zu forschen. Nunmehr nimmt der Wunsch zu. Irgendwann werden uns die Russen ja wohl nach Hause schicken müssen. Ich beginne zu lesen. Das Angebot der Lagerbibliothek ist gut. Überall gibt es Kultur. Etliche Kameraden haben sich zu Antifa-Zirkeln zusammengeschlossen. Sie werten intensiv die deutschsprachige Zeitung aus, die ins Lager kommt. Aufmerksam wird die Entwicklung in Deutschland verfolgt. Diese Diskussionen sagen mir mehr zu als die rückwärtsgewandten Debatten. Vor allem gefällt mir, daß sie kritisch und kontrovers sind. Auch wenn die Nachrichten in der Zeitung sichtlich gefiltert und alle über einen Leisten geschlagen sind, können wir vieles deuten. Die Russen demontieren in ihrer Zone das zweite Gleis, während die Amis Dollars in ihre Besatzungszone pumpen. Manches aus den Reparationen kommt auch bei uns an: Wäsche, Kessel, Geschirr, Bestecke und Küchengerätschaften. Selbst Musikinstrumente für die Lagerkapelle sind dabei, und medizinische Ausrüstung für die Krankenstation.

Daß die Westmächte auf Konfrontationskurs gehen und Deutschland zerreißen wollen, stößt aber allenthalben auf Ablehnung. Wir finden die Besatzungspolitik der Russen nicht in jedem Punkt gut, aber in dieser Hinsicht wähnen wir uns auf ihrer Seite. Was sie machen, zielt auf die Erhaltung der deutschen

СПРАВКА - ХАРАКТЕРИСТИКА.

на военнопленного лагеря МВД № 437

РАЙХЕЛЬТ Иоганнес Франц.

В/пленный РАЙХЕЛЬТ И.Ф., 1925 г.рождения. Место рождения - гор.Проскау, окр.Оппельн. Адрес до призыва - по месту рождения. По национальности немец. Социальное происхождение - из семьи служащего. Состоял членом союза гитлеровской молодежи с 1939-1943 г. Образование - 8 кл.народной школы, 4 кл.средней школы и 8 мес.офицерской школы. Специальность - учащийся. В бывш.германскую армию был призван 30/IX-1943 г. Перед пленением учился в офицерском училище гор.Милович. Воинское звание в бывш.германской армии - лейтенант. Наград не имеет. Взят в плен 10/V-1945 г. в г.Рига, Чехословакия. Родственники проживают в американской зоне оккупации Германии.

В лагере работает командиром батальона, добросовестно выполняет задания командования лагеря. Имеет последовательную антифашистскую линию. К Советскому Союзу и к странам новой демократии относится дружественно. Выступает против политики расчленения Германии со стороны англо-западных держав.

Компрометирующих материалов на в/пленного РАЙХЕЛЬТ в опер.отделе лагеря не имеется.

Зам.Начальника Управления лагеря
МВД № 437 по политчасти
майор: /СОРОКИН/

Зам.Начальника Управления лагеря
МВД № 437 по опер.работе
подполковник: /БОРОВИКОВ/

"24" февраля 1949 год.

Beurteilung Sorokins und Borowikows, 24. Februar 1949

Einheit. Ich mische mich zunehmend in die Debatte ein und sage meine Meinung frei heraus. Plötzlich nennt man mich »Jungpropagandist«.

Jung bin ich, gewiß. Doch unter den Alten sehe ich keinen, den man sich zum Vorbild nehmen könnte. Ich muß mir meine Meinung selber bilden und meinen eigenen Weg finden. Schritt um Schritt entsteht in meinem Kopf ein neues Weltbild, d. h. es entsteht überhaupt eins. Vorher war da nichts. Ich fand dieses gut und jenes schlecht, aber besaß keine Elle, an der sich alles messen ließ. Die formt sich nun.

1977 wird der Geschichtsklub der Lenin-Schule in Taliza bei mir anfragen, wie ich jene Jahre in der Kriegsgefangenschaft erlebt habe, und ich werde ihnen wahrheitsgemäß antworten: »Diese Zeit ist von entscheidender Bedeutung für mein ganzes Leben gewesen.« Ich habe in jenen vier Jahren mich nicht nur mit den Schriften von Marx, Engels und Lenin vertraut gemacht. »Hier lernte ich auch den Faschismus zu hassen. Ich habe den unend-

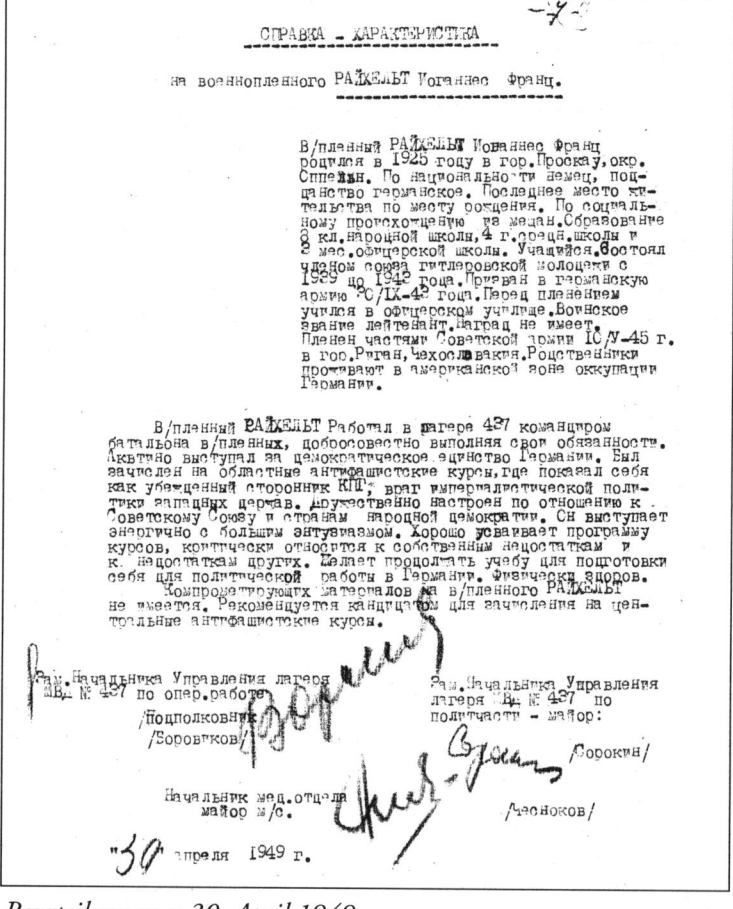

Beurteilung vom 30. April 1949

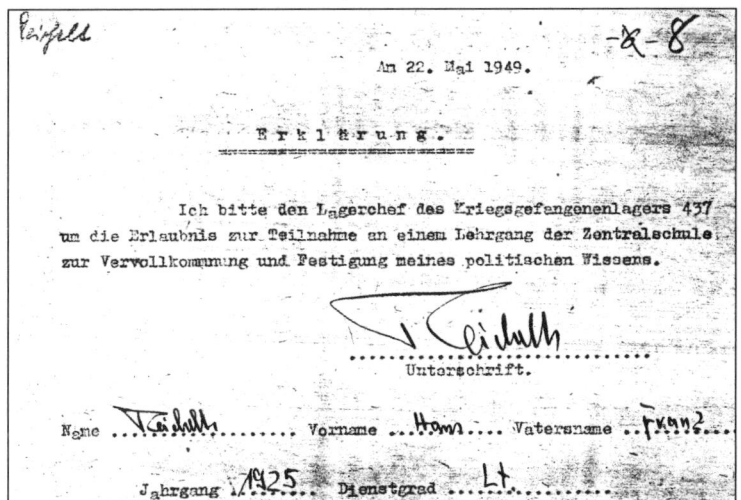

lich schweren Wiederaufbau kennengelernt und nahm mit vielen
Sowjetmenschen am Straßenbau, an Arbeiten in der Forst- und
in der Landwirtschaft teil.«

Man macht mich, ohne daß ich mich danach dränge, zum
Führer der Arbeitskomapanie. Im Frühjahr 1949 werde ich zu
einem dreimonatigen Antifa-Lehrgang geschickt. Das »Empfeh-
lungsschreiben« fertigen Major Sorokin und Oberstleutnant Borowikow am 24. Februar 1949 an. Der eine ist der stellvertretende
Lagerleiter für politische Arbeit, der andere der Stellvertreter für
operative Arbeit. Ihr Papier findet sich in meinen Personalunter-
lagen. Ich führe als Bataillonschef »gewissenhaft die Aufträge der
Lagerleitung aus. Seine Antifa-Linie ist konsequent. Gegenüber
der Sowjetunion verhält er sich freundschaftlich. Tritt gegen die
Spaltung Deutschlands durch die Westmächte auf. Die Lagerab-
teilung für operative Arbeit hat keine den Kriegsgefangenen Reichelt kompromittierenden Dokumente vorzuliegen.«

Im Spätsommer 1987 erreichte mich ein Schreiben aus Dort-
mund. Kurt Bischof, wie ich Kriegsgefangener in Tscherepowez,
erinnerte sich und mich an jene Zeit. Der Anlaß seines Briefes war
die Errichtung eines Hochofens in Tscherepowez durch die Firma
Thyssen. Das wäre doch ein Grund, daß nach vierzig Jahren die
»ehemaligen Plennis« zusammenkämen, ließ er mich wissen. Ich
solle 1946/47 Barackenältester in der Baracke 10 oder 11 gewesen

Kriegsheimkehrer Hans Reichelt, 1950

sein. »Wenn diese Äußerung der Wahrheit entspricht, dann wären Sie genau wie alle anderen Kameraden ein Deutscher.« Diese Feststellung irritierte mich, zumal er sich täuschte. In der fraglichen Zeit befand ich mich im Arbeitskommando und nicht im Lager. Schimmerte da noch jene übellaunige Vorhaltung von einst durch, daß alle, die sich auf Antifa-Lehrgängen und -Schulen der neuen

Zeit zuwandten, »Russenknechte« und mithin keine Deutschen mehr waren?

Am 30. April 1949 erhalte ich die nächste Bescheinigung, die eine dritte Unterschrift trägt, die von Major Tschesnokow, dem Leiter der ärztlichen Abteilung des Lagers. Eigentlich haftet er nur für einen einzigen Satz: »Körperlich gesund«. Alle anderen Aussagen in dem Gutachten sind politischer Natur und tragen die Handschrift von Borowikow und Sorokin. Ich trete, so schreiben sie, »aktiv für die demokratische Einheit und Integrität Deutschlands« ein und sei »ein Gegner der imperialistischen Politik der Westmächte«. Ich würde »immer energisch und mit großem Enthusiasmus« auftreten und habe den Wunsch geäußert, »das Studium fortzusetzen, um sich besser auf die politische Arbeit vorzubereiten.«

Das trifft wohl zu. Und so bescheinigt mir der stellvertretende Leiter der Politabteilung der Kriegsgefangenenlager im Gebiet Wologda, Majow Marosow, am 7. Juni 1949, den Lehrgang mit ausgezeichneten Ergebnissen beendet zu haben. »Für vorbildliche Disziplin, gute Kenntnisse und für die Hilfe, die er den leistungsschwachen Lehrgangsteilnehmern geleistet hat, spreche ich Reichelt, Hans Franz, meinen Dank aus.«

Auch der deutsche Leiter des dreimonatigen Lehrgangs mit Namen Schumacher konzediert mir eine gewisse Unversöhnlichkeit mit reaktionären Auffassungen und hält mich für »zuverlässig, energisch, aktiv.« Und dann, als letzten Satz, der schon für die Kaderchefs daheim bestimmt ist und von dem ich so wenig weiß wie von der ganzen Beurteilung: »Kann Propagandaarbeit in der SED oder eine andere wichtige Propagandaarbeit leisten.«

Im 2. Halbjahr 1949 schickt man mich an die Zentrale Antifa-Schule in Taliza. Sie firmiert, natürlich, als Spezialschule und trägt wie alle lediglich eine Nummer. Es soll der letzte Halbjahreslehrgang an dieser Einrichtung sein. Noch 1949 will die Sowjetunion alle deutschen Kriegsgefangenen entlassen.

Taliza lag unweit von Gorki und ist ein ziemlich großes Arbeitslager, in dessen hinterem Teil sich die Zentrale Antifa-Schule befindet. Karl Nuß war am 7. Mai 1945 mit 18 Jahren in Bad Wilsnack in sowjetische Kriegsgefangenschaft und gleich nach Taliza gekommen. Sechs Jahrzehnte später erinnerte sich der Leipziger Professor an seine Ankunft dort: »Wie eine kleine Stadt kam es mir vor, das Lager. Die erste Nacht ist mir unvergeßlich. Wir wurden provisorisch in eine der abseits liegenden neueren Erdbaracken eingewiesen. Nichts deutete auf das, was uns erwartete. Selbst die uns in die Quartiere einweisenden Lagerfunktionäre schienen es nicht geahnt zu haben. Die Baracken waren verwanzt. Sie hatten wochenlang leergestanden, die Wanzen hatten sich vermehrt und waren ausgehungert.«[6]

Auf die Erziehung im Lager eingehend, schrieb er: »Die Antifa-Arbeit im Arbeitslager Taliza wurde von den deutschen Emigranten angeleitet, die zum Teil auch an der Antifa-Schule als Lehrer tätig waren. Es waren durchweg sehr ruhige und überzeugend wirkende Menschen, die uns immer wieder darauf aufmerksam machen mußten, daß unser Kriegsgefangenenschicksal die Folge des Hitlerkrieges war und es uns trotzdem erheblich besser ging als bedeutenden Teilen der Bevölkerung.«

Im Sommer 1949, als ich nach Taliza komme, ist das Arbeitslager erheblich geschrumpft. Hunderttausende Kriegsgefangene sind inzwischen repatriiert worden, wie die Entlassung heißt. Ich will nicht behaupten, daß ich kein Heimweh verspürte, aber Lager ist nun mal Lager. Auch wenn wir uns inzwischen relativ frei bewegen können, sind wir letztlich noch immer Gefangene.

Der Lehrgang endet im Dezember. Noch vor Ablauf des Jahres kehre ich in ein Land zurück, das es noch nicht gab, als ich vor mehr als vier Jahren in Kriegsgefangenschaft geriet. Es heißt Deutsche Demokratische Republik. Wir haben in Taliza die Gründung freudig begrüßt. Es wäre, so schrieb ich 1977 an die Komsomolzen in Taliza, »das größte politische Ereignis während des Lehrgangs« gewesen. »Wir zogen durch das Lager und die Siedlung mit roten Fahnen und Spruchbändern. Das war meine erste antifaschistische Demonstration.« Mit dabei waren Joachim Ullmann, der später Chefredakteur der *Freien Welt* werden sollte, und unser Lehrer Herbert Grünstein, nachmals 1. Stellvertreter des DDR-Innenministers. Wolfgang Kiesewetter und Hans Böhm, ebenfalls Lehrer an der Antifa-Schule, wurden Außenpolitiker. Kiesewetter war Botschafter in Schweden und Italien und Stellvertretender Außenminister und Böhm leitender Mitarbeiter im MfAA. Mit uns zog auch Franz Beeletz, der in mein Seminar ging: Er war bis 1980 Offizier in der NVA …

In meinen sowjetischen Dokumenten heißt die Ankunft lakonisch: »Am 23. Dezember 1949 wurde er ins Repatriierungslager Nr. 69, Stadt Frankfurt/Oder, ausgeschieden.« Als Entlassungsadresse habe ich St. Oswald angegeben. Schlesien ist polnisch, meine Mutter hatte sich nach Niederbayern durchgeschlagen. Das ist jetzt amerikanische Zone. 1947 hatte ich an den Suchdienst geschrieben, um sie ausfindig zu machen. Die Karte sollte ich nach der Jahrtausendwende zurückerhalten mit dem Vermerk, daß der Empfänger nicht auffindbar sei. Doch Heimkehrer aus unserem Lager machten sie damals ausfindig und gaben ihr meine Lager-Adresse, so kam die Verbindung von ihrer Seite zustande.

Die Führung in Berlin sucht Kader, die sie zielgerichtet einsetzen möchte. Vertreter von SED, NDPD und DBD sprechen mit mir. Mehrmals. Paul Scholz überzeugt mich. Man brauche auch in der Bauernpartei Kommunisten, sagt er. Da willige ich ein.

Fußnoten

1 Ferdinand Schörner (1892-1973), zog 1914 als Leutnant in den 1. Weltkrieg und beendete den 2. als hochdekorierter Generalfeldmarschall und – laut Hitlers letzter Verfügung – als Oberbefehlshaber des Heeres. Schörner war überzeugter Nationalsozialist (Goldenes Parteiabzeichen). Er hißte am 27. April 1941 auf der Akropolis bei Athen demonstrativ die Hakenkreuzfahne, die der griechische Kommunist Manolis Glezos am 30. Mai 1941 in einer spektakulären Aktion wieder herunterholte. Am 1. Februar 1944 wurde Schörner zum Chef des neu geschaffenen Nationalsozialistischen Führungsstabes des Heeres ernannt. In dieser Funktion war er für die Schulung der Truppe im nationalsozialistischen Sinn verantwortlich. Am 20. Januar 1945 übernahm er als Durchhaltekrieger den Oberbefehl über die Heeresgruppe Mitte, die bei Kriegsende in Böhmen und Mähren stand. Er tauchte am 9. Mai 1945 in Zivil unter, wurde in Österreich von den Amerikanern festgenommen und an die Sowjetunion ausgeliefert. Dort wurde er wegen seiner Kriegsverbrechen zu 50 Jahren Lagerarbeit verurteilt, aber 1955 entlassen. Im Jahr 1957 wurde Schörner angeklagt, weil er seine Einheit am Tage nach der Kapitulation unter Umständen verließ, die einer Fahnenflucht glichen. Für die von ihm ausgesprochenen Todesurteile bei Kriegsende wurde er wegen erfolgten und versuchten Totschlags in der BRD zu viereinhalb Jahren Freiheitsstrafe verurteilt, aber 1960 vorzeitig aus der Haft entlassen. 1963 gewährte ihm Bundespräsident Heinrich Lübke eine Pension.
2 Das mittelböhmische Milovice blieb Garnisonsstadt. 1991 verließen dort die letzten in der Tschechoslowakei stationierten russischen Soldaten die Kasernen. Es war deren größter Standort im Land.
3 *Narodny Kommissariat Wnutrennich Djel* (NKWD), d. h. Volkskommissariat des Innern, ab 1946 wurde in der Sowjetunion für Volkskommissar die Bezeichnung Minister eingeführt. Das Ministerium für innere Angelegenheiten führte nun die Abkürzung MWD. Zeitweise unterstanden dem NKWD die Miliz und die Sicherheitsdienste der UdSSR.
4 Paul Scholz (1902-1995), KPD seit 1925, wiederholt in der Nazizeit inhaftiert, 1948 Mitbegründer der Demokratischen Bauernpartei Deutschlands (DBD), deren stellvertretender Vorsitzender er von 1950 bis 1989 war. Minister für Land- und Forstwirtschaft von 1950 bis 1952 und von 1953 bis 1955 sowie von 1952 bis 1967 Vizepremier.
5 http://de.wikipedia.org/wiki/Hans_Reichelt
6 Karl Nuß in: »Mein langer Weg nach Hause«, *Leipzigs Neue*, 17. Juni 2005

Allen Heimkehrern ein frohes Wiedersehen mit ihren Angehörigen! Die Heimat wartet auf euch! Sie steht euch mit Rat und Tat zur Seite! Es ist ein grauenhaftes Erbe, das uns Hitler hinterlassen hat, aber wir dürfen nicht verzagen. Wir müssen schwer arbeiten, um aus der Not herauszukommen. Schaut euch zu Hause um und reiht euch ein in das Leben und die Arbeit für ein neues, demokratisches friedliches Deutschland.

Wilhelm Pieck

Handzettel des SED-Vorsitzenden,
die den Heimkehrern in Frankfurt/Oder (Lager 69)
bei ihrer Ankunft in Deutschland überreicht wurden

Wie alles anfing

Morgens gegen 5 Uhr an jenem 22. Juni 1941 fielen 153 deutsche Divisionen mit über drei Millionen Soldaten in die Sowjetunion ein. Das Hitlerreich eröffnete auf einer Front, die von der Ostsee bis zu den Karpaten reichte, den »Kreuzzug Europas gegen den Bolschewismus«. Tatsächlich ging es bei diesem ideologischen Weltanschauungs- und rassistischem Vernichtungskrieg um Territorien und Ressourcen, um Arbeitssklaven, um den nächsten Schritt in Richtung Asien, also um die Weltherrschaft.

Bis Ende 1941 starben, von den Kriegstoten abgesehen, hinter der Front bei verbrecherischen Exekutionen, an denen auch Wehrmachtseinheiten beteiligt waren, rund eine halbe Million Menschen: kommunistische Funktionäre (»Kommissarbefehl«), Juden, Sinti und Roma. Zehntausende kamen in mobilen Gaswagen um oder starben bei Massenhinrichtungen, Hunderttausende nach ihrer Deportation in die Vernichtungslager. Oder als Kriegsgefangene.

Im Herbst 1941, wenige Monate nach dem Überfall, begann jedoch der deutsche Angriff zu stocken, im Dezember kam er zum Erliegen.

Am 8. Oktober versammelten sich erstmals deutsche Kriegsgefangene mit einer politischen Absicht. 158 Soldaten appellierten an ihre kämpfenden deutschen Kameraden, die Waffen zu strecken. Angesichts des unverändert massiven Vorrückens der Wehrmacht verhallte der Appell wirkungslos; zur Stunde sah es jedenfalls nicht so aus, als würde Hitlers Kriegsmaschinerie jemals gestoppt werden können. Seit zwei Jahren siegte sie unentwegt. Nahezu überall in Europa wehte das Hakenkreuzbanner. Auch in Nordafrika rollten deutsche Panzer.

Zwei Monate später, am 6. Dezember 1941, suchten drei exilierte Kommunisten erstmals das Gespräch mit deutschen Kriegsgefangenen. Walter Ulbricht, Arthur Pieck und Paul Försterling fuhren ins Lager Nr. 99. Im Laufe der nächsten Monate reifte in der KPD-Führung die Überlegung, sich systematisch und aus-

Anton Ackermann und Wilhelm Pieck bei einem Besuch in einem Kriegsgefangenenlager, 1943

dauernd mit diesen Landsleuten zu beschäftigen. Erstens um sie aufzuklären, welcher schlechten Sache sie bisher gedient hatten, und zweitens, um sie zu Antifaschisten zu erziehen.

Wilhelm Pieck schlug am 3. April 1942 dem Exekutivkomitee der Kommunistischen Internationale (EKKI) vor, eine Konferenz von kriegsgefangenen Offizieren, Soldaten und Zivilisten abzuhalten. Primär ging es ihm darum, ein Lagebild zu gewinnen: von der Front, von den Kriegsgefangenenlagern, von der Stimmung der Soldaten dort und an der Front. Wie denken sie? Was ist von den kämpfenden Truppen zu erwarten? Wie stabil sind die Verhältnisse in Deutschland, in den Armeen der Wehrmacht?

Vier Tage später, am 7. April 1942, verschaffte sich Wilhelm Pieck selbst einen ersten Eindruck. Er besuchte das Lager Nr. 27 bei Krasnogorsk. Am 20. April war er erneut dort. Auch Walter Ulbricht schaute sich wiederholt in Kriegsgefangenenlagern um und sprach mit Internierten …

Die wesentlichen Stationen bis zur bedingungslosen Kapitulation des Hitlerreiches am 8. Mai 1945 in Berlin sind bekannt wie auch das fortgesetzte Bemühen sowohl der sowjetischen Seite als auch der KPD-Führung, zunächst die geläuterten Gefangenen in die Antihitlerkoalition einzubinden und sie für eine demokratische, antifaschistische Nachkriegsgesellschaft zu gewinnen. Dazu initiierte man im Sommer 1943 das Nationalkomitee »Freies Deutschland« und den Bund Deutscher Offiziere (BDO), es wurden Antifa-Schulen und andere Institutionen ins Leben gerufen, in denen künftige Kader für Deutschland nach dem Kriege ausgebildet wurden.

Diese Aufklärung war mühsam. Das Feindbild steckte tief in den Köpfen, viele hatten die faschistische Ideologie verinnerlicht. Die Tatsache der eigenen Gefangennahme hatte keineswegs zu einem Umdenken geführt. Viele glaubten nicht nur, unverändert an den Fahneneid gebunden zu sein, sondern auch an ihre Befreiung. So warteten die meisten in den Lagern einfach nur ab. Nicht wenige aber machten Stimmung, wie aus einigen Dokumenten ersichtlich ist. So lieferte der NKFD-Beauftragte Paul Försterling nach einem Besuch im Lager 97b einen Bericht an Wilhelm Pieck, den er als »Streng vertraulich« deklarierte. So ungeheuerlich war der dort gewonnene Eindruck, daß der 53jährige Berliner und ehemalige Spanienkämpfer ihn nur an Vertraute weitergeben mochte.

Der Besuch der von Försterling geleiteten NKFD-Abordnung erfolgte nach dem gescheiterten Attentat auf Hitler am 20. Juli 1944. Der Anschlag deutscher Militärs war ein Versuch, aus eigener Kraft 5 Minuten vor 12 das Ruder noch herumzureißen. »Von mir aus kann es 20 nach 12 oder auch halb eins sein, mir ist das scheißegal«, zitierte Försterling einen 26jährigen Leutnant Sasse, der im zivilen Leben Musikstudent gewesen war. »Im übrigen betrachte ich die Herren der Delegation nicht mehr als deutsche Offiziere, weil sie nicht mehr die vollständige Uniform der Wehrmacht tragen.«[1] Und den Vortrag von Generalleutnant Helmuth Schlömer, der zur Abordnung des NKFD gehörte, kommentierte ein Leutnant Lotterhos, ein naßforscher Mittzwanziger, mit der höhnischen Bemerkung: »Bei Schlömer ist sich Vogel von Brust in Kopf geflogen.«[2] Ein Leutnant Jahn pflichtete ihm bei: »Gottseidank sind diese Generale in Gefangenschaft geraten, so daß sie kein Unheil in Deutschland anrichten können.«[3]

Mag das vielleicht noch eine Mischung aus Trotz, Ablehnung und Aufmüpfigkeit gewesen sein, so wurde die faschistische Grundierung bei anderen von Försterling zitierten Kriegsgefangenen aus dem Lager Nr. 97b wesentlich deutlicher. Nachdem der Dokumentarfilm »Die Unbesiegbaren« gezeigt worden war, erklärte ein Leutnant Weinersberg, ein diplomierter Volkswirt und 33 Jahre alt: »Ich freue mich, meinen Führer mal wieder gesehen zu haben. Der Russe hat uns damit einen schönen Sonntag bereitet.«[4] Er erntete damit zustimmendes Kopfnicken.

Die Ablehnung der Attentäter war einhellig. Ein Herr von Laginewski, im normalen Leben Apotheker, wurde von Försterling mit dem Satz zitiert: »In meinen Augen ist der von Stauffenberg ein Mordbube.« Und zynisch fügte der 38jährige Technische Inspektor Frey hinzu: »Bravo, daß Generalfeldmarschall von Beck hingerichtet worden ist.« Auch Leutnant Böcking, ein 24jähriger Schnösel, giftete: »Diese Verräter. Ich bleibe, was ich bin, ein sturer Nazi.«[5]

Oberzahlmeister Pohle, wenngleich mit 40 Jahren ein wenig älter, aber keineswegs weiser, erklärte unverblümt: »Das ist das Letzte und Gemeinste, wenn man zum politischen Mord greift. Laßt uns mal nach Hause kommen, dann räumen wir mit diesem Gesindel auf. Außerdem steckt der Jude dahinter, mit dem sie paktieren. Wir kennen ja den Verein (NKFD) und werden sie schon zu finden wissen.«[6]

Kurz und lakonisch, aber nicht weniger eindeutig war die Feststellung eines Oberleutnants Endigkeit: »Das sind verwahrloste Elemente.« Die Ausführungen von SS-Sturmführer Missebach waren da schon ein wenig wortreicher, jedoch nicht weniger töricht: »Ausländische Mächte haben die Generale zum Mordanschlag gedungen, weil sie wissen, daß sie Deutschland mit ihrem Führer niemals militärisch niederzwingen können. Und diese Schweine stellen sich noch hin (*gemeint waren die Bevollmächtigten des BDO – Försterling*) und bedauern, daß unser Führer nicht getroffen ist.«[7]

Angesichts dieser eindeutig nazistischen Überzeugungen mutete da die Aussage eines Inspekteurs Bellmann geradezu harmlos an, obgleich sie auch einen doppelten Boden hatte: »Ich nehme den Casinostandpunkt ein – ich bin Kriegsgefangener, zu Hause werde ich mich entscheiden.«[8]

Die Vertreter des Nationalkomitees stießen merklich auf eine Wand der Ablehnung. Die Nachfrage, ob man die Sendungen von

Radio *Freies Deutschland* verfolge und die gleichnamige Zeitung des NKFD lese, provozierte hörbar Widerspruch. »So ein Mist«, sagte ein Leutnant Mierendorf, assistiert von Leutnant Sasse: »Das Blatt ist ein Zeichen für die Dekadenz des deutschen Volkes.«[9]

Försterlings Bericht vermittelte einen keineswegs atypischen Eindruck aus einem Kriegsgefangenencamp im Sommer 1944. Haltungen und Meinungen wie die im Lager Nr. 97b registrierten waren durchaus repräsentativ. Trotz Rückzug im Osten und der Landung der Alliierten im Westen hielten viele, zuviele an ihrer aberwitzigen Überzeugung fest: Deutschland wird das Blatt noch wenden.

Und dieses Schriftstück von Försterling zu zitieren ist auch deshalb nützlich, um in Erinnerung zu rufen, was das für Menschen waren, die von der Roten Armee interniert wurden. Es handelte sich weder um Kriegsgegner oder gar Antifaschisten, noch um loyale Zeitgenossen, die, wenn sie denn die Uniform ablegten, friedlich-freundlich ihrem zivilen Tagwerk nachgehen würden. Mehrheitlich handelte es sich wohl um Verblendete und Verführte. Es bedurfte ganz offenkundig der schrecklichen Katharsis der Kriegsgefangenschaft, um ihnen bewußt zu machen, daß sie einem Irrtum aufgesessen waren. Es verhielt sich schon so, wie ein namenloser sowjetischer Hauptmann am 8. Juni 1948 in Berlin erklärte: Er glaube nicht, daß es in der deutschen Armee viele Antifaschisten gegeben habe, sonst hätten sie nicht bis 5 Minuten nach 12 gekämpft. Manche haben sich erst zwei Stunden nach Kriegsende ergeben.[10]

Nachdem Deutschland am 8. Mai 1945 bedingungslos kapituliert hatte und die Besatzungsmächte gemeinsam mit den »gesunden Kräften« das Leben zu organisieren begannen, stellte sich alsbald auch den Siegern die Frage: Was geschieht mit den Millionen Männern, wenn deren Internierung endet? Wenn die einstigen Soldaten nicht unbedingt zur Wiedergutmachungsarbeiten herangezogen wurden, belasteten sie nur. Es handelte sich, ganz pragmatisch gesehen, um unnütze Esser, die man lieber früher als später loswerden mochte. Es gab Kranke, Alte, Schwache, Ausgezehrte, die zur Arbeit wenig taugten und ein Problem darstellten, dessen man sich zu entledigen wünschte.

Auf der anderen, auf deutscher Seite, waren sich die Verantwortlichen dessen als auch der gewaltigen Aufgabe bewußt, die vor allen Antifaschisten lag. Pieck hatte bereits am 9. Januar 1945 – Wochen vor Jalta und Monate vor Kriegsende – bei der Eröffnung eines zweimonatigen Lehrgangs an der Schule 12 in Nagornaja vor Parteikadern erklärt: »So wenig wir dieses Endziel, die Verwirklichung des Sozialismus, unsere Orientierung auf dieses Endziel als strategische Aufgabe aufgeben, so müssen wir uns darüber klar sein, daß der Weg dazu in Deutschland anders sein wird, als wir ihn früher gesehen haben.

Das Neue in Deutschland ist, daß wir die Aufgabe haben, die ganze Nation aus der tiefen historischen Krise herauszuführen, und daß wir dazu eine breite Front – weit über die Arbeiterklasse hinaus – schaffen müssen, um diese Aufgabe zu erfüllen.«[11]

Deutschland lag am Boden, befand sich in einer Krise, wie sie in der Nationalgeschichte ohne jedes Beispiel war. Nicht nur für Pieck hatte »das deutsche Volk« den Krieg der Hitlerbande unterstützt, was ihn auch persönlich beschämte, es hatte sich damit auch gegen die ganze Welt gestellt. »Es steht uns nicht an, über die Maßnahmen zu räsonieren, die dazu von den Völkern gefordert und durchgeführt werden. Unser Volk hat sich selbst außerhalb dieser Gemeinschaft der Nationen gestellt, und wir haben nur die eine Aufgabe, ihm zu helfen, sich von dieser Schande zu befreien und sich wieder einen Platz in dieser Gemeinschaft zu erwerben.«[12] So appellierte er an deutsche Kriegsgefangene im Lager Nr. 27 bei Krasnogorsk. Der KPD-Vorsitzende eröffnete am 25. Mai 1945 den bereits siebten Kurs an der dortigen Antifa-Schule.

Sein deutlicher Hinweis, daß es *uns Deutschen* derzeit nicht anstünde, »über die Maßnahmen zu räsonieren«, die die Völkergemeinschaft uns auferlege, berührte ein zentrales Thema der Nachkriegspolitik. War das gerecht, was die Siegermächte praktizierten? Befand man sich zurecht in Kriegsgefangenschaft, ohne daß ein Ende absehbar schien? War es angemessen, fern der Heimat in einem Lager zu hocken, Bäume zu fällen oder Kohle aus einem Bergwerk zu kratzen, obwohl man doch nur kurze Zeit Uniform getragen und angeblich oder tatsächlich nie auf einen Russen geschossen hatte?

Der 17jährige Hans Modrow zum Beispiel, ein Schlosserlehrling aus Pommern, war kurz vor Kriegsende noch in eine Uniform gesteckt worden. Ohne je einen Schuß abgegeben zu haben, kam er vier Jahre ins Lager. Wie ihm erging es vielen. War

Während der Gründungsversammlung des Nationalkomitees »Freies Deutschland«, Krasnogorsk 1943. Links Generalfeldmarschall Paulus, Mitte Wilhelm Pieck, rechts Anton Ackermann

diese Kollektivhaft, in die sie alle genommen wurden, human und gerecht?

Auch wenn diese Einsicht den einzelnen schmerzte – so war nun einmal die Logik des von Deutschen losgetretenen Krieges. Darüber zu räsonieren stand den Deutschen in der Tat nicht an. Jetzt und in absehbarer Zeit nicht. Erst wenn die Völker – die von Nazideutschland überfallenen, geschundenen und ausgeplünderten – eines Tages von sich aus erklären würden: Jetzt ist genug!, dann ließe sich dieses Kapitel abschließen. Vorher nicht. Bekanntlich sollte das erst 1990 mit der Unterzeichnung des 2+4-Vertrages in Moskau erfolgen.

Die ersten Entlassungen von Kriegsgefangenen begannen im Herbst 1945. Dabei handelte es sich ausschließlich um Kranke, Invaliden und dauerhaft Arbeitsunfähige. Und um Nichtdeutsche. Im Kriegsgefangenenlager Nr. 129 in Nikolajew beispielsweise, das 1944 eingerichtet worden war und bis 1948 bestehen sollte, befanden sich 1945, dem Jahr seiner höchsten Belegung, etwas mehr als 10.000 Soldaten aus 28 Nationen, die unter dem Hakenkreuz gekämpft hatten.

Alle sowjetischen Lager unterstanden der Hauptverwaltung für Angelegenheiten der Kriegsgefangenen und Internierten (*Glawnoe uprawlenie po delam woennoplennych i internirowannych*, GPUWI).

In Moskau wurde auch die Repatriierung verfügt. Die ersten Schübe Kriegsgefangener kamen aus Sammelstellen in der südlichen Ukraine und aus dem Sammellager Uman.

»Seit dem 21. März 1946 kehren im verstärkten Maße entlassene Kriegsgefangene aus dem Westen und seit Ende Juli aus dem Osten nach Berlin zurück. Vom 21. März bis zum 31. August d. J. wurden 72 Transporte mit 23.926 Heimkehrern registriert, davon 17.124 aus dem Westen und 6.802 aus dem Osten«[13], berichtete der *Vorwärts*.

Für die von der sowjetischen Besatzungsmacht zugelassenen vier Parteien KPD, SPD, CDU und LDP stellte das ein zusätzliches Problem dar. Hunger, Not, Elend für die hier Lebenden und Gestrandeten zu bewältigen war ohnehin eine kaum zu lösende Aufgabe. Nun aber kamen auch noch diese Heimkehrer hinzu.

»Viele Heimkehrer finden weder Wohnung noch Familie vor, eine Menge anderer sind anhang- und elternlos geworden, besonders viele Jugendliche. Ihnen gilt es, ganz besonders zu helfen«, hieß es im *Vorwärts*. Der Berliner Magistrat könne diese immense Aufgabe nicht übernehmen, »da ihm keinerlei Beträge für Sonderunterstützungen zur Verfügung stehen. Deshalb hat der Ein-

Deutsche Soldaten auf den Weg in die Kriegsgefangenschaft, Marschkolonne am Stadtrand von Berlin, Anfang Mai 1945

heitsausschuß der vier antifaschistischen Parteien einen ›Heim-kehrer-Ausschuß Groß Berlin‹ gebildet, der sich aus den Vetretern der vier antifaschistischen Parteien, des FDGB, des Frauen- und Jugendausschusses, des Hauptausschusses OdF und der drei Kirchen zusammensetzt und in allen Bezirken und Stadtteilen analoge Ausschüsse bilden und einrichten wird.«[14]

Am 6. Mai 1946 übermittelte das Zentralsekretariat der aus KPD und SPD hervorgegangenen SED dem »Verbindungsbüro der Einheitsfront der antifaschistisch-demokratischen Parteien« den Entwurf für einen Aufruf »Hilfe für unsere Heimkehrer«. Es wäre falsch zu behaupten, daß die SED besondere Sehnsucht nach den entlassenen Kriegsgefangenen verspürt hätte. Insbesondere jene kommunistischen Emigranten und die rund 4.000 NKFD-Aktivisten, die zur Frontpropaganda und in Antifa-Schulen eingesetzt waren, erinnerten sich noch gut der jüngsten Vergangenheit. Sie kannten die Einstellungen der ehemaligen deutschen Soldaten. Die wenigsten von diesen waren inzwischen bereits zu Antifaschisten und Demokraten geworden. Aber sie stellten sich ihrer Verantwortung. Auch die Kriegsheimkehrer gehörten mit zum Erbe, sie waren Teil jener Last, die Deutschland trug. Sie mußten aufgenommen, versorgt und verpflegt werden. Zudem glaubten die Zuständigen nicht nur an die Veränderbarkeit der Welt, sondern auch daran, daß der Mensch grundsätzlich erziehbar sei. Nicht nur in der Bibel war aus einem Saulus ein Paulus geworden.

Deshalb erklärten die SED-Führung auf einer Vorstands-tagung am 16. Juli eindeutig: »Wir wollen diesen Heimkehrern den Weg in ein neues Leben leichtmachen. Sie sollen das Gefühl haben, daß sie zwar in eine durch Hitler verarmte, aber aufnahmebereite, demokratische und friedliche Heimat zurückkehren, die sie mit Freude und in Hilfsbereitschaft erwartet.«[15]

Kriegsgefangenen- und Heimkehrerfragen waren regelmäßig, und das über Jahre, Thema bei den Zusammenkünften des Führungszirkels der SED. Man beschäftigte sich nicht nur mit ihrer Unterbringung und Perspektive, sondern auch damit, wie man die internierten Ehemänner, Väter, Söhne, Brüder ihren Familien rasch zurückbringen konnte.

Ab dem 1. August 1946 veröffentlichten die Berliner Blätter wiederholt den Aufruf, den heimkehrenden Kriegsgefangenen zu helfen. »Wenn jeder Berliner Haushalt nur 1 Pfund Lumpen spendet, können wir Tausenden Berliner Heimkehrern einen neuen Anzug geben.«[16] Unterzeichnet war der Appell von den Vorständen der vier antifaschistischen Parteien Berlins und dem Heimkehrer-Ausschuß Groß-Berlins. Gesammelt werden vor allem »Ober- und Unterkleidung. Schuhe, Lumpen, Papier und Geld«.

Das *Neue Deutschland* berichtete am 23. August 1946 unter der Überschrift »Dank und Bitte der Parteien an die Sowjetunion zur Entlassung der deutschen Kriegsgefangenen«, daß der Gemeinsame Ausschuß der Einheitsfront der antifaschistisch-demokratischenParteien auf seiner Sitzung am 20. August beschlossen habe, an die sowjetischen Militärbehörden ein Schreiben folgenden Inhalts zu richten: »Der Beginn der planmäßigen Entlassung und Heimbeförderung der deutschen Kriegsgefangenen aus der Sowjetunion durch den im Ablauf befindlichen Rücktransport der ersten 120.000 Mann hat in der gesamten Bevölkerung ein erwartungsvolles Echo erweckt. Die Einheitsfront bittet die sowjetische Militärverwaltung, dem Ministerrat der UdSSR den aufrichtigen Dank der durch die Parteien vertretenen deutschen Bevölkerung für diese Maßnahmen zu übermitteln und zu bitten, weitere Entlassungen durchzuführen.«[17]

Nach einer 14tägigen Quarantäne wurden die Heimkehrer gemäß den von ihnen angegebenen Adressen in die verschiedenen Zonen verteilt. Am 24. Mai 1946 hatte sich die SED-Führung erstmals auch mit den Quarantänelagern beschäftigt. Es sollte dort mit ihnen gesprochen werden, um sich ein Bild von der physischen und psychischen Verfassung der Heimkehrer zu machen. Man wollte in Berlin aber vor allem wissen, wo und wie man helfen konnte. Dazu sollten Mitglieder des Zentralsekretariats nach Gronenfelde und in vergleichbare Lager reisen, die in den Ländern der sowjetischen Besatzungszone im Entstehen begriffen waren. »Lange, Brandenburg, erhält den Auftrag, das in seinen Händen befindliche Material über die Praxis der Arbeit in den Quarantänelagern zusammenzustellen und dem ZS zu übermitteln.[18]

Die Ankündigung, im nächsten Vierteljahr weitere 120.000 Kriegsgefangene entlassen zu wollen, hatte Moskau im Frühsommer 1946 in Berlin mitgeteilt. Zwar hatte der Parteivorstand »den zuständigen sowjetischen Verwaltungen für das großzügige Entgegenkommen« gedankt, und das »im Namen aller Angehörigen«, was gewiß ehrlich gemeint war. Doch die Aufnahme der 120.000

Im Lager Nr. 137

stellte sowohl ein organisatorisch-technisches als auch ein politisches Problem dar. Die SED-Spitze spannte nicht nur die anderen Parteien, sondern vor allem die eigene Basis ein. Der Parteivorstand appellierte besorgt: »Alle unsere Organisationen, jeder einzelne Genosse und vor allem unsere Genossinnen […] rufen wir auf, alle Vorbereitungen zu treffen, damit die Heimkehrer in den Quarantänelagern bestens betreut und ihnen bei der Ankunft zu Hause Arbeit, Nahrung und Kleidung gesichert werden.«[19]

Der explizite Hinweis auf die Genossinnen kam nicht von ungefähr. Insbesondere das Frauensekretariat in der Parteiführung war in diese Sache eingebunden, denn es waren vor allem die Frauen, die nach ihren Männern fragten.

Exemplarisch der Hilferuf einer Gertrud Maass aus der Schön-
fließerstraße 21 in Berlin, der am 15. Mai 1946 an die SED-
Führung ging, und der sich im Nachlaß von Wilhelm Pieck fand.
Schreiben dieser Art machen den Druck deutlich, der auf Pieck,
Grotewohl, Ulbricht und den anderen Politikern lastete. Es ging
schließlich nicht nur um die Aufnahme der Heimkehrer – »Sojus-
niki« genannt –, sondern zunächst um Auskünfte, *wo* sich die
Männer befanden und *wann* mit ihrer Rückkehr zu rechnen war.
Die Ungewißheit war inzwischen ärger als der Hunger.

»Mein Mann ist in Rußland vermißt, zusammen mit vielen,
vielen Kameraden. Wir wissen und erkennen es an, daß die Soldaten drüben aufbauen, vielleicht sogar 1-2 Jahre in Rußland bleiben müssen. Aber haben wir Soldatenfrauen denn kein Recht auf
das Armseligste, was man uns in unserer grenzenlosen, seelischen
Not geben kann? Warum kommt nicht eine Nachricht von unseren Männern, die paar kleinen Worte: ›Wir leben‹? Warum können wir diesen wirklichen Opfern des Faschismus nicht einmal
schreiben, daß auch wir leben, daß noch ein Haus auf sie wartet,
wenn sie vielleicht nach Jahren müde und krank ankommen?

Die bisher von Rußland eingegangene Post ist so minimal, daß
sie in keinem Verhältnis zur Gefangenenzahl steht [...] Wie kann
von Menschen, die unter so schwerem seelischen Druck stehen,
Aufbauwille und Interesse verlangt werden? Das Lebensproblem
ist doch nicht nur mit der Zubilligung der Ernährung gelöst, sondern Menschen haben ja noch eine Seele. Ein seelisch zerrütteter
Mensch ist vollkommen unproduktiv [...]

Die Gerüchte besagen eigentlich alles, in denen es allen Ernstes
heißt, unsere Gefangenen kämen nie wieder, man würde sie in
Rußland vernichten, Rußland hätte einen ›eisernen Vorhang‹,
durch den keine Kunde unserer Gefangenen kommt usw. [...]
Allein in meinem Bekanntenkreis wollen vier Frauen am kommenden Silvesterabend den Freitod wählen, weil sie die Ungewißheit nicht ertragen können.

An vielleicht 20 Suchstellen haben wir geschrieben, auch an
Herrn Oberst Mamenko in Karlshorst, wir haben Gelder für
Beiträge der ›Freien Deutschen Liga‹ usw. geopfert, nur um etwas
über unsere Männer zu erfahren, es war alles erfolglos [...]

Im Namen meiner Genossinnen bitte ich nochmals um Ihre
Hilfe und danke Ihnen im voraus dafür.«[20]

Pieck antwortete auf diesen wie auch viele andere solcher Briefe persönlich. Aus individueller Anteilnahme wie auch im Wissen darum, daß diese Unwissenheit über das Schicksal der Männer die ohnehin lädierte moralische Widerstandskraft der Trümmerfrauen-Generation zusätzlich drückte. Bereits am 31. Mai schrieb er an die Soldatenfrau Maass: »Sie können versichert sein, daß wir uns alle Mühe geben, Ihrem durchaus berechtigten Wunsche Rechnung zu tragen und sowohl in Ihrem Einzelfalle als auch allgemein eine Feststellung zu erreichen über den Verbleib der Kriegsgefangenen in der Sowjetunion und eine Verbindung mit ihren Angehörigen herzustellen. Ihre Sorge ist nur zu verständlich, und ich hoffe, daß es doch recht bald gelingt, eine Verbesserung herbeizuführen. Lassen Sie den Mut nicht sinken. Mit den besten Grüßen, W. Pieck, Vorsitzender der SED«[21]

Aus seiner gleichermaßen sensiblen wie diplomatischen Antwort wird erkennbar, daß die Parteiführung um das Problem wußte und sich tatsächlich fortgesetzt um seine Lösung bemühte. Sie war sich aber der begrenzten Wirkung ihrer Interventionen bewußt und konnte und wollte deshalb keine Versprechungen machen, die sie nicht einlösen konnte. Auch Pieck setzte auf das Prinzip Hoffnung.

Das Verhältnis zwischen den deutschen Kommunisten und der Besatzungsmacht war auch in dieser Frage sehr gespannt. In den Nachlässen der Parteiführer finden sich nicht wenige Belege, die darauf hinweisen. Auch sie erhalten in Moskau und in Karlshorst nur Andeutungen, keine Auskünfte, und werden mit Entscheidungen und Resultaten konfrontiert, die nicht in ihrem Sinne und im Sinne der fragenden Frauen sind. Selbst bei der Erarbeitung von Zeitungen werden die Deutschen nicht gefragt, es wird nicht selten die Mentalität der in den Besatzungszonen lebenden Menschen einfach ignoriert.

So schrieb etwa am 22. Mai 1945 Wilhelm Pieck, der sich noch in Moskau befand, an Ulbricht in Berlin: »Lieber Walter, [...] Försterling ist aus dem Krankenhaus heraus, aber nach Meinung der Ärzte wird er erst voll arbeitsfähig nach einigen Monaten sein. [...] Im wesentlichen sollen sich beide Kurse in 165 *(gemeint ist die Antifa-Schule im Kriegsgefangenenlager Jusha – d. Hrsg.)* in ihrem Lehrprogramm einstellen auf die Ausbildung von Kadern für die Arbeit in den Kriegsgefangenlagern, da doch ein

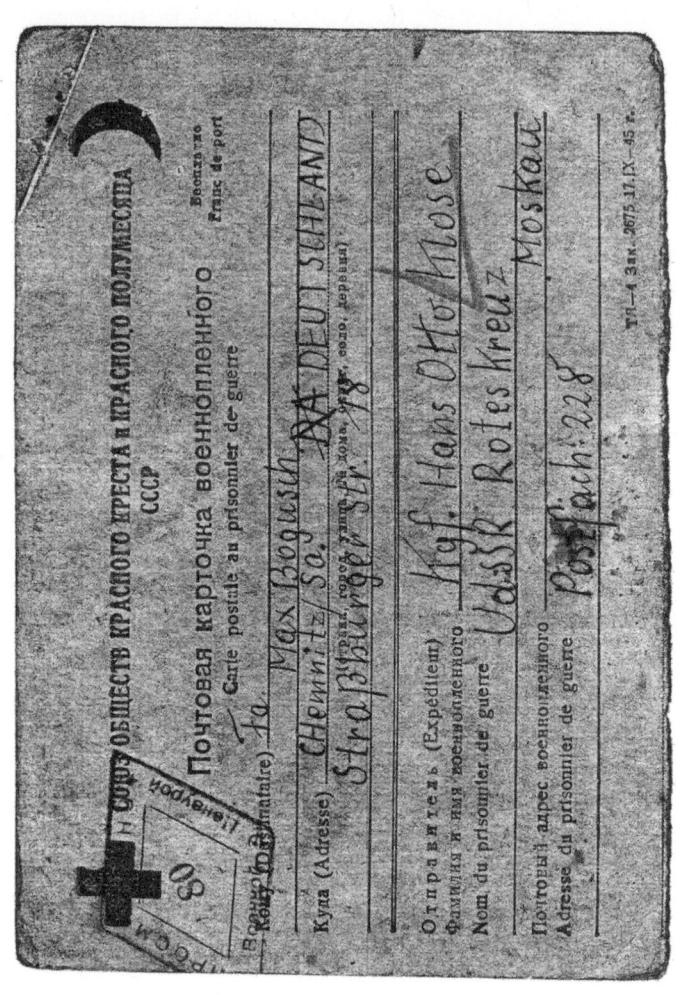

Standardkarte des Roten Kreuzes und des Roten Halbmondes

großer Teil der Kriegsgefangenen längere Zeit zur Arbeit in der
Sowjetunion bleiben wird und hier mit dem Wesen der sozialistischen Arbeit und der SU aufs engste vertraut gemacht werden
müssen und gleichzeitig im Prozeß der Produktionsarbeit ihre
antifaschistische Umschulung erhalten. [...] Völlig erschlagen war
ich, als ich gestern die ersten drei Nummern der *Täglichen Rund-*

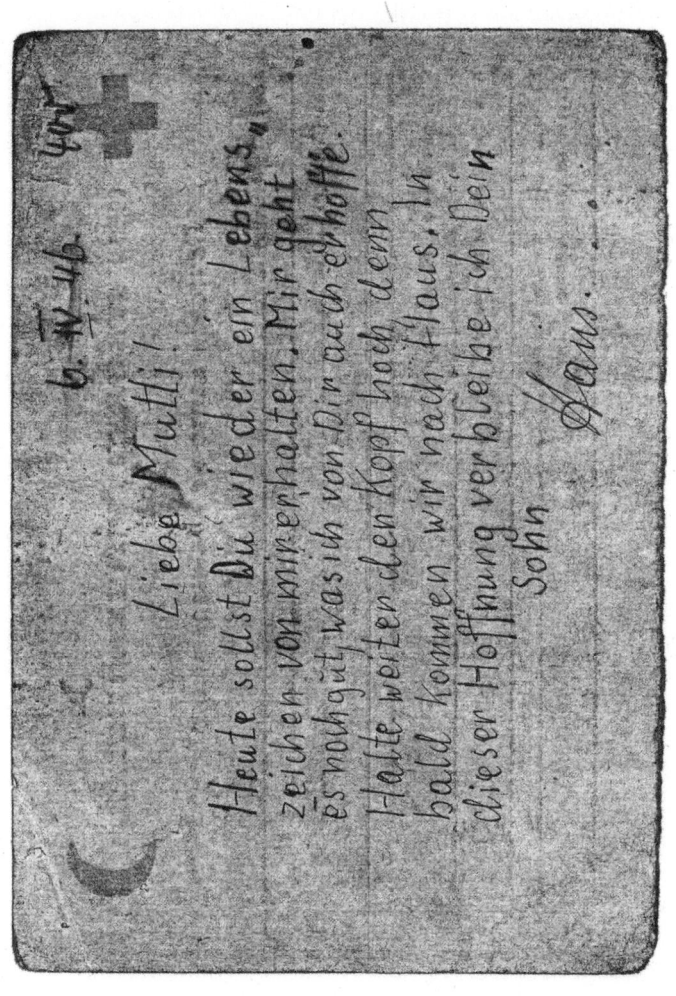

Oft das erste und einzige Lebenszeichen aus dem Lager

schau[22] erhielt. Inhalt wie Aufmachung der Zeitung entsprechen in keiner Weise der ausgezeichneten Politik, die vom Sowjetoberkommando durchgeführt wird, ganz abgesehen von den stilistischen Unmöglichkeiten. […] Auch nehme ich an, daß sehr bald eine wirklich deutsche Zeitung herauskommen wird, die der Zeitungstechnik und unseren politischen Aufgaben entspricht.«[23]

So »ausgezeichnet«, wie Pieck für die zensurierenden Mitleser schrieb, war die Politik des »Sowjetoberkommandos« nun wahrlich nicht, wie seine handschriftlichen Notizen zur Vorbereitung auf ein Gespräch mit Stalin, Molotow und Shdanow zwei Wochen später, am 4. Juni 1945, deutlich verraten. Unter Punkt 1 listete er die »Beschwerden im Lande« auf, die er zum Vortrag bringt:

»1) Abmontierung der Maschinen in Fabriken

2) Wegnahme des Viehs bei Bauern − Kühe − geschieht auch vielfach durch abziehende ausländische Arbeiter«[24]

An jenem Gespräch, das morgens 6 Uhr im Kreml begann, nahmen auch Walter Ulbricht, Anton Ackermann und Gustav Sobottka teil, die aus der SBZ eingeflogen worden waren. Ackermann war für Sachsen zuständig, Sobottka für Mecklenburg und Ulbricht für Berlin, und da dieser − nicht unbedingt ein Freund der Diplomatie und des feinziselierten russischen Protokolls − die Präsens der sowjetischen Militäradministration für seine fortgesetzten Interventionen nutzte, folgte die Abmahnung auf dem Fuße. Am 26. Juni 1945 meldete sich Oberstleutnant Selesnow, aus Berlin kommend, bei Pieck und drohte ihm, es sei für das Verhältnis zwischen der KPD und der sowjetischen Besatzungsbehörde »unzweckmäßig, daß Ulbricht Beschwerden über Bezirkskommandaturen stets gleich bei der obersten Stelle (Galatschew − Melnikow) vorträgt und nicht beim Stadtkommandanten (bisher Bersarin). Ulbricht sagt, er habe dazu keine Zeit − er träfe abends mit den Generalen der obersten Stellen zusammen.«[25] Die handschriftlichen Aufzeichnungen das Parteivorsitzenden über dieses Treffen verraten manches. Zum einen ist erkennbar, daß die sowjetische Militäradministration noch nicht richtig Tritt gefaßt hat: Bekanntlich war sie erst drei Wochen *nach* der bedingungslosen Kapitulation gegründet worden. Noch im Mai hielt Moskau nämlich die Bildung einer deutschen Regierung, die von allen Alliierten akzeptiert wurde, für möglich und erstrebenswert. Doch die Westalliierten zeigten daran kein Interesse und etablierten stattdessen Militärverwaltungen in ihren Zonen, was die Sowjets zwang nachzuziehen. Die Anlaufschwierigkeiten wußte insbesondere Ulbricht zu nutzen.

Zum anderen verriet Selesnows Beschwerde, daß die deutschen Kommunisten eigene, nämlich deutsche Interessen vertraten, und drittens schließlich hielt man Ulbrichts Eigenmächtigkeit für so gravierend, daß man extra jemanden nach Moskau zum Partei-vorsitzenden schickte, damit dieser Ulbricht an die Kette legte.

Selesnow rüffelte laut Piecks Notizen aber nicht nur Ulbricht, sondern gleich die ganze Partei, die erst Anfang Juni zugelassen worden war: »Oft werden Maßnahmen (Befehle) der Bezirks-kommandanten in Versammlungen von Kommunisten kritisiert – nicht zulässig – In Potsdam werden Flugblätter gedruckt, ohne daß ihre Herausgabe bestätigt wurde – Bestätigungsstelle ist nur Berlin. Versammlungen werden abgehalten – ohne Anmeldung Tagesordnung – Referat, ohne auch nur zu informieren [...]«[26]

In diese spannungsgeladene Verbindung drängte nun zuneh-mend die Kriegsgefangenenproblematik. Das betraf sowohl die Vor-bereitung und Betreuung in den sowjetischen Lagern sowie die Aus-bildung künftiger Kader, als auch die Aufnahme der Heimkehrer in Deutschland und deren Einbindung in die zu entwickelnde neue Gesellschaft. Und drittens schließlich ging es darum, sich einen Überblick zu verschaffen, *wer* alles in der Sowjetunion in Lagern war, und daß diese Informationen auch an die Angehörigen gelang-ten und ihnen die Möglichkeit eines Kontaktes eröffnet wurde.

Und genau an dieser Stelle biß man in Moskau auf Granit.

Es betraf Soldaten wie verurteilte Kriegsverbrecher, Antifaschi-sten und Nazis: Die Zuständigen in der Sowjetunion taten sich damit schwer, Namen und Adressen herauszugeben. Als im August 1946 der Moskauer Rundfunk mit der Ausstrahlung sogenannter Grußsendungen deutscher Kriegsgefangenen begann, erhielt am 17. August die Abteilung Presse-Information im Apparat der SED-Führung Order, die Namen mitzuschreiben und sie »laufend an das Frauensekretariat zu übergeben. Das Frauensekretariat soll sofort Postkarten zur Benachrichtigung der Angehörigen drucken lassen.«[27] Man griff also zur Selbsthilfe, um die Sprachlosigkeit zu überwin-den. Noch am 9. Februar 1948 war es nötig, daß die SED-Führung die ZK-Abteilung Arbeit und Sozialfürsorge beauftragte, »bei der SMA anzuregen, daß die Angehörigen derjenigen Kriegsgefange-nen, die während der Gefangenschaft verstorben sind, schnellstens von dem Ableben ihrer Angehörigen unterrichtet werden sollen«,[28] weil dies offenkundig auch drei Jahre nach Kriegsende noch nicht geschah.

Daß diese Sendungen auf Anregung aus Berlin überhaupt zu-stande kamen, ist aus einem Schreiben des Frauensekretariats

*Der SED-Vorsitzende Wilhelm Pieck besucht am 10. August 1946
das Lager 69 (Gronenfelde) und spricht mit Heimkehrern: Die
Kriegsgefangenenfrage ist Chefsache in der Partei.*

erkennbar. Käthe Kern hatte am 12. Juni 1946 Generalleutnant
Bokow in Karlshorst wissen lassen, daß vom Berliner Rundfunk
»die ersten Nachrichten von Deutschen aus russischer Kriegsgefangenschaft bekannntgegeben worden sind«. Das nahm sie zum
Anlaß vorzuschlagen: »Es wäre zu begrüßen, wenn im Moskauer
Rundfunk wie früher wieder Grußsendungen von Kriegsgefangenen an ihre Angehörigen in Deutschland gerichtet werden
könnten.« Und unter einem Punkt 3 schrieb sie: »Besteht die
Möglichkeit, eine größere Anzahl von deutschen Kriegsgefangenen in Rußland noch vor dem Herbst in ihre Heimat zurückzuführen? Mit Rücksicht darauf, daß die Ungewißheit über das
Schicksal der Männer und Söhne viele Frauen und Mütter in
hohem Maße seelisch belastet, würde auch die geringste Hilfe der
SMA von großer Bedeutung sein und ihr die Sympathien weiter
Bevölkerungsschichten gewinnen.«[29]

Bereits am 4. Mai 1946 hatte Walter Ulbricht an die SMA in
gleicher Sache geschrieben: »Die Angehörigen der Kriegsgefangenen beklagen sich sehr bitter darüber, daß ihre Männer und Söhne
seit längerer Zeit kein Lebenszeichen mehr gegeben haben,
obwohl seinerzeit angekündigt worden ist, jeder Kriegsgefangene

werde in die Lage versetzt werden, eine Nachricht nach Hause gelangen zu lassen.

Mit Rücksicht darauf, daß von interessierter Seite das Kapitel Kriegsgefangene sehr stark politisch ausgewertet wird, sollte geprüft werden, wie die technischen Voraussetzungen für eine Benachrichtigung an die Angehörigen der Kriegsgefangenen geschaffen werden können«, ließ Ulbricht die sowjetische Führung wissen. »Es würde sehr zur politischen Beruhigung der deutschen Bevölkerung beitragen, wenn die Ungewißheit über das Schicksal der Kriegsgefangenen durch eine solche Benachrichtigung bestätigt würde.

Bei den Kriegsgefangenen, die in der Gefangenschaft verstorben sind, wäre eine solche offizielle Mitteilung an die Angehörigen aus verschiedenen Gründen besonders erwünscht.«[30]

Und es ging ja nicht nur um Benachrichtigungen. Es gab, worauf an anderer Stelle noch eingegangen werden soll, auch konkrete Fälle, in denen sich die SED-Spitze um die Entlassung von einzelnen Kriegsgefangenen mühte, deren Adresse bekannt war.

Ulbrichts Vorstoß, wie der des Frauensekretariats, lief ins Leere, wie aus eine Hausmitteilung am 31. Mai 1946 ersichtlich ist. Käthe Kern ließ Pieck, Grotewohl und Ulbricht wissen: »Eine nochmalige Anfrage bei der SMA Karlshorst wurde dahingehend beantwortet, daß es bei der SMA keine Stelle gibt, die eine bevorzugte Entlassung aus russischer Kriegsgefangenschaft bearbeitet. Anträge und Anfragen sind daher zwecklos. Antifaschisten kommen im Rahmen der allgemeinen Entlassung nach Hause.«[31]

Das Weihnachtsfest 1946 wurde von der SED-Führung als Anlaß für eine neuerliche Anfrage genommen. Am 26. November beschloß das Zentralsekretariat, das Frauensekretariat möge gemeinsam mit dem für diese Frage zuständigen Paul Merker einen entsprechenden Antrag an die SMA formulieren, um zum Weihnachtsfest weitere Heimkehrer aus sowjetischen Lagern freizubekommen.[32]

Demonstrativ wurde allen Heimkehrern seit dem 10. August 1946 in Frankfurt ein von Wilhelm Pieck unterzeichnetes Flugblatt in die Hand gedrückt. »Kameraden! Freunde! Ich grüße Euch bei Eurer langersehnten Rückkehr in die Heimat im Namen der Sozialistischen Einheitspartei Deutschlands«, hieß es dort und verwies auch in der Reihenfolge, wer maßgeblich daran beteiligt war. »Es ist der SED und dem großen Entgegenkommen der sowjetischen Militärverwaltung zuzuschreiben, daß es uns gelungen ist, die ersten großen Heimkehrertransporte herbeizuführen. 120.000 Kriegsgefangene sollen vorläufig aus der Sowjetunion in die Heimat zurückkehren. Wir werden uns weiter darum bemühen, daß auch die übrigen recht bald die Gelegenheit dazu haben werden. Ich freue mich mit Euch, daß Ihr nicht noch lange in Quarantänelagern festgehalten werden, sondern so schnell wie möglich zu Euren Angehörigen in die Heimat kommt.«[33]

Von den bis August 1946 in Frankfurt registrierten 64.937 Heimkehrern, reisten 21.489 in die russische Zone, 15.370 in die englische, 10.275 in die amerikanische und 3.711 in die französische Zone weiter.[34]

Wilhelm Pieck setzte auch im Wahlkampf dieses Thema ein. Am 20. Oktober werden erstmals nach dem Krieg die Kreis- und Landtage gewählt. Auf 26 Versammlungen – beginnend am 30. September 1946 in Hettstedt und endend am 19. Oktober in Großräschen – erklärte er: »Einen besonderen Erfolg hat die SED in der letzten Zeit mit ihren Anträgen bei der SMA auf Rückkehr der Kriegsgefangenen aus der Sowjetunion erzielt. Zu unserer großen Freude wurde zunächst die Heimkehr von 120.000 Kriegsgefangenen bewilligt, die jetzt ohne besonderen Aufenthalt in Quarantänelagern zu ihren Angehörigen zurückkehren. Auch wird dafür Sorge getragen werden, daß in entsprechenden Abständen auch weiteren Kriegsgefangenen die Heimkehr ermöglicht wird. Hier in der Heimat gilt es die erforderliche materielle Hilfe für die Heimgekehrten zu organisieren. Auch wurde ein Suchdienst eingerichtet, damit die Heimkehrer ihre Angehörigen finden. Die große Sorge der Angehörigen zu dem Verbleib ihrer in Kriegsgefangenschaft befindlichen Männer und Söhne wird durch den Ausbau der Kriegsgefangenenpost entsprochen werden.«[35]

Das alles ist im Prinzip richtig, aber zu großen Teilen Wahlkampfrhetorik. Die Realität sieht doch eher so aus, wie an einem einzigen Fall – von unzähligen vergleichbarer Art – ablesbar ist.

Am 6. November 1945 erkundigte sich Dr. Werner Hünemörder aus Leipzig bei Wilhelm Pieck nach dem Verbleib seines Brudes Albert[36]. Dieser war 1942 bei Stalingrad in Gefangenschaft geraten, hatte sich dem Nationalkomitee »Freies Deutschland« angeschlossen und in dieser Eigenschaft, wie der Briefeschreiber mitteilte, Kontakt zu Pieck gehabt, weshalb er sich mit seinem Anliegen auch an den SED-Vorsitzenden wandte. »Hörte von einem aus Moskau zurückgekehrten Kriegsgefangenen, daß er zuletzt in der Antifaschistischen Hochschule in Moskau-Krasnogorsk Vorträge hielt. Ich wäre Ihnen dankbar, wenn Sie mir gegebenenfalls mir zu meiner und seiner Familie Beruhigung mitteilen könnten, wie es ihm geht und unter welchen Verhältnissen er lebt.«[37]

Pieck antwortete ihm am 24. Januar 1946, inzwischen nach Berlin zurückgekehrt, wie gewohnt persönlich: »Ich kann Ihnen zu Ihrer Beruhigung mitteilen, daß Ihr Bruder Albert, mit dem ich in Moskau im NKFD sehr häufig gesprochen habe, sich bester Gesundheit erfreut, und daß er unter relativ günstigen Bedingungen lebt.«[38] Am 6. März kam erneut Post aus Leipzig: Man habe inzwischen ein Lebenszeichen von Albert Hünemörder erhalten. Weitere Monate gingen ins Land. Am 4. November 1946 meldete sich nunmehr die Ehefrau aus Erfurt, die dort das Baugeschäft ihres Mannes weiterführte. »Nun höre ich aus zuverlässiger Quelle, daß sämtliche Stalingradkämpfer nunmehr zur Entlassung kämen. Leider aber nicht die Stabsoffiziere. Wäre es Ihnen möglich, sehr geehrter Herr Pieck, sich einmal für meinen Mann zu verwenden?«[39]

Inzwischen war die Flut solcher Petitionen an Pieck derart angeschwollen, daß das Büro des Zentralsekretariats der SED die Beantwortung übernehmen mußte. Am 22. November 1946 ließ man Frau Marie Hünemörder wissen: »Was von uns möglich ist, werden wir in dieser Angelegenheit unternehmen.«[40]

Am 7. Januar 1948 meldete sich Albert H. aus dem Lager 7144/17 bei »Kamerad Pieck« mit einer Postkarte. »Vor zwei Jahren schrieb ich Ihnen schon einmal, aber scheinbar vergebens. Ich danke Ihnen noch einmal für die Benachrichtigung meiner Frau.« Offenkundig hatte man ihn also doch ausfindig machen und seine Frau über seinen Aufenthalt informieren können.

Wilhelm Pieck dankte am 7. Februar 1948 für die Karte aus dem Kriegsgefangenenlager persönlich. »In der Hoffnung, daß Sie bald alle nach Deutschland zurückkehren und uns bei dieser Arbeit (*gemeint ist der Wiederaufbau – d. Hrsg.*) helfen, grüßt Sie und Ihre Kameraden bestens Wilhelm Pieck.«[41]

Und es beschäftigten ja die SED-Führung nicht nur die Insassen der sowjetischen Kriegsgefangenenlager. Es trafen auch

Hilferufe aus dem Westen in Berlin ein. Zumindest in einem Falle wurde deutlich, daß man auch dort inzwischen das Spiel über die Bande beherrschte. Aus Stuttgart meldete sich am 21. Oktober 1946 ein Graf von Wedel in seiner Eigenschaft als »Groß-Hessischer Länderratsbevollmächtigter«. Aber der Sozialdemokrat schrieb – über die Gründe muß man wohl kaum rätseln – nicht direkt an den SED-Vorsitzenden, sondern an Dr. med. Johannes Kupke in Berlin-Niederschönhausen, der den Brief des »Genossen Graf von Wedel« auftraggemäß an Pieck weiterleitete. Und es ging ihm auch nicht um Kriegsgefangene allgemein, sondern insbesondere um einen, der in Frankreich interniert war. Gleichwohl offenbarte sein Vorschlag eine gewisse List, mit der man die Bastionen der Besatzungsmächte zu nehmen hoffte. Denn zu jener Zeit tauschten sich die Vertreter der vier Mächte im Alliierten Kontrollrat in Berlin über solche Angelegenheiten noch aus. Der Graf schlug also vor, die sozialistische Partei solle »doch einmal bei Herrn Botschafter Murphy *(gemeint ist Robert D. Murphy, der als politischer Berater von General Lucius D. Clay, des amerikanischen Militärgouverneurs Deutschlands, fungierte – d. Hrsg.)* vorstellig werden und darauf hinweisen, daß die Frage der Kriegsgefangenen zu einer unerträglichen Belastung auch für die politischen Parteien geworden sei. Herr Botschafter Murphy wird wahrscheinlich entgegnen daß es für ihn schwierig sei, irgendetwas für die Gefangenen zu tun, die sich in russischer, englischer und anderer Gefangenschaft befinden, dagegen werde er anerkennen, daß die Amerikaner für diejenigen Kriegsgefangenen, die sie den Franzosen zu Arbeitsleistungen[42] übergeben haben, eine gewisse moralische Verantwortung tragen.«[43]

Ob man dem Vorschlag des »Genossen Grafen« nähertrat, ist nicht bekannt, zumindest fanden sich im Archiv dazu keine schriftlichen Belege.

Am 4. Dezember 1946, anderthalb Jahre nach Kriegsende, übergab die SED-Führung eine erste Liste mit Namen von Kriegsgefangenen, auch wenn es im Mai aus Karlshorst noch geheißen hatte, »daß es bei der SMA keine Stelle gibt, die eine bevorzugte Entlassung aus russischer Kriegsgefangenschaft bearbeitet. Anträge und Anfragen sind daher zwecklos.«[44]

Unter den 25 genannten Personen, um deren Auslieferung in Moskau nachgesucht wurde, befand sich auch ein Alfred Neumann, geboren am 15. Dezember 1909 in Berlin. Dieser war im Februar 1945 zwar aus dem SS-Strafbataillon Dirlewanger geflohen, was die Rote Armee jedoch nicht daran hinderte, ihn zu internieren. Und bevor er ins Strafbataillon gekommen war, hatte dieser Neumann bereits drei Jahre im Zuchthaus Brandenburg-Görden gesessen, nachdem er 1942 wegen Hochverrats zu acht Jahren verurteilt worden war. 1938 hatte die Sowjetunion, wo der kommunistische Emigrant seit Jahren als Sportlehrer arbeitete, als Staatenlosen ausgewiesen. Er war zu den Internationalen Brigaden nach Spanien gegangen, 1939 in Frankreich verhaftet und interniert und 1941 an die Gestapo ausgeliefert worden.

Auch solche Männer befanden sich also in sowjetischer Kriegsgefangenschaft. Wir greifen vor: 1947 kehrte Neumann nach dieser deutschen Intervention heim. Er rückte 1959 ins Politbüro auf und war dort der einzige, der Honeckers 1970 an Moskau gerichtete Bitte zur Ablösung Walter Ulbrichts *nicht* unterschrieb. Die SED-PDS schloß Alfred Neumann Anfang 1990 aus. Seit 1992 wurde gegen ihn aufgrund seiner Mitgliedschaft im Nationalen Verteidigungsrat der DDR wegen »Totschlags und Körperverletzung an der innerdeutschen Grenze« ermittelt, die 23. Strafkammer des Berliner Landgerichtes stellte 1999 das Verfahren ohne Ansetzung einer Hauptverhandlung ein.

Alfred Neumann, 1961

Alfred Neumann starb 91jährig am 8. Januar 2001.

Nicht nur außerhalb der Partei stieß die Politik Moskaus mitunter auf Unverständnis. Es traf Gerechte wie Ungerechte, bisweilen war der Vorwurf nicht von der Hand zu weisen, daß auch eine gewisse Willkür obwaltete, die, wenn sie offenbar wurde und man Entscheidungen, was selten genug geschah, korrigierte, keineswegs mit dem Ausdruck des Bedauerns zurückgenommen wurden.

Um allerdings nicht ganz die Perspektive zu verlieren, ist auch hier daran zu erinnern, daß diese Besatzungsmacht kurz zuvor vier Jahre deutsche Barbarei erlitten hatte und sich, trotz aller Übergriffe und Grausamkeiten, erstaunlich zurückhielt. Der biblische Grundsatz Aug' um Auge, Zahn um Zahn fand eben keine Anwendung – was, trotz begründeter individueller Betroffenheit, sachlich als zivilisatorischer Fortschritt konstatiert werden sollte.

Dennoch ist damit der Einspruch nicht zu tilgen: *So* durften Kommunisten und Internationalisten, wenn sie denn welche waren, nicht miteinander umgehen.

In Piecks Nachlaß finden sich beispielsweise auch ein Schreiben von Paul und Änne Walter aus Berlin-Kaulsdorf von Ende 1946. Ihr Sohn Arthur, Jahrgang 1916, sei am 30. April 1945 aus einem Berliner Lazarett von der Roten Armee entlassen worden. Am 28. Mai 1945 sei er zum Bezirksamt Lichtenberg wegen Arbeit gegangen. Von dort kehrte er nicht wieder. »Durch Zufall traf ich ihn am 31. Mai 1945 auf dem Transport nach dem Osten in Mahlsdorf«, schrieb die Mutter. Und wie sie inzwischen in Erfahrung brachte, befinde er sich in einem Kriegsgefangenenlager im Gebiet Kuybischew an der Wolga. Paul Walter, sein Vater, war übrigens 1935 von den Nazis als Kommunist zu zweieinhalb Jahren Zuchthaus verurteilt worden, danach saß er bis zur Befreiung durch die Sowjetarmee im KZ Sachsenhausen.[45]

Der Name von Arthur Walter fand sich auf einer Liste von Kriegsgefangenen, die Otto Grotewohl am 9. Januar 1947 an die Sowjets mit Bitte um Auslieferung übergab ...

Das geschah in einer Zeit, als 800.000 Entlassungen angekündigt waren. Pieck, Grotewohl, Merker und Dahlem hatten aus Karlshorst diese Zahl am 30. November 1946 signalisiert bekommen. Man solle sich darauf vorbereiten.

Sofort wurden Maßnahmen eingeleitet. »Da dafür das Entlassungslager Gronenfelde nicht ausreicht, ist in Frankfurt/Oder verhandelt worden, daß eine Kaserne in der Müller-Rose-Landstraße freigegeben wird, damit täglich mindestens 10.000 Gefangene abgefertigt werden können.

Der Antrag des FDGB, den Gefangenen ein Entlassungsgeld von 40 RM zu zahlen, hat jetzt günstige Aufnahme gefunden«, hieß es in der Hausmitteilung weiter. »Die SMA verlangt von der Eisenbahn täglich 10 Pendelzüge zum Abtransport«, notierte Belke von der Abteilung Arbeit und Sozialfürsorge. »Die Pendelzüge sollen geheizt sein.

Die ärztliche Betreuung wird neu organisiert. Die Zentralverwaltung für Umsiedler stellt einen eigenen Chefarzt und ein eigenes ständiges Sanitätspersonal.

I. Wenn schon im vorigen Jahr die Entlassung der 120.000 einigermaßen klappte, so muß es diesmal noch besser werden«, notierte Belke am 30. Januar 1947 und endete mit der Nachricht, daß ein weiterer Wunsch der deutschen Seite erfüllt wurde: »II. Die SMA hat sich jetzt bereiterklärt, in das Kriegsgefangenenlager der SMA (Nr. 69) einen deutschen politischen Mann hineinzunehmen, der in dem Lager der früheren Nazis politische Arbeit leisten soll. Die SMA stellt diesem Genossen Wohnung und Verpflegung, er müßte nur von der Partei bezahlt werden.«[46]

Unter jenen, die seit Oktober 1946 per Bahn die Oder in Frankfurt überquerten, waren auch »Tausende von Zivilgefangenen«. In einem von der Abt. Arbeit und Sozialfürsorge seither versandten Standardbrief zur »Rückführung von Zivilgefangenen aus der Sowjetunion« hieß es in holperndem Amtsdeutsch: »Unter diesen befinden sich sehr viele aus dem ehemaligen Ostpreußen. Genau wie unsere Bemühungen dahin gehen, die Kriegsgefangenen der Heimat wieder zuzuführen, versuchen wir ebenfalls dasselbe mit den Zivilinternierten.«[47]

Doch trotz aller Bewegung in der Sache trat man bei der Lösung der Auskunfts- und Postproblems auf der Stelle. Es häuften sich Anfragen und Beschwerden in Berlin. Und nicht nur Einzelpersonen monierten das Schweigen. Genervt reagierte die Abt. Arbeit und Sozialfürsorge im Parteivorstand am 19. März 1947 auf eine entsprechende Anfrage der Stadtleitung Halle der SED: »Wir sind dauernd darum bemüht, bei allen Besatzungsmächten darauf hinzuwirken, daß ein regelmäßiger Postverkehr zwischen den deutschen Kriegsgefangenen in allen Ländern und der Heimat vonstatten geht.« Und gleichsam entschuldigend verweist man auf die Moskauer Konferenz der Außenminister, dort sei »auch die Frage der Kriegsgefangenen zur Sprache« gekommen.[48]

Die fünfte Konferenz der Außenminister der vier Siegermächte tagte zur Stunde noch, vom 10. bis 24. März beriet man über deutsche Fragen. Der neue US-Außenminister Marshall stellte dort seinen Plan zur wirtschaftlichen Vereinigung Deutschlands vor, dazu gehörte eine zonenübergreifende Währungsreform und eine einheitliche Verwaltung – allerdings nach den Vorstellungen der USA, denen die Sowjetunion aus verschiedenen Gründen nicht folgen mochte, zumal Briten und Amerikaner bereits ihre beiden Besatzungszonen zu Jahresbeginn in einer Bi-Zone zusammengeführt hatten und damit erkennbar eigene Ziele verfolgten. Die anderen Zonen sollten sich laut Marshalls Idee der amerikanischen Zone anschließen, gleichsam beitreten. Die Debatten in Moskau wurden von divergierenden Interessen überschattet, und neben der Entscheidung, daß ab dem 27. April die Entnazifizierung in deutsche Verantwortung übergehen sollte, konnte man sich nur auf wenige gemeinsame Beschlüsse verständigen. Das Thema Kriegsgefangene gehörte jedoch dazu. »Deutsche Kriegsgefangene, die sich in Gebieten der verbündeten Mächte befinden, sollen bis zum 31. Dezember 1948 nach Deutschland zurückkehren«[49], hieß es vergleichsweise vage, und die Presse meldete daraufhin »Letzte ›Heimkehrersaison‹ beginnt / Umfangreiche Vorbereitungen / 6.000 täglich erwartet«. Vom 27. Juli 1946 bis zum 31. März 1948 waren bereits 430.545 Personen aus sowjetischer Kriegsgefangenschaft entlassen worden: 1946 – 149.289, 1947 – 215.726, von Januar bis März 1948 – 65.530. Außenminister Molotow erklärte, daß sich derzeit noch 890.532 deutsche Kriegsgefangene auf dem Gebiet der UdSSR befänden. Diese sollten bis 1949 repatriiert werden. Also doch nicht, wie eigentlich beschlossen, bis zum 31. Dezember 1948?

Wie schon zwei Jahre zuvor, als Truman die Konferenz in Potsdam mit der Detonation von zwei Atombomben im fernen Japan erschütterte, holte er auch diesmal wieder eine Keule hervor. Zwei Tage nach Beginn der Tagung in Moskau verkündete der US-Präsident die »Truman-Doktrin« zur Eindämmung (»containment«) der kommunistischen Gefahr in Europa. Das war eine merkliche Eskalation der ohnehin angespannten Beziehungen zwischen der Sowjetunion und den USA.

Begrüßung in Frankfurt/Oder, 1947

Die Moskauer Konferenz ging ergebnislos im Grundsätzlichen auseinander, man konnte auch sagen: Sie war gescheitert. Die Sowjetunion hatte sich mit ihrer Forderung nach Auflösung der Bi-Zone so wenig durchsetzen können wie die Franzosen mit ihrem Wunsch nach Abtrennung des Ruhr- und des Saargebietes von Deutschland. »Am Ende der gescheiterten Moskauer Konferenz verständigten sich Amerikaner und Briten dahin, die Bizone zu einem lebensfähigen Gebilde auszubauen, das sich selbst versorgen könne. Im Juni 1947 erfolgte die Zusammenfassung der bizonalen Organe in Frankfurt am Main. Als Lenkungsorgan der ›Verwaltungen‹ der Bizone (für Ernährung und Landwirtschaft, Verkehr, Post- und Fernmeldewesen, Finanzen, Wirtschaft) mit jeweils einem Direktor an der Spitze fungierte ein Exekutivrat aus Vertretern der acht Länder der Bi-Zone, und mit dem ›Wirtschaftsrat‹ gab es ein Parlament, dessen 52 Abgeordnete von den Landtagen der Länder gewählt wurden.

Nach einer weiteren Reform (bei der der Wirtschaftsrat auf 104 Abgeordnete vergrößert wurde) war ab Anfang 1948 diese gemeinsame Organisation der beiden Zonen perfekt. »Die ›Vorform‹ der Bundesrepublik war entstanden«, lautete die Lesart der Bundeszentrale für politische Bildung, mit der in bemerkenswerter Offenheit die Verantwortung des Westens für die deutsche Spaltung eingeräumt wird. »Lediglich die Bezeichnungen vermieden noch den politischen Anstrich: Die Direktoren der Verwaltungen hießen nicht Minister, der Oberdirektor durfte sich nicht Kanzler nennen, und die Gesetzgebung des Parlaments unterstand der Genehmigung der amerikanischen und der britischen Militärregierung.«

Im Mai 1947 gab es noch eine Ministerpräsidentenkonferenz, die aber nur Theaterdonner darstellte. »Die Wiederherstellung des deutschen Nationalstaats durch die Vereinigung der vier Besatzungszonen war nicht beabsichtigt, dazu hatten die Ministerpräsidenten weder die Kompetenz noch die politische Macht. Sie waren 1947 eher Befehlsempfänger als Partner der alliierten Militärgouverneure, bei diesen lag die Macht und die Regierungsbefugnis über Deutschland«, heißt es in der gleichen Quelle. Damit war schon alles gesagt. »In stundenlangem Streit um die Tagesordnung kamen sich beide Seiten *(die West- und die Ostministerpräsidenten – d. Hrsg.)* nicht näher. Das von der westlichen Seite angebotene feierliche Bekenntnis zur deutschen Einheit war der östlichen Delegation zu wenig – sie beharrte auf der sofortigen ›Bildung einer deutschen Zentralverwaltung, die selbstverständlich eine Verständigung der demokratischen Parteien und Gewerkschaften zur Schaffung eines deutschen Einheitsstaates mit dezentralisierter Selbstverwaltung beinhalte‹. Die Vertreter von Brandenburg, Thüringen, Sachsen-Anhalt, Mecklenburg und Sachsen verließen den Konferenztisch und reisten ab; ihre Kollegen aus den drei Westzonen verfaßten daraufhin ein Pressekommuniqué, in dem sie von einem Theatercoup sprachen und den Länderchefs der Ostzone alle Schuld zuwiesen. Die Ministerpräsidenten der drei Westzonen behandelten am 6. und 7. Juni 1947, wie vorgesehen, in ihrer Konferenz die Themen ›Ernährungsnot, Wirtschaftsnot, Flüchtlingsnot‹.

Rechtfertigungsversuche – auch für die starre Haltung der Westseite – gab es in der Folge reichlich in beiden Lagern, sie bewiesen aber vor allem, daß die Spaltung Deutschlands längst Realität war und daß die Münchener Ministerpräsidentenkonferenz weder das Forum zur Verhinderung noch zur Herbeiführung der deutschen Einheit hätte sein können.« Nachrichten dieser Art erreichten auch die Kriegsgefangenen in den sowjetischen Lagern. Sie reagierten zum Teil mit wütenden Protesten gegen alle Spaltungstendenzen. Sie finden sich zu Dutzenden im Bundesarchiv.

Ungeachtet der dramatischen Verschlechterung der politischen Großwetterlage suchten in Deutschland Familien weiter nach ihren Angehörigen. In der Berliner Kanonierstraße 35 arbeitete der »Suchdienst für vermißte Deutsche in der sowjetischen Okkupationszone«, bei dem man für zwei Reichsmark einen Vordruck und die Hoffnung auf Hilfe erwerben konnte. Zunehmend fragten dort auch Kriegsgefangene auf der Suche nach ihren Angehörigen an, und die Abteilung Arbeit und Sozialfürsorge im Parteivorstand der SED verwies bei Anfragen nicht nur an diese Adresse, sondern auch auf das Postamt Berlin NW 40. Dort lägen etwa zwei Millionen Briefe, »deren Empfänger bisher nicht festgestellt werden konnten«.[50]

Exkurs: Der Verfassungsentwurf von 1946

Im Herbst 1946 hatte die SED den Entwurf einer Verfassung für eine deutsche demokratische Republik in einigen tausend Exemplaren vervielfältigen und vertreiben lassen. Das Papier ging zielgerichtet an prominente und weniger prominente Deutsche in allen Zonen und auch an Kriegsgefangene. Sie wurden nicht nur um ihre Meinung, sondern auch um Ergänzungen, Korrekturen und Hinweise gebeten. Auf diese Weise wurde eine demokratische Diskussion angeschoben, wie es sie in dieser Form noch nie in Deutschland gegeben hatte. Die Resonanz war gewaltig. Es kamen auch Dutzende Schreiben aus Kriegsgefangenenlagern, und mancher Vorschlag war auch ein wenig absonderlich. So meinten ein W. Schrott und weitere Insassen des Lagers 342/16 in Belgrad, man solle das Wahlalter auf 65 Jahre begrenzen.[51]

Ausgangspunkt war die Veröffentlichung von »Grundrechten des deutschen Volkes«, die am 22. September im *Neuen Deutschland* erschienen. Sie veranlaßten Dr. Fritz Heinemann aus München-Großhadern, mit einem »Diskussionsentwurf für eine deutsche Verfassung« zu antworten. In seinem Begleitschreiben an Wilhelm Pieck hieß es: »In der Meinung, daß die Zeit gekommen ist, die Diskussion um den staatlichen Aufbau unseres Vaterlandes zu eröffnen und veranlaßt durch die Stuttgarter Rede des amerikanischen Außenministers Byrnes[52], erlaube ich mir, Ihnen, sehr geehrter Herr Pieck, beiliegend einige Ideen zu dem oben genannten Thema zu unterbreiten.«[53]

Etliche vergleichbare Anregungen und Entwürfe erreichten die SED-Führung aus allen Landesteilen, woraus schließlich jener Verfassungsentwurf erarbeitet wurde, der am 14. November 1946 vom SED-Parteivorstand beschlossen, gedruckt und dann versandt wurde. Damit trat die SED als erste Partei in Deutschland mit einer solchen Idee auf den Plan, was ihr im Nachgang als besonders perfide Aktion unterstellt wurde: Aus politischem Kalkül habe man die Verfassungs-Diskussion an sich ziehen wollen. Abgesehen davon, daß keine Partei zu keiner Zeit etwas ohne Vorsatz und Überlegung tut – was war daran zu kritisieren, daß nach dem Krieg, als es um die Bildung eines neuen Gemeinwesens auf den Trümmern des untergangenen Deutschen Reiches ging, ein Verfassungsentwurf in die öffentliche Diskussion eingeführt wurde? »Auf diese Weise konnte die SED, ein aus sowjetischer Sicht durchaus intendierter Nebeneffekt, als erste deutsche Partei mit einem gesamtnationalen Gestaltungswillen in der Öffentlichkeit auftrumpfen«, lautet beispielsweise der Vorwurf aus dem Institut für Zeitgeschichte München-Berlin.[54]

Seinerzeit sahen die meisten Angefragten das offenkundig weniger ideologisch und mit antikommunistischen Ressentiments, wie die Reaktionen auswiesen, die im Bundesarchiv nachzulesen sind.

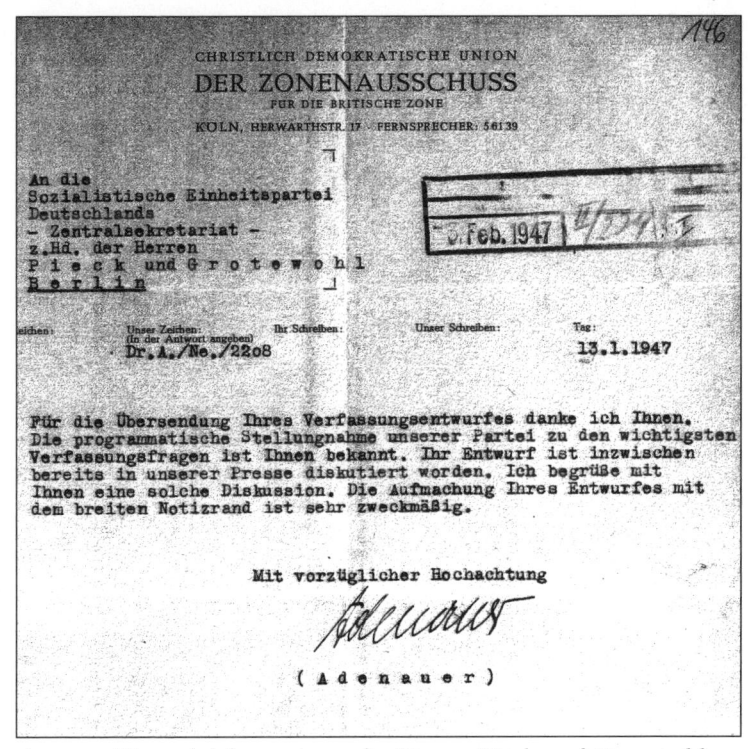

Antwort Konrad Adenauers an die Herren Pieck und Grotewohl

So schrieb Justizminister Beyerle aus Stuttgart am 30. Dezember 1946: »Mit lebhaftem Interesse empfing ich das mir zugesandte Stück des von dem Parteivorstand der SED beschlossenen Entwurfes einer Verfassung für die deutsche demokratische Republik. Ich danke Ihnen für die Übersendung. Ich hoffe, bald Gelegenheit zu finden, den Entwurf und das ihm beigefügte Geleitwort eingehend zu studieren, und auf jeden Fall teile ich Ihre Auffassung, daß die Deutschen aller Zonen nach einer verfassungsrechtlichen Einheit streben müssen. Mit vorzüglicher Hochachtung Beyerle.«[55]

In der ersten Januar-Hälfte reagierten Prof. Dr. Gustav Radbruch, der Verkehrsminister Nordrhein-Westfalens Sticker, der Minister für Aufbau und Arbeit Niedersachsens Seebohm, Paul Oestreich aus Berlin-Zehlendorf, der Finanzminister Baden-Württembergs Dr. Cahn-Garnier, der Oberbürgermeister von Worms, Prof. Dr. Eckert, Bayerns Verkehrsminister, der Landtagspräsident

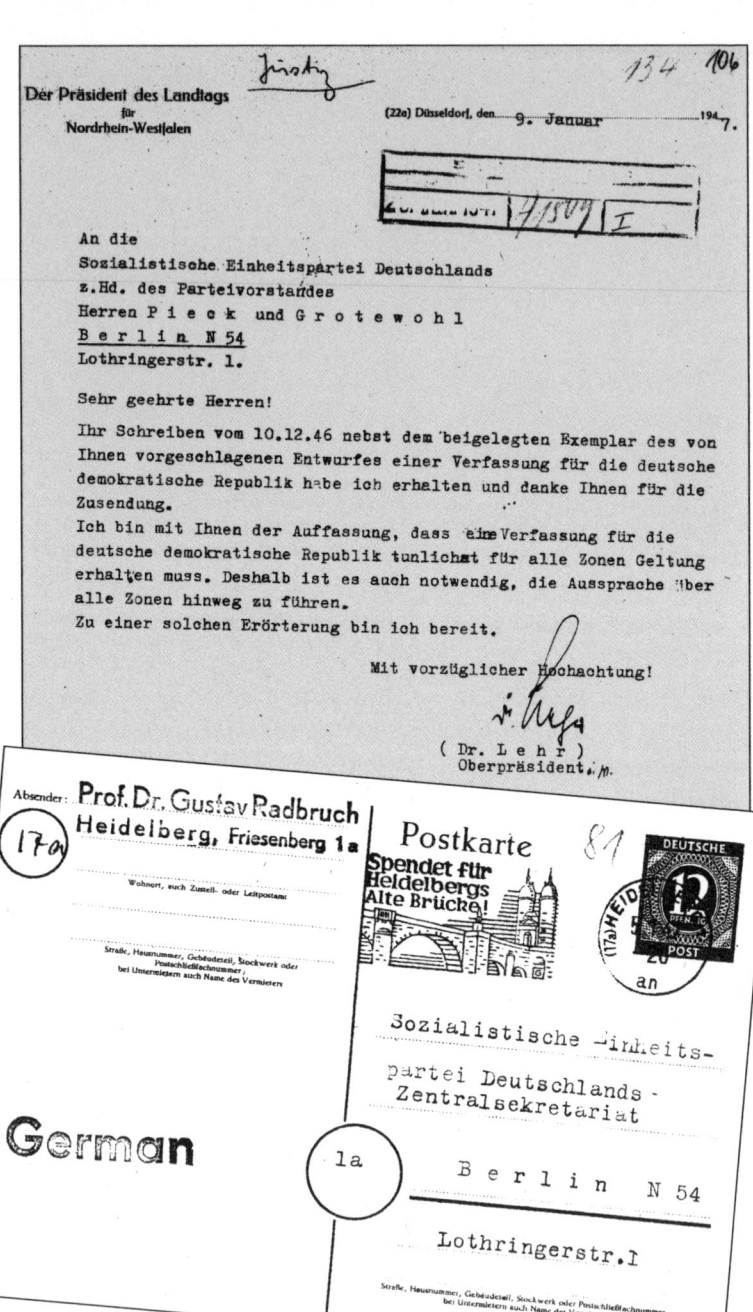

Der Präsident des Landtags
für
Nordrhein-Westfalen

Fertig

134 106

(22a) Düsseldorf, den 9. Januar 1947.

An die

Sozialistische Einheitspartei Deutschlands
z.Hd. des Parteivorstandes
Herren P i e c k und G r o t e w o h l
B e r l i n N 54
Lothringerstr. 1.

Sehr geehrte Herren!

Ihr Schreiben vom 10.12.46 nebst dem beigelegten Exemplar des von
Ihnen vorgeschlagenen Entwurfes einer Verfassung für die deutsche
demokratische Republik habe ich erhalten und danke Ihnen für die
Zusendung.

Ich bin mit Ihnen der Auffassung, dass eine Verfassung für die
deutsche demokratische Republik tunlichst für alle Zonen Geltung
erhalten muss. Deshalb ist es auch notwendig, die Aussprache über
alle Zonen hinweg zu führen.

Zu einer solchen Erörterung bin ich bereit.

Mit vorzüglicher Hochachtung!

(Dr. Lehr)
Oberpräsident. /h.

Absender: Prof. Dr. Gustav Radbruch
17a Heidelberg, Friesenberg 1a

Wohnort, auch Zustell- oder Leitpostamt

Straße, Hausnummer, Gebäudeteil, Stockwerk oder
Postschließfachnummer;
bei Untermietern auch Name des Vermieters

Postkarte

Spendet für
Heidelbergs
Alte Brücke!

German

81

la

Sozialistische Einheits-
partei Deutschlands-
Zentralsekretariat

B e r l i n N 54

Lothringerstr. I

Straße, Hausnummer, Gebäudeteil, Stockwerk oder Postschließfachnummer;
bei Untermietern auch Name des Vermieters

64

**Der Niedersächsische Minister
für Aufbau und Arbeit**

Gesch.-Z. **Sekr.**

🕾 Hannover, den **7. 1.1947**
Alte Döhrener Str. 15
Tel. 8 60 81/88

`17. Jan. 1947` `I`

An den

Parteivorstand der Sozialistischen
Einheitspartei Deutschlands
- Zentralsekretariat -

Berlin N 54

Lothringerstr.1

Sehr geehrte Herren Pieck und Grotewohl !

Ich danke Ihnen sehr für die Übersendung des von Ihnen beschlossenen
Entwurfs einer zukünftigen Verfassung für die Deutsche Demokratische
Republik. Ich begrüsse die von Ihnen eingeleitete Aussprache sehr
und werde Ihre Auffassung mit regem Interesse eingehend durcharbeiten
und zur gegebenen Zeit meine Stellungnahme hierzu vertreten.

Ich stimme durchaus mit Ihnen überein, dass die Probleme einer zukünftigen deutschen Verfassung über alle Zonen hinweg diskutiert und geklärt
werden müssen. Ich bin Ihnen aus diesem Grunde für Ihr freundliches
Schreiben vom 10.12.46 sehr dankbar und verbleibe

mit vorzüglicher Hochachtung

Minister für Aufbau und Arbeit

Sehr `13. Jan. 1941` geehrte Herren! `6.1.47.`

Ich danke Ihnen verbindlichst für den Verfassungs
entwurf, muss aber meine Aeusserung darüber aufschieben bis nach Rückkehr von meiner 3 wöchigen
Auslandsreise, die ich in den nächsten Tagen antreten werde.

Mit vorzüglicher Hochachtung

Radbruch

von NRW Dr. Lehr, der Landesvorsitzende der CSU Dr. Josef Müller, Staatsminister Dr. H. G. Strasser aus Schwerin, der Justizminister Niedersachsens Ettinghaus, die Ministerpräsidenten von Rheinland-Pfalz, Dr. Wilhelm Boden, und Niedersachsens, Hinrich Wilhelm Kopf ... Der Oberbürgermeister von Frankfurt am Main, Dr. Blaum, ließ den SED-Vorsitzenden wissen: »Die klare und übersichtliche Fassung der einzelnen Paragraphen ist zweifelsohne sehr zu begrüßen. Die Gestaltung des Reiches jedoch nach dem Entwurf wird die selbe Schwäche aufweisen, die in manchen Punkten schon die Weimarer Verfassung aufwies: eine überspitzt theoretische Demokratie, die an dem Bedürfnis des praktischen Lebens, der geschichtlichen Entwicklung und dem Grad der politischen Reife der deutschen Bevölkerung vorbeigeht.«[56]

Auch ein Konrad Adenauer vom CDU-Zonenausschuß für die britische Zone schrieb am 13. Januar 1947 an die Sozialistische Einheitspartei. »Für die Übersendung Ihres Verfassungsentwurfes danke ich Ihnen. Die programmatische Stellungnahme unserer Partei zu den wichtigsten Verfassungsfragen ist Ihnen bekannt. Ihr Entwurf ist inzwischen bereits in unserer Presse diskutiert worden. Ich begrüße mit Ihnen eine solche Diskussion. Die Aufmachung Ihres Entwurfes mit dem breiten Notizrand ist sehr zweckmäßig. Mit vorzüglicher Hochachtung Adenauer.«[57]

Den sehr zweckmäßig breiten Notizrand nutzten Politiker, Juristen, Staatsrechtler, Journalisten, Kriegsgefangene, Kirchenleute und Namenlose für Anmerkungen, die sie an die SED-Führung schickten. Prof. Dr. Chomse aus Berlin-Friedenau meldete Bedenken an: »Ob Jugendliche bereits mit 18 Jahren allgemein die Befähigung haben, durch Ausübung des Wahlrechts sich in höchster Form verantwortlich zu betätigen, wage ich zu bezweifeln. Man sollte das erforderliche Maß an praktischer Lebenserfahrung, das auch für die politische Meinungsbildung von Bedeutung ist, nicht zu gering ansetzen. Meines Erachtens wäre ein Zusammenfallen mit dem Zeitpunkt der Mündigkeit eher vertretbar.«[58]

Acht Ärzte, unter ihnen Dr. Kostja Zetkin, forderten die Aufnahme des Gesundheitsschutzes für die gesamte Bevölkerung in die Verfassung, nicht nur für Arbeitende, und nicht nur die Behandlungen von Krankheit, sondern auch die Vorsorge habe dort ihren Platz. Die Kosten sollten nicht von Versicherungen, sondern vom Staat getragen werden.[59]

Pädagogen verlangten die Aufnahme allgemeiner Schulgeldfreiheit und die Abschaffung von Privatschulen, und der Jurist und Volkswirtschaftler Willy Koslowsky aus Böhringen bei Urach,

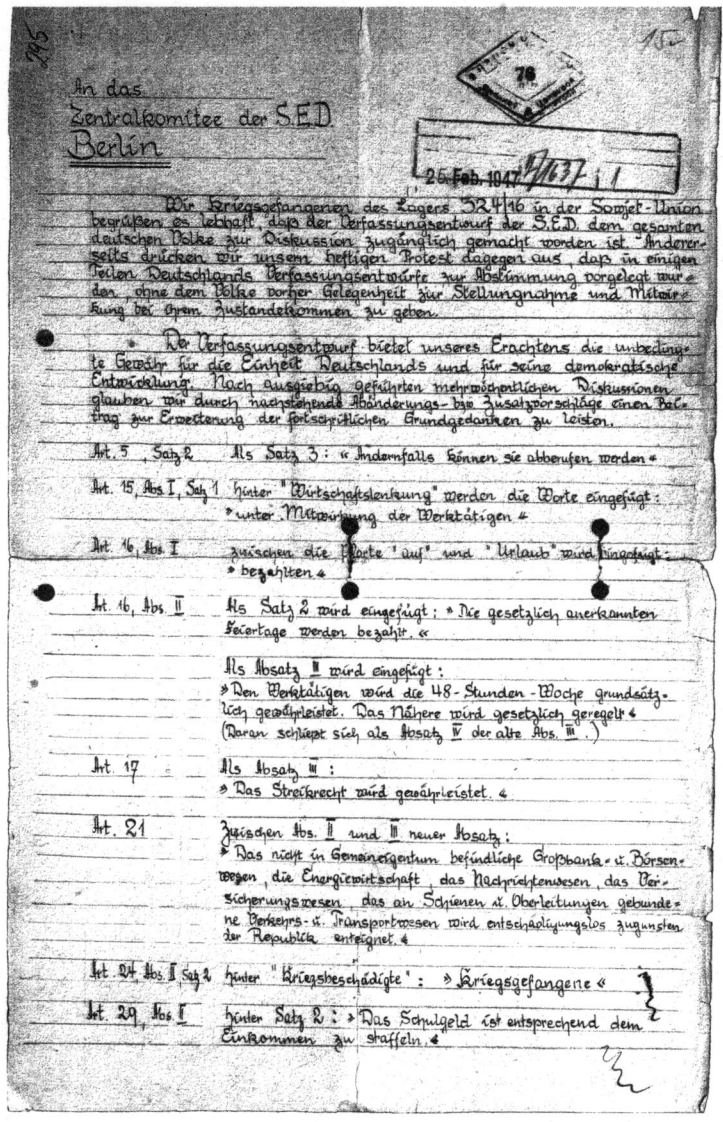

Auch Kriegsgefangene beteiligen sich an der Verfassungsdiskussion

der von 1900 bis 1934 im Ullstein Verlag gearbeitet hatte, begrüßte es, »daß der Entwurf uneingeschränkt den deutschen Einheitsstaat verlangt«. Er war zwar der Ansicht, daß diese Verfassung »die Möglichkeit« böte, »den Kommunismus einzuführen und strikt durchzuführen«. Doch der Entwurf zwinge nicht »zu einem unbedingten Radikalismus. Infolgedessen kann er wohl auch für den, der kein ausgesprochener Kommunist ist, eine Grundlage für eine Diskussion bieten.«[60]

Es meldete sich auch ein P. Hugo Hartz aus Plauen, der sich »als parteiloser Antifaschist und 25jähriger Vorkämpfer sozialdemokratischer Ziele (tätig als 2. Vorsitzender des Kreisverbandes Deutscher Garten- und Schrebervereine)« vorstellte. Er faßte den Artikel 7 völlig neu: »Deutscher Staatsbürger sind alle männlichen und weiblichen Personen, die innerhalb der deutschen Grenzen ab 1847 geboren sind und die deutsche Muttersprache sprechen. Die Gegenwart spaltet sie in Kleinbürger bis 18 Jahre und in Großbürger bis zum Tod. Staatsbürger, die das 70. Lebensjahr überschritten haben, gelten als Ehrenbürger und genießen Ehrenrente. Ausländische Bürger können nach zweijährigem ehrenhaften Aufenthalt in Deutschland und ab 21. Lebensjahr die deutsche Staatsbürgerschaft durch Einbürgerung erwerben.«[61]

Die öffentliche Diskussion mündete in die Volkskongreßbewegung für Einheit und gerechten Frieden, die sich 1948 zu formieren begann. Auf seiner ersten Sitzung am 19. März 1948 bildete der Deutsche Volksrat sechs Fachausschüsse, einer war der Verfassungsausschuß, der von Otto Grotewohl geleitet wurde. Im Oktober 1948 lag ein erster vollständiger Verfassungsentwurf vor, der im Frühjahr 1949 nochmals überarbeitet wurde. Er sollte schließlich die Verfassung der Deutschen Demokratischen Republik werden, die am 7. Oktober 1949 von der Provisorischen Volkskammer zu geltendem Recht erklärt wurde.

Der im Herbst 1948 vorliegende Entwurf war nicht nur mit Flugblättern und in Zeitungen mit der Bitte um Diskussion massenhaft verbreitet worden – er war auch wieder sämtlichen Ministerpräsidenten, Ministern, Staatssekretären und sonstigen höheren Mitarbeitern der westdeutschen Landesregierungen zugestellt worden. Es gingen daraufhin etwa 15.000 Einsendungen mit Änderungsvorschlägen ein, die sich im Kern auf etwa 30 Kritikpunkte bezogen. Sämtliche Änderungsvorschläge wurden ausgewertet und führten zu über hundert einzelnen Korrekturanregungen. An 52 Artikeln wurden Änderungen vorgenommen.

Insofern ließ sich von einem wahrhaft demokratischen Entstehungs-Akt sprechen – im Unterschied zu Erarbeitung und Annahme des Grundgesetzes der Bundesrepublik Deutschland. Dieses war am 8. Mai 1949 im Parlamentarischen Rat mit 53 zu 12 Stimmen angenommen worden. (Mit Nein stimmten sechs der CSU-Parlamentarier und je zwei Abgeordnete der Demokratischen Partei, der KPD und des Zentrums.) Diskutiert worden war der Entwurf ausschließlich in parlamentarischen Gremien, und der Segen kam von den westlichen Besatzungsmächten. Zumal diese, d. h. die USA, das Procedere initiiert hatten. Am 1. Juli 1948 war den Ministerpräsidenten der elf Länder der Westzone im US-Hauptquartier in Frankfurt am Main ein Dokument übergeben worden, das die Empfehlungen für eine Staatsgründung enthielt. Die Ministerpräsidenten wurden im ersten Dokument beauftragt eine verfassungsgebende Versammlung einzuberufen:»In Übereinstimmung mit den Beschlüssen ihrer Regierung autorisieren die Militärgouverneure der Amerikanischen, Britischen und Französischen Besatzungszone in Deutschland die Ministerpräsidenten der Länder ihrer Zonen, eine Verfassungsgebende Versammlung einzuberufen, die spätestens am 1. September 1948 zusammentreten sollte.« Sie erteilten den Ministerpräsidenten eindeutig den Auftrag, eine neue deutsche Verfassung auszuarbeiten:»Die Verfassunggebende Versammlung wird eine demokratische Verfassung ausarbeiten«, hieß es. Die SPD kritisierte zunächst die geforderte Westintegration, da sie die Teilung Deutschlands beschleunige. Die CDU stimmte den Vorschlägen der Alliierten weitgehend zu.

»Am 10. Juli 1948 legten die Ministerpräsidenten den drei Militärgouverneuren ihre Antwortnote zu den Frankfurter Dokumenten vor. Mit den Beschlüssen wollten die Minister den Alliierten mitteilen, daß sie willens waren die Frankfurter Dokumente zu erfüllen, gleichzeitig wollten sie aber keine Verantwortung für die Teilung Deutschlands übernehmen. Sie wollten alles vermeiden, ›was dem zu schaffenden Gebilde den Charakter eines Staates verleihen würde‹.[62] Bei der Verfassung sollte es sich um ein Grundgesetz handeln, daß solange ein Provisorium bleiben würde, bis ›eine gesamtdeutsche Regelung und die Wiederherstellung der deutschen Souveränität‹[63] gesichert wäre.

Der amerikanische Militärgouverneur General Clay war mit den Beschlüssen nicht einverstanden. Er ging soweit, daß er in Betracht zog, die ›Pläne für eine westdeutsche Regierung ganz fallen zu lassen‹[64]. Die Militärgouverneure und die deutschen Minister kamen noch zweimal zusammen. In der letzten Sitzung am 26. Juli 1948 gaben die Alliierten nach. Sie erklärten sich einverstanden, ›die Bezeichnung Verfassung zugunsten des Terminus Grundgesetz mit dem erläuternden Zusatz vorläufige Verfassung‹[65] abzuändern. Anstelle einer Verfassungsgebenden Nationalversammlung wurde den deutschen Ministern gestattet, einen Parlamentarischen Rat einzuberufen.‹[66] Zwischen dem 18. und 21. Mai 1949 wurde in allen Landtagen über den hinter verschlossenen Türen erarbeiteten Grundgesetzentwurf beraten. Bis auf Bayern wurde das GG in allen Teilen in den Länder angenommen. Die Kommunistische Partei votierte als einzige Partei gegen den Entwurf des Grundgesetzes. Max Reimann, ihr Vorsitzender, erklärte am 23. Mai 1949 im Deutschen Bundestag: »Sie, meine Damen und Herren, haben diesem Grundgesetz, mit dem die Spaltung Deutschlands festgelegt ist, zugestimmt. Wir unterschreiben nicht. Es wird jedoch der Tag kommen, da wir Kommunisten dieses Grundgesetz gegen die verteidigen werden, die es angenommen haben.«

Soweit zur demokratischen Erarbeitung und damit Legitimierung der beiden deutschen Verfassungen.

Fußnoten

1 SAPMO-BArch NY 4036/572
2 ebenda
3 ebenda
4 ebenda
5 ebenda
6 ebenda
7 ebenda
8 ebenda
9 ebenda
10 Zitiert nach Christoph Berger, »Das russische Deutschland«, Dissertation, HUB Berlin 2001
11 SAPMO-BArch NY 4036/421
12 ebenda, handschriftliche Notizen Piecks
13 *Vorwärts*, 25. September 1946, SAPMO-BArch DY 3/6
14 ebenda
15 SAPMO-BArch DY 30/IV 2/1/7
16 ebenda
17 SAPMO-BArch DY 3/6
18 SAPMO-BArch DY 30/IV 2/2.1/8
19 SAPMO-BArch DY 30/IV 2/1/7
20 SAPMO-BArch NY 4036/745
21 SAPMO-BArch NY 4036/745

22 Die seit dem 15. Mai 1945 von der SMA herausgegebene und zunächst als »Frontzeitung für die deutsche Bevölkerung« firmierende Tageszeitung existierte zehn Jahre. Für sie waren später neben anderen deutschen Mitarbeitern Wolfgang Leonhard, Stefan Heym, Wolfgang Harich und Helga Slowak-Ruske tätig

23 SAPMO-BArch NY 4036/629

24 ebenda

25 ebenda

26 ebenda

27 SAPMO-BArch DY 30/IV 2/2.1/24

28 SAPMO-BArch DY 30/IV 2/2.1/171

29 SAPMO-BArch NY 4182/1191

30 ebenda

31 ebenda

32 SAPMO-BArch DY 30/IV2/2.1/49

33 SAPMO-BArch NY 4036/428

34 SAPMO-BArch NY 4090/308

35 SAPMO-BArch NY 4036/434

36 Major Albert Hünemörder war als Kommandeur der Nachrichten-Truppe der 305. Infanterie-Division 1942 in sowjetische Kriegsgefangenschaft gekommen. Er war Gründungsmitglied des BDO und gehörte zu den Unterzeichnern des »Aufrufes an die deutschen Generale und Offiziere!« vom 12. September 1943.

37 SAPMO-BArch NY 4036/745

38 ebenda

39 ebenda

40 ebenda

41 ebenda

42 Am 3. August 1946 befanden sich etwa 600.000 deutsche Kriegsgefangene in Fankreich, von denen ein Großteil von den Amerikanern übergeben worden war. Rund 220.000 dieser Kriegsgefangenen wurden in der Landwirtschaft eingesetzt, 57.000 im Bergbau und 50.000 beim Minenräumen. Entlassen wurden nur Kranke, Invaliden und Männer unter 18 und über 50 Jahren. Frankreich erklärte, man brauche die Arbeitskräfte bis 1950.

43 SAPMO-BArch NY 4036/745

44 SAPMO-BArch NY 4182/1191

45 SAPMO-BArch NY 4036/745

46 ebenda

47 ebenda

48 ebenda

49 SAPMO-BArch DY 30/IV2/9.02/162

50 SAPMO-BArch NY 4036/745

51 SAPMO-BArch DY 30/IV2/13/231

52 US-Außenminister James F. Byrnes hatte am 6. September 1946 in Stuttgart die Korrektur der US-Besatzungspolitik angekündigt. Die USA wollten dem deutschen Volk »zu einem ehrenvollen Platz unter den freien und friedliebenden Nationen der Welt« verhelfen und dem demokratischen, föderativen und wirtschaftlichen Wiederaufbau Deutschlands dienen. Möglicherweise entsprach das seiner Überzeugung, denn als Präsident Harry Truman seinen Konfrontationskurs in bezug auf die Sowjetunion verschärfte, trat James Byrnes am 20. Januar 1947 »aus gesundheitlichen Gründen« von seinem Amt zurück. Neuer Außenminister der USA wurde George C. Marshall.

53 SAPMO-BArch DY 30/IV2/13/231

54 Siehe Dierk Hoffmann, Institut für Zeitgeschichte München-Berlin, in seiner Rezension zu Heike Amos: Die Entstehung der Verfassung in der Sowjetischen Besatzungszone/DDR 1946-1949. Darstellung und Dokumentation (= Diktatur und Widerstand; Bd. 12), Münster/Hamburg/Berlin/London, 2006

55 SAPMO-BArch DY 30/IV2/13/231

56 ebenda

57 ebenda

58 ebenda

59 ebenda

60 ebenda

61 ebenda

62 Michael F. Feldkamp, Der Parlamentarische Rat 1948/49. Die Entstehung des Grundgesetzes. Göttingen 1998

63 ebenda

64 ebenda

65 ebenda

66 www.jupol.net/51063096500ecf00f/53403896e10f1ba01/53403896e70fdb315/index.php

Meine Heimkehr und die Reise nach Moskau 1953

Ankunft in Deutschland. Hinter der Oderbrücke endet der Zug. Auf dem Bahnhof herrscht großer Betrieb. Lautsprecher quäken, eine Kapelle spielt, jemand hält eine Rede. Ein Klangbrei knallt uns auf die Ohren. Als ich vor reichlich vier Jahren hier abfuhr, herrschte nahezu Totenstille. Jetzt bin ich 24 Jahre alt und die Zukunft ist offen. Einerseits will ich studieren, andererseits will ich nicht abseits stehen, wenn ein neuer Staat aufgebaut werden soll. An den Gesprächen, die man mit uns führt, wird erkennbar: Wir werden gebraucht, man will uns uns. Paul Scholz, der Geschäftsführer der im Vorjahr gegründeten Bauernpartei, überzeugt mich am stärksten mit seiner antifaschistischen Biographie und Gesinnung. Seine Partei braucht dringend engagierte und motivierte Funktionäre auf allen Ebenen.

Eine Woche nach diesem Gespräch, dem ersten Tag im neuen Jahr 1950, nehme ich eine politische Arbeit im Parteivorstand der DBD in Berlin auf. In der Silvesternacht habe ich meine 50 Mark Entlassungsgeld für zwei Bockwürste mit Schrippen im Bahnhof Friedrichstraße ausgegeben. Eine gute Investition. So gut wie diese beiden haben mir nie wieder Bockwürste geschmeckt.

Die in Frankfurt ankommenden Personen müssen erfaßt, verteilt und avisiert werden. Darum bemühen sich rund zweitausend deutsche Büroarbeiter und Angestellte. Das Zentralsekretariat der SED setzt seit April 1948 vier Instrukteure zu deren Anleitung ein. Sie sollen »ständig die Arbeit der Parteiorganisation zum Empfang der Heimkehrer und die Tätigkeit in den Lagern kontrollieren, sich an der Durchführung beteiligen und auftretende Mängel abstellen«.[1]

Mit der Verteilung der Kader gibt es Probleme, obgleich der zweiwöchige Zwangsaufenthalt im Lager Nr. 69 oder nachgeordneten Stauräumen in den Ländern der sowjetischen Besatzungszone seit Beginn der Repatriierung Vorschrift ist. Die Nöte sind allerdings nicht organisatorisch-technischer Natur. Die Sowjets denken und handeln strategisch. Auch bei den Kriegsgefangenen, die sie in Antifa-Schulen in ihren Lagern ausbildeten. In ihren Augen sind das wichtige Kader, es ist gleichsam menschliches Kapital, das sie langfristig beim Aufbau der neuen Ordnung in Deutschland einsetzen möchten. Nicht völlig uneigennützig vielleicht, doch zuerst sollen sie Deutschland dienen. Mit diesen Kadern sollen die deutschen Genossen nicht nur sorgfältig, sondern vor allem zielgerichtet umgehen. So fragt denn Moskau wiederholt in Berlin an, was mit diesen qualifizierten Menschen sei.

Der Parteivorsitzende Pieck telegrafiert am 19. August 1948 an einen Genossen Filippow in Moskau, der drei Tage zuvor·eben jene Frage stellte. Die Antwort kommt wie gewohnt prompt: »Über die Verwendung der uns bereits geschickten Kriegsgefangenen werden wir eine Zusammenstellung machen und sie Ihnen senden. W. Pieck.«

Doch diese angekündigte Auskunft läßt auf sich warten. Nunmehr wird in Moskau das Problem eine Etage höher behandelt. Bis Oktober 1948 mahnt der sowjetische ZK-Sekretär Suslow[2] viermal eine Antwort bei der SED-Führung an. Das ist sehr ungewöhnlich, denn Anfragen aus Moskau werden in der Regel umgehend beantwortet. Doch Berlin hat keine Übersicht und muß sich diese erst mühsam verschaffen. Das führt dazu, daß am 27. Dezember 1948 im Zentralsekretariat beschlossen wird, für »die Überprüfung der Verwendung der in der Sowjetunion politisch geschulten Kriegsgefangenen in der sowjetischen Besatzungszone« eine Kommission zu bilden. Ihr gehören Paul Merker, Walter Ulbricht, Franz Dahlem und Philipp Daub an. Die vier Spitzenleute werden verpflichtet, in Kürze dem Zentralsekretariat zu berichten.

Vorsichtshalber liefert am 29. Oktober der Parteivorsitzende jedoch einen zwölfseitigen Zwischenbericht, den Franz Dahlem unterzeichnet und seine Tochter Lore Pieck am 2. November im geschlossenen Umschlag, der auch Listen enthält, an Suslow in Moskau übergibt. Der Vorgang ist zwar auf deutscher Seite Chefsache, aber ein Parteivorsitzender, so will es nun mal das Protokoll, korrespondiert nicht mit einem ZK-Sekretär, selbst wenn dieser in Moskau sitzt.

Eingangs entschuldigen sich Dahlem/Pieck für die verspätete

Antwort. Die erbetene Zusammenstellung sei sehr aufwendig, was sich natürlich mit der konkreten Situation in Deutschland leicht erklären lasse. Es erfolge aus verschiedenen Gründen kein zentraler Einsatz der Heimkehrer-Kader, was man vielleicht wünsche, erläutert der Absender, die Verantwortung läge bei den Landes- und Kreisvorständen der Partei.

МВД СССР

Главное Управление по делам о военнопленных и интернированных

Арх. № *0181576.2*

№№ лагеря или спецгоспиталя	№№ их дела
/047	*1794.*

УЧЕТНОЕ ДЕЛО

На военнопленного *Рейхельт*
(фамилия,

Иоганнес Франц.
(имя и отчество)

Дело закончено в связи *с*

ОТПРАВКОЙ НА РОДИНУ

23. ГУ 1949 г.

460/И

Einbehalten: die Personalakte aus dem Kriegsgefangenenlager

Einer der von Dahlem/Pieck angeführten Gründe für fehlende Übersicht ist das Fehlen von Beurteilungen der Antifa-Schüler wie auch die Ankündigung ihrer Heimkehr. Damit spielt er den Ball zurück, indem er deutlich macht, daß man in Berlin überhaupt nicht wissen könne, wer wie qualifiziert worden ist. So verfahre man denn wohl oder übel auf diese Weise: »Bei Ankunft der einzelnen Transporte im Durchgangslager in Frankfurt/Oder (Gro-

...авное управление НКВД СССР по делам о военнопленных и интернированных	
...етное дело № _1794_ Лагерь № _132_ "_28_" "_Х_" 194_ г. Дата прибытия в лагерь	

ОПРОСНЫЙ ЛИСТ

Фамилия	*РЕЙХЕЛЬТ*
Имя	*Иоганнес*
Отчество	*Франц*
Год рождения	*1925 г.*
Место рождения	*Германия, Силезия, с. Проскау, обл. Оппельн, ул. Нойштетер № 4*
Адрес до призыва (последнее местожительство перед призывом в армию)	*по месту рождения*
Национальность	*немец*
Родной язык	*немецкий*
Какими еще языками владеет	*не владеет*
Подданство или гражданство	*Германии*
Партийность	*НСДАП. Член союза гитлер. молод. с 1939–1943*
Вероисповедание (религия)	*католик*
Образование: а) общее б) специальное в) военное	*8 кл. нар. шк. 4 кл. средн. шк. не имеет 3 мес. офиц. учил.*
Профессия и специальность до службы в армии	*учащийся*
Стаж работы по специальности	*не имеет*
В какой армии противника состоял	*германской*
Призван в армию по мобилизации или поступил добровольно	*призван*
Когда призван (или поступил в армию)	*30. IX · 1943 г.*
Род войск	*пехота*
В какой (последней перед пленением) части служил	*офиц. учил. + гор. Миловиц Чехосл.*
Матрикулярный номер	*3068*
Чин или звание	*лейтенант*
Занимаемая должность в части	*учащийся*

nenfelde) stellt ein für die personalpolitische Abteilung (PPA) des Zentralsekretariats dort ständig tätiger Genosse ehemalige Antifa-Schüler fest und bittet diese, einen Fragebogen auszufüllen. Falls es sich nach den im Fragebogen gemachten Angaben um einen besonders leitenden Genossen, Fachmann oder Lehrer an Antifa-Schulen handelt, so werden diese an die PPA des ZS zwecks ausführlicher Rücksprache vermittelt. In den meisten Fällen jedoch

		2
24	Какие имеет награды	не имеет
25	Взят в плен или сдался добровольно	взят в плен
26	Когда взят (или сдался) в плен	10. V. 1945 г.
27	Где взят в плен	г. Писани, Чехословакия
28	Семейное положение (холост или женат)	холост
29	Фамилия, имя и отчество жены и детей, их возраст, род занятий и точный адрес местожительства	не имеет
30	Тоже отца и матери	отец умер мать Райхельт Элизабет, 52 г. служащая двора с. Прослау, окр. Оппельн Силезия, Германия
31	Тоже братьев и сестер	не имеет
32	Сословное положение отца	Мещанин
33	Социальное положение отца	служащий охр. полиции
34	Имущественное положение отца	не имущий

77

werden die durch Fragebögen erfaßten Antifa-Schüler an die örtlichen Kreisvorstände usw. verwiesen.« Damit ist klar, daß viele Kader auf dem Weg nach Hause gleichsam verloren gehen. Zwar würden die Fragebögen für die personalpolitischen Abteilungen zentral gesammelt und eine »Entwicklungskartei« für jeden Erfaßten angelegt, aber aus technischen Gründen könnten die in Berlin kaum aktualisiert werden. Man habe etwa 2.300 Antifa-Schüler in der Datei, da aber »viele Unterlagen aus den vorhergehenden Jahren unvollständig sind – Angaben über den Aufenthalt stimmen nicht mehr –, [könne man] noch nicht über alle Mitteilung zur jetzigen politischen und beruflichen Tätigkeit [machen]. Dies trifft insbesondere auf die Westzonen zu, wo wir aus verschiedenen Gründen noch keine arbeitsfähigen personalpolitischen Abteilungen haben und in den Landesvorständen nur eine sehr lose Übersicht über die Heimkehrer vorhanden ist.«[3]

Neben den organisatorisch-technischen Problemen existieren auch inhaltliche, für die die SED-Führung nun wahrlich nicht haftbar gemacht werden kann. »Es ist eine Tatsache, daß trotz der guten theoretischen Schulung in den Antifa-Schulen ein großer Teil der ehemaligen Antifa-Schüler im alltäglichen Leben der Heimat untergeht, ohne das Gelernte zur Anwendung zu bringen. Vor allen Dingen in den Westzonen und Westsektoren in Berlin treten viele unserer Partei nicht bei oder wollen zumindest offiziell nichts mit ihr zu tun haben. Eine Überprüfung im Landesvorstand Hessen im April dieses Jahres, als der Druck der Amerikaner noch nicht so stark war wie heute, ergab z. B., daß nur 25 % der ehemaligen Antifa-Schüler im Lande Hessen der KPD beigetreten waren. Auch in der sowjetischen Besatzungszone dürfte der Prozentsatz der der SED beigetretenen ehemaligen Antifa-Schüler höchstens bei 70 bis 80 % liegen.«

Der Ernteertrag hänge zum großen Teil von der Qualität des Saatgutes ab. Mit dieser blumigen Metapher wollen die Verfasser des Schreibens verklausuliert auf die Verantwortung der Sowjets bei der Auswahl der Antifa-Schüler verweisen. Dabei hat man in der Vergangenheit offenkundig nicht immer ein glückliches Händchen gehabt. »Mit Ausnahme des letzten Transportes von der zentralen Antifa-Schule in Taliza (April 1948) setzten sich die Lehrgänge zum übergroßen Teil aus Intellektuellen und aus bürgerlichen, besonders aus kleinbürgerlichen Schichten stammenden Menschen zusammen. Oft waren Leute darunter, welche es verstanden, sich durch ihre Intelligenz in den Vordergrund zu schieben in der Hoffnung, durch die Schule schneller nach Hause zu gelangen. Auch wurden verschiedentlich gute politische und fachliche Kräfte in den Lagern der örtlichen Interessen halber zurückbehalten.«

Das trifft durchaus zu. So wurde später etwa bekannt, daß beispielsweise der Bruder des 1944 im KZ Sachsenhausen ermordeten KPD-Reichstagsabgeordneten Ernst Schneller, der im Lager Workuta einsaß und zur Entlassung anstand, zu weiteren 25 Jahren verurteilt wurde, nur weil man im Bergwerk auf seine Dienste als Schlosser nicht verzichten wollte. Er verstarb dort.

»Ein weiterer Mangel dürfte darin bestehen, daß die Auswahl der Lehrgangsteilnehmer nur selten vom Standpunkt der Perspektive ihrer Verwendung in der Heimat vorgenommen wurde.«

Sodann wird auf die Laborbedingungen verwiesen, die notwendigerweise in den Lagern existieren. Schule eben. Das konkrete Leben jedenfalls ist eine andere Sache. »Erfahrungsgemäß verläßt ein großer Teil der zentralen Antifa-Schüler (ausgenommen die Karrieristen, jene die glauben, durch die Schulen im Lager zu persönlichen Vorteilen und auch früher nach Hause zu kommen) die Schulen als überzeugte, zumindest theoretisch überzeugte Antifaschisten. In der Heimat angekommen, stoßen sie jedoch auf die rauhe Wirklichkeit, auf den erbitterten Klassenkampf, auf eine starke antisowjetische und antikommunistische Propaganda und auf Terrormaßnahmen. Stoßen vor allen Dingen auf die Einwirkungen des Familien- und Bekanntenkreises und werden schwach. Sie halten dieser rauhen Praxis nicht stand.«

Zur Illustration wird an dieser Stelle das Schicksal Heinz Borgelts berichtet, der etliche Jahre als Assistent an der Antifa-Schule in Krasnogorsk tätig war. »Er genoß dort nach übereinstimmender Schilderung großes Vertrauen als besonders standhafter und gut durchgeschulter Genosse.« Obwohl er aus Westdeutschland stammte, wurde er auf eigenen Wunsch als Lehrer an einer Landesparteischule im Osten eingesetzt. Vor Arbeitsantritt besuchte er in der britischen Zone seine Eltern, die er sieben Jahre nicht gesehen hatte. »Leider warteten wir vergebens auf seine Rückkehr in die sowjetische Zone. Er lehnte dies und die Aufnahme seiner Tätigkeit ab. Nachfragen über die dortige Parteiorganisation ergaben, daß Borgelt bei seiner Rückkehr von den Engländern einige Male verhört wurde. Sie drohten, falls er in die Ostzone ginge, seinen Eltern, welche nach Borgelts Aussagen alles andere als kommunistenfreundlich sind, das Geschäft zu schließen. Dies könne er seinen Eltern nicht antun. Der Einfluß der Familie und der Umgebung war stärker als seine politische Überzeugung.«

Oft kämen die Absolventen »mit großen Illusionen über die Lage in der Zone«, die natürlich an der Wirklichkeit zerschellten. Das hieß soviel wie: Wir wissen zwar nicht, was ihnen an den Schulen über die sowjetische Besatzungszone erzählt wird, aber offenkundig ist das sehr weit von der Realität entfernt. Das führe zu Enttäuschungen.

Die Tatsache, daß die Schüler jedoch nicht avisiert würden und es keine Beurteilungen von ihnen gäbe, sei allerdings ein gravierendes Problem, so die Autoren des Briefes an Suslow weiter. Erfassung und Einsatz erfolgten eher zufällig, zumal »es sich in der Mehrzahl der Fälle um der Partei völlig unbekannte Menschen« handele. Unter diesen Umständen sei es schwer, die an der Antifa-Schule begonnene politische Erziehungsarbeit fortzusetzen. »Besonders im Westen mangelt es an einer systematischen personalpolitischen Erfassung und Betreuung der ehemaligen Antifa-

Schüler, obwohl sie gerade dort besonders notwendig wäre. Die Anstellung von hauptamtlichen Funktionären für diese Arbeiten scheitert im Zusammenhang mit der Währungsreform sehr oft an der Finanzierung.«

Im letzten Viertel des Schreibens unterbreitet die SED-Führung Verbesserungsvorschläge in der seinerzeit üblichen devoten Haltung (»Wir bitten Euch, folgende Vorschläge und Anregungen in Erwägung zu ziehen.«): Man möge künftig insbesondere bei den zentralen Lehrgängen bei der Auswahl der Kader stärker auf deren mögliche Perspektive in Deutschland achten, also zielgerichteter als bisher diese auswählen. Und die Ausbildung solle nicht nur in der Theorie, sondern auch in der Praxis erfolgen. (»Es wäre von großem Nutzen, wenn die Betreffenden durch ihre Tätigkeit während der Gefangenschaft, wenn auch nur für kurze Zeit, in einem sowjetischen Betrieb das praktische Leben, den Kampf mit den Schwierigkeiten um die unbedingte Planerfüllung, die Organisierung eines Wettbewerbes usw. aus eigener Erfahrung kennengelernt haben.«)

Schließlich wiederholte Pieck/Dahlem neuerlich, daß man unbedingt Beurteilungen der Heimkehrer brauche. Da man wußte, wie schwer sich die Russen damit taten, baut man eine Brücke. »Falls die diesbezüglichen Bedenken Eurerseits in der offiziellen Ausfertigung derselben begründet sein sollten, bitten wir, den Vorschlag in Erwägung zu ziehen, diese Charakteristiken von den Gruppen-Aktivs und den Lehrern anfertigen und unterzeichnen zu lassen, ohne daß die sowjetische Schulleitung durch ihre Unterschrift usw. in Erscheinung tritt.«

Neben der rechzeitigen Ankündigung der Rückkehr – bei einem sechsmonatigen Lehrgang können man ja zu Beginn bereits »die wichtigsten Personalangaben zur Verfügung stellen« – bat man generell um Listen der Heimkehrer. »Viele Antifa-Schüler früherer Lehrgänge, welche nicht in geschlossenen Transporten nach Deutschland kamen, konnten von uns nicht erfaßt werden. Sie sind zu einem großen Teil in der Heimat ohne Kontrolle und Hilfe der Partei versandet, ohne eine ihrem theoretischen Wissen entsprechende politische Arbeit zu leisten. Außerdem wären wir andererseits imstande, ihre gemachten Angaben über angebliche Besuche von Antifa-Schulen nachzuprüfen«[4] – offenkundig gab es auch Hochstapler.

Mich erwartet man jedoch, ich bin wie alle anderen unseres Lehrgangs avisiert.

Nach kurzer Einarbeitungszeit werde ich Organisationsleiter. Ich muß alles lernen: Menschenführung, Agrarpolitik, Landwirtschaft, Parteiorganisation und vieles mehr. Ich bin viel unterwegs, spreche mit Landwirten und Bäuerinnen, wobei diese in der Mehrheit sind: Viele Männer sind, wie es heißt, »gefallen«. Ich nehme an Zusammenkünften der Ortsgruppen der DBD, an Sitzungen von Kreis- und Bezirksvorständen teil, nehme viel Neues auf. Im Sommer 1952 beschließt die 2. Parteikonferenz der SED, in der DDR mit dem Aufbau der Grundlagen des Sozialismus zu beginnen. Es werden Landwirtschaftliche Produktionsgenossenschaften gebildet. Walter Ulbricht, stellvertretender Ministerpräsident und SED-Generalsekretär, setzt eine Arbeitsgruppe zur »Verstärkung der Leitung im Ministerium für Land- und Forstwirtschaft« ein. Die Verstärkung sieht so aus, das man einen neuen Minister in der DBD sucht. Allein dreimal konferiert Hermann Axen mit mir. Der Leipziger ist neun Jahre älter und zwei Köpfe kleiner als ich. Er hat Auschwitz und Buchenwald überlebt und ist seit 1949 ZK-Mitglied. Warum ausgerechnet er mir die Tätigkeit an der Spitze des Ministerium nahebringen soll, weiß ver-

Die Führung der Bauernpartei: Hans Reichelt, Ernst Goldenbaum, Berthold Rose und Paul Scholz (von rechts nach links), 1952

Die Führung der Demokratischen Bauernpartei Deutschlands (DBD) beim Trümmereinsatz in Berlin. Neben der Fahne Hans Reichelt, 1951

mutlich nicht einmal er. Ich lehne jedesmal ab. Dreimal sage ich Nein. Ich bin zu jung, zu unerfahren auf diesem Gebiet und habe vier Jahre in Kriegsgefangenschaft zugebracht, ich kenne die Lage nicht genügend.

»Lassen Sie es gut sein. Ihr werdet schon einen finden. Ich will studieren, will erst einmal lernen, muß fachliches und politisches Wissen erwerben …«

Axen nickt. Was geschieht? Ich soll den Agrarwissenschaftler Dr. Erich Rübensam, der seit Sommer 1951 die Zentralforschungsanstalt für Acker- und Pflanzenbau und Pflanzenzüchtung in Müncheberg leitet, als wissenschaftlichen Berater an die Seite gestellt bekommen.

Am 15. Mai 1953 werde ich ins Politbüro eingeladen. Wie ich später erfahre, ist es üblich, daß alle Minister, auch die aus den anderen Parteien, sich im Politbüro vorstellen. Es erteilt die Zustimmung zur Personalentscheidung.

Wilhelm Pieck, der Parteivorsitzende, blinzelt altväterlich durch seine Hornbrille. »Sag mal, Junge, du willst also Minister werden?«

Nein, wehre ab. Ich sei im März erst 28 geworden.

Der Alte, wie ihn alle ehrfürchtig und respektvoll nennen, nimmt die Brille von der Nase und mustert mich. Er ist 77, die Haare sind schlohweiß, ein Mann, der allein durch seine Präsenz wirkt. »Mit 28 war ich SPD-Stadtbezirksvorsitzender in Bremen und wurde in die Bremische Bürgerschaft gewählt. Ich war Tischler und kam aus streng katholischem Hause. Weißt du, was *das* für eine Herausforderung darstellte?«

Kunstvoll dehnt er die Pause. Ich senke den Blick.

»Tiefstes Kaiserreich«, schiebt er nach. Schweigen.

»Erst zwei Jahre später habe ich die zentrale Parteischule besucht und bei Rosa Luxemburg und Franz Mehring lernen dürfen.« Wieder Pause.

Das geht noch eine ganze Weile so. Irgendwann hat er mich soweit. »Ich mach's«, höre ich mich sagen.

Ulbricht zieht merklich die Mundwinkel nach oben.

Drei Tage später beruft mich Ministerpräsident Otto Grotewohl zum Minister für Land- und Forstwirtschaft der DDR.

Einen Monat später, am Nachmittag des 17. Juni, ruft Walter Ulbricht alle Vorsitzenden der Parteien und Massenorganisationen zu einem Treffen nach Schöneweide. Ich fahre in die Schnellerstraße, um die DBD zu vertreten. In der Innenstadt rollen sowjetische Panzer. Der CDU-Vorsitzende fehlt. Wie wir später hören, ist der 70jährige Otto Nuschke auf dem Weg zu unserer Beratung von Westberlinern gekidnappt worden. Der Stellvertretende Ministerpräsident der DDR befindet sich in Westberlin auf einem Polizeirevier.

Ulbricht ist ruhig. Man habe die Lage im Griff, sagt er, der »konterrevolutionäre Putsch« sei abgewehrt. Die Parteien sollen sich an die Argumentation des ZK der SED halten. Diese trägt er dann vor. An Schluß sagt er, daß er Kritiken und Vorschläge aus den Parteien und Organisationen erwarte. Jeder sagt etwas. Das ist nicht unbedingt tiefgründig, wir wissen augenblicklich zu wenig. Sind das wirklich Faschisten, die in Berlin-Mitte randalieren? Ich weiß es so wenig wie alle anderen im Raum. Gewiß wirft das Dritte Reich noch seine Schatten, in der Stadt stehen viele Ruinen. Warum soll es nicht auch noch Trümmer der Nazi-Ideologie in den Köpfen geben? Ich habe doch im Lager in der Sowjetunion die Biedermänner zur Genüge erlebt. Wehe, wenn sie losgelassen.

Die gesellschaftliche Krise ist hausgemacht. Ursache sind die überzogenen Forderungen aus Moskau: Reparationen und erhöhte Verteidigungsanstrengungen. Hinzu kommen Konsequenzen, die sich aus der im Vorjahr erklärten Absicht ergeben, die Grundlagen des Sozialismus in der DDR aufzubauen: die Verdreifachung des Staats- und Parteiapparates aufgrund der Bildung von 15 Bezirken in vormals fünf Ländern, der Aufbau der Schwerindustrie, der Kasernierten Volkspolizei undsoweiter. Die Folge: Heraufsetzung der Normen und Kürzung der Sozialleistungen. Und wer seinen Verpflichtungen nicht nachkommt, spürt die Härte des Gesetzes. Nie wurden insbesondere bestimmte Gruppen der Bauern derart zur Kasse gebeten.

Meine Partei fordert die Überprüfungen der Pflichtablieferungsmengen, die rechtzeitige Herausgabe der Anbaubescheide und – dies nicht zum ersten Mal – ein Einheitssteuergesetz. Die Bauern verlangen Steuergerechtigkeit und wollen nach Ertrag und Bonität besteuert werden. Dem wird entsprochen. Vor allem aber: Die Strafverfolgung bei Nichterfüllung der Ablieferungspflichten wird eingestellt. Auch die einschränkenden Kreditlinien für Großbauern sind Geschichte, die Bauernbank darf jedem bei Bedarf kurzfristig Darlehen gewähren.

Die repressiven Folgen der Politbürobeschlüsse vom 3. Februar 1953 auf wirtschaftlichem und sozialem Gebiet haben sich erledigt, der »neue Kurs« bringt viele Erleichterungen auf allen Gebieten. Gleichwohl existieren Engpässe unverändert fort.

Anfang August ruft mich Ulbricht an. »Sie fahren mit nach Moskau.« Er tut so, als wisse ich, daß am 20. August 1953 eine von Ministerpräsident Otto Grotewohl geführte Abordnung im Kreml erwartet wird.

»Wer fährt noch mit?«, frage ich.

Ulbricht zählt alle mitreisenden Minister und die stellvertretenden Ministerpräsidenten auf – Otto Nuschke für die CDU, Lothar Bolz für die NDPD, Hans Loch für die LDPD und sich selbst für die SED. »Und Sie fahren für die DBD.«

»Der Parteivorsitzende ist Ernst Goldenbaum«, werfe ich ein.

»Gut«, reagiert er kurz. »Dann fahren Sie eben als Minister für Land- und Forstwirtschaft. Das ist sowieso besser. Da können wir Sie in Moskau gleich als den jüngsten Minister im ganzen Rat für Gegenseitige Wirtschaftshilfe vorstellen …«

Die Sowjets holen uns mit zwei Maschinen in Schönefeld morgens vor 6 Uhr ab, die DDR darf noch keine Flugzeuge haben. Das ist den Deutschen 1945 von den Siegermächten untersagt worden. In der ersten Maschine fliegen Grotewohl, seine vier Stellvertreter, Protokollchef Ferdinand Thun und der Sekretär der Regierungsdelegation Ludwig Eiserman, in der zweiten, die jedoch als erste startet, fliegen die anderen. Volkskammerpräsident Dieckmann verabschiedet uns auf der Rollbahn, einige Werktätige winken.

Es ist mein erster Flug überhaupt. Ich bin aufgeregt. Wir klettern über eine Art Trittleiter in das Flugzeug.

Obgleich wir bei herrlichem Sommerwetter starten, verdüstert sich zunehmend der Himmel. Moskau liegt in einer Schlechtwetterzone. Wir müssen einen Umweg von etwa 200 Kilometern machen und landen gegen 13 Uhr auf einem anderen als dem genannten Flugplatz. Trotzdem steht die Ehrenkompanie bereit, die Grotewohl gemeinsam mit den zur Begrüßung erschienenen Politbüromitgliedern Molotow und Mikojan abschreitet, nachdem die beiden Nationalhymnen verklungen sind. Nicht nur ich bin beeindruckt. Es ist die überhaupt erste Reise einer DDR-Regierungsdelegation dieser Größenordnung, die in Moskau empfangen wird. Es gab bislang nur Staatsvisiten in Warschau und Prag. Grotewohl scheint ziemlich aufgeregt, er hat noch nicht einmal den Mantel geschlossen, als er die Front abschreitet. Protokollchef Thun schüttelt genervt den Kopf.

Pieck war vor vier Jahren in Moskau. Er flog damals mit Grotewohl, Ulbricht und Oelsner. Sie hatten zwei Termine im Politbüro, in denen es um die Gründung der DDR ging. Am 19. September wurden dem »lieben Genossen Stalin« Fragen zur »Bildung einer provisorischen deutschen Regierung in der sowjetischen Besatzungszone« schriftlich vorgelegt – und Wilhelm Pieck anschließend mit Bluthochdruck von 190 mmHg ins Bett gesteckt. Es wird Gründe gegeben haben, weshalb er sich so aufgeregt hatte. Man setzte ihm Blutegel und verordnete Bettruhe, nach drei Tagen war der Blutdruck bei 165 mmHg, doch nun stellte sich eine Gürtelrose ein. Trotzdem schleppte sich Pieck am 27. September zu Stalin, um dessen Antworten zu hören.

In diesem Zusammenhang interessiert uns an dieser Stelle lediglich das Thema Kriegsgefangene.

»Da die provisorische Regierung in ihrer Erklärung zur Frage der Rückkehr der Kriegsgefangenen Stellung nehmen muß, bitten wir erklären zu dürfen, daß bis Ende 1949 alle Kriegsgefangenen aus der Sowjetunion entlassen werden.«

Und: »Wir halten es für zweckmäßig, die bestehenden Straflager in der Ostzone aufzulösen, die von den Sowjetorganen abgeurteilten Verbrecher nach der Sowjetunion zu transportieren und die übrigen den deutschen Organen zu übergeben.«

Bei der abschließenden Besprechung im Politbüro am 27. September ging Pieck in seinen einleitenden Bemerkungen noch einmal explizit auf diese im Brief formulierten Punkte ein, was angesichts der Reaktion als mutig bezeichnet werden muß. »Ich habe noch zwei Fragen, die in der Hetze unserer Gegner eine Rolle spielen. Das ist erstens die Rückkehr der Kriegsgefangenen. Es wäre dringend notwendig, daß bis zum Jahresschluß die Rückkehr abgeschlossen sein könnte. Auch die Korrespondenz der Kriegsgefangenen mit ihren Angehörigen müßte in breiterem Ausmaß ermöglicht werden. Es kommen immer wieder darüber Klagen zu uns. Auch wenn einzelne Kriegsgefangene nicht mehr am Leben sind, sollten den Angehörigen Mitteilung gemacht werden.

Ministerpräsident Otto Grotewohl schreitet mit offenem Mantel die Ehrenformation ab. Neben ihm Außenminister Molotow und der Stellvertretende Ministerpräsident Mikojan, 21. August 1953

Zweitens die Verhaftungen durch den sowjetischen Sicherheitsdienst ...«

Nun, es gibt keine entsprechende Aus- oder Zusage, mit der die DDR bei ihrer Gründung auf die nationale und internationale Bühne hätte treten können. Die Erklärung des soeben gewählten Staatspräsidenten muß also ausbleiben.

Ein halbes Jahr später meldet TASS ohne Anlaß, »daß die letzte Gruppe von 17.538 Kriegsgefangenen nach Deutschland zurückgeführt worden« sei, damit wäre die Repatriierung »vollständig abgeschlossen«. Wär das nicht etwas früher gegangen? ...

Mit schwarzen, schweren Limousinen werden wir ins »Sowjetskaja« in der Ostrowski-Straße gebracht, einem Hotel der Sonderklasse, in welchem 1947 auch die Außenministerkonferenz stattfand. Riesige Säulenhalle, Treppen aus Marmor, Halbedelsteine in den Lampen ... Das ist nicht von dieser Welt. Ich bin mir nicht sicher, ob man damit Staatsgäste beeindrucken oder ihnen zeigen will, wie sehr man sie schätzt. Vermutlich beides. Die sieben Passagiere der ersten Maschine fährt man nach Saretschje, dem Gästehaus der Regierung vor den Toren der Stadt.

Die *Prawda*, das Zentralorgan, nennt, ohne daß unsere Ankunft mitgeteilt wird, in ihrem Leitartikel auf der ersten Seite die sowjetischen Prämissen. Erstens ist Moskau gegen die Westintegration der Bundesrepublik, die beabsichtigte Einbindung mache »die Wiedervereinigung Ost- und Westdeutschlands« umöglich. Zweitens würden die Westmächte damit gegen die

Beschlüsse von Potsdam verstoßen, in denen sie sich zur nationalen Einheit Deutschlands bekannt hatten. Und darum werde man, drittens, »der deutschen Bevölkerung« auch künftig – »entsprechend der Übereinkunft zwischen den Regierungen der UdSSR und der Deutschen Demokratischen Republik«– »allseitige Hilfe« erweisen. Das ist die argumentative Unterfütterung jener Note, die Moskau drei Tage zuvor an die Westmächte gerichtet hatte. Darin waren die Einberufung einer Friedenskonferenz und der Abschluß eines Friedensvertrages mit Deutschland sowie die Bildung einer Provisorischen Gesamtdeutschen Regierung und freie gesamtdeutsche Wahlen vorgeschlagen worden. Schließlich stellte in dieser Note die Sowjetregierung eine Reduzierung der finanziellen und wirtschaftlichen Verpflichtungen, »die mit den Kriegsfolgen zusammenhängen«, in Aussicht, wenn denn …

Ehe wir 21 Uhr von Malenkow[5] im Kreml empfangen werden, bekommen wir einen Spielfilm gezeigt. Ein Melodram in Schwarzweiß aus dem Jahre 1934, bei dem sich während eines Gewitters eine unglücklich verheiratete Frau in einen anderen Mann verliebt. Wollen die Sowjets uns damit etwas sagen?

Dann fahren wir in den Kreml, in den Ministerrat. Wir stehen eine Zeitlang in einem Vorzimmer. Nach einer Ewigkeit öffnen sich die Flügeltüren. Der sowjetische Ministerpräsident schreitet auf Grotewohl zu, es beginnt das große Händeschütteln. Fast das gesamte Politbüro, nahezu identisch mit der Regierung, marschiert auf – von Chruschtschow bis Bulganin, alle da. Berija fehlt, natürlich. Er war am 26. Juni 1953 bei der Sitzung des Zentralkomitees unter Vorsitz von Nikita Chruschtschow verhaftet worden, wie man munkelt. Er habe am 2. Juni bei einer Politbüro-Sitzung die deutsche Wiedervereinigung auf der Basis von Neutralität und Demokratie gefordert, was ja durchaus der aktuellen sowjetischen Linie entsprach. Aber die anderen warfen dem Ersten Vizepremier und Innenminister vor, er würde diese Position als Mittel zur eigenen Profilierung nutzen. Berija war ganz offenkundig im Kampf um das Erbe des im März verstorbenen Stalin unterlegen. Das aber hat uns nicht zu interessieren, wir sind Gäste.

Grotewohl stellt jeden einzelnen von uns namentlich vor. Chruschtschow, der mir nur bis zur Brust reicht, stiehlt Ulbricht die Pointe, indem er selber bemerkt, ich sei wohl der jüngste Landwirtschaftsminister aller RGW-Staaten.

Chruschtschow, das merke ich bald, ist ein typischer Russe: Er hat alle Eigenschaften, die man ihnen nachsagt, die positiven wie die negativen. Nikita Sergejewitsch ist offen, herzlich und direkt, mitunter gibt er sich ein wenig simpel und, wenn ihm so ist, auch ein wenig hinterlistig. Man kann es auch freundlicher sagen: Er ist immer für Überraschungen gut.

Wir nehmen an einer langen Tafel Platz, rechts die Russen, links wir. Malenkow, der Ministerpräsident und Erste Sekretär, sitzt an der Stirnseite. Damit wird klar, wer augenblicklich in Moskau die unangefochtene Nummer 1 ist. Es ist aber nicht absehbar, ob er er sich wird behaupten könen.

Erst spricht er, dann Grotewohl. Es geht um einen sowjetischen Regierungsbeschluß, uns die Reparationen ab November 1954 zu erlassen und die SAG-Betriebe in DDR-Eigentum zu überführen. Marschall Bulganin äußert sich zu den Besatzungskosten. Er sagt, daß die Versorgung der bei uns stationierten Truppen zu 75 Prozent aus der Sowjetunion erfolge, was bedeute, daß dadurch »beträchtliche Mengen an Lebensmitteln aller Art für die Versorgung der Bevölkerung der Deutschen Demokratischen Republik mehr zur Verfügung stehen«. Darüber hinaus erfahre unsere Wirtschaft eine weitere Unterstützung dadurch, »daß die Sowjettruppen 30 Millionen Zigaretten in der Deutschen Demokratischen Republik aufkaufen werden. Den Zigaretten herstellenden Betrieben sollte das ein Ansporn sein, die Zigarettenqualität weiter zu verbessern«.[6]

Ich glaube zunächst, der Dolmetscher hat sich verhört, doch nein, Bulganin sagt wirklich derart Banales, und die Russen am Tisch nicken zustimmend dazu.

Unterzeichnung der Vereinbarung im Kreml, 22. August 1953

Nach ihm ruft Malenkow Mikojan auf. Der für den Handel zuständige Vizepremier stellt der DDR, endlich wird es konkret, einen Kredit von 485 Millionen Rubel in Aussicht, davon 135 Millionen in Devisen, und das zu unserer freien Verfügung. Er kündigt ferner zusätzliche Warenlieferungen im Volumen von etwa 590 Millionen Rubel an, Lebensmittel und Rohstoffe. Man würde uns auch »Überplanbestände« abnehmen und dafür mit Rohstoffen zahlen, etwa Baumwolle gegen Schreibmaschinen und Musikinstrumente. Mir ist bisher nicht bekannt, daß wir zuviele Schreibmaschinen und Musikinstrumente hätten, aber ich kenne mich da bei uns nicht so aus. Sodann kommt er auf die Wismut zu sprechen. Sie soll, bislang vollständig in sowjetischem Besitz, in eine sowjetisch-deutsche Aktiengesellschaft umgewandelt werden.

Dann schlägt Malenkow vor, den Wechselkurs zwischen Rubel und DDR-Mark amtlich auf 1:1,8 festzulegen, was im einzelnen der Finanzminister Swerew erläutert. Danach erklärt Molotow die Absicht, die Mission der UdSSR in Berlin und die der DDR in Moskau in den Rang von Botschaften zu erheben. Der Hohe Kommissar Semjonow solle der erste sowjetische Botschafter in

Begrüßung der Regierungsdelegation in Berlin-Schönefeld durch Volkskammerpräsident Johannes Dieckmann, 23. August 1953

Deutschland nach dem Kriege werden. Semjonow, der am Tisch sitzt, zuckt nicht mit der Wimper. Nach und nach ist jeder einmal an der Reihe. Nach jedem Russen darf auch einer von uns etwas entgegnen. So geht es hin und her, und was man nicht klären kann, müssen anderentags die technischen Kräfte lösen, heißt es dann.

Am Ende spricht noch einmal Grotewohl. Er sagt, die Vorschläge der Sowjetunion gingen über die Wünsche der Regierung der DDR hinaus. Nuschke unterstreicht, das Entgegenkommen sei von gesamtdeutscher Wirkung, und Ulbricht betrachtet das Opfer des Sowjetvolkes als Verpflichtung, daß wir alles zur Mobilisierung unserer Reserven und zur Steigerung der Arbeitsproduktivität unternehmen müßten.

Malenkow setzt zum Schlußwort an. Er stelle also fest, daß die sowjetischen Vorschläge von der Regierung der DDR angenommen worden seien. Auf den 17. Juni geht er allenfalls indirekt ein, als er sagt, er setze auf die positive Wirkung dieser Maßnahmen für den Neuen Kurs. Das ist alles. Ansonsten ist er der Auffassung, daß die DDR »Bastion und Hoffnung des ganzen deutschen Volkes« sei, wir trügen »Verantwortung für ganz Deutschland«. Wörtlich sagt er weiter, wie ich meinen handschriftlichen Notizen von damals entnehme: »Die Regierung der UdSSR schätzt die Bemühungen der Regierung der DDR zur Herstellung der Einheit Deutschlands hoch ein.«

Es ist kurz vor Mitternacht, als sich die Runde auflöst.

Am nächsten Morgen werden wir zum Mausoleum am Roten Platz gefahren, 11 Uhr legen wir dort einen Kranz nieder. Und nachdem wir unserer Mission, die nunmehr Botschaft ist, einen Besuch abgestattet haben, begeben wir uns auf eine touristische Rundreise durch Moskau. Wir besichtigen die Lomonossow-Universität, Metrostationen am Arbat und einiges mehr. Ab 15.30 Uhr dürfen wir uns, wenn wir mögen, auf einen individuellen Einkaufsbummel begeben.

Um 18 Uhr gibt Molotow einen Empfang im Kreml. Nach reichlich zwei Stunden brechen wir dort auf. Vorm Haus warten die Autos auf uns, 20.30 Uhr beginnt die Zirkusvorstellung mit Karandasch.[7] Dann gibt es eine Szene, die mir einen Kloß in den Hals treibt: Karandasch schlendert durch einen Park und stöß eine wertvolle Plastik vom Sockel, die aufgrund dieses Mißgeschicks zu Bruch geht. Als der Parkwächter naht, stellt er sich in seiner Verzweiflung selbst aufs Podest. Jede seiner Bewegungen wird vom Publikum mit Gelächter und Gekreisch begleitet, aber irgendwann merkt der Wächter es doch. »Um Schönheit zu vernichten, braucht man nur einen Augenblick – um sie wiederherzustellen Jahrhunderte«, sagt Karandasch und verschwindet. Das klingt an diesem Ort und in deutschen Ohren ganz anders als für die Moskauer, die sich amüsieren.

Am nächsten, dem dritten Tag sind Fachgespräche in den Ministerien angesetzt. Mein sowjetischer Kollege berichtet mir von der Mechanisierung der Landwirtschaft und der Organisation der Staatsgüter, von Massenauszeichnungen für Genossenschaftsbauern und Agronomen. Der größte Teil seiner Ausführungen betrifft die Struktur seines Ministeriums und dessen Verhältnis zur Landwirtschaftsakademie, da scheint er sich auszukennen. Ich schreibe eifrig mit, was ihm offensichtlich gefällt.

Grotewohl und Ulbricht sind noch einmal bei Malenkow, um jene Fragen anzuschneiden, die in der großen Runde ausgespart wurden. Nicht einmal ansatzweise kam das Kriegsgefangenenproblem aufs Tapet. In meinen Notizen findet sich kein Hinweis. »Im engsten Kreise der Regierungsdelegation wird die Kriegsgefangenenfrage von Grotewohl angeschnitten. Das ist kein leichtes Problem«, erklärt Vizepremier Hans Loch, der über die Unterredung ins Bild gesetzt wird, später öffentlich. »Wir müssen den Standpunkt der UdSSR anerkennen, die die verurteilten Kriegsverbrecher die Strafe abbüßen lassen will.«[8] Loch wirbt um Verständnis und verweist auf die Verbrechen, »die faschistische Banditen in den Weiten des sowjetischen Landes begangen haben«. Angesichts der sonstigen Zugeständnisse erschien es ihm »nicht unbedenklich, die Unbescheidenheit noch weiter zu treiben und an Grundsätzliches und Entscheidendes in der sowjetischen Anschauung zu rühren«.

Gleichsam zur Entschuldigung für uns Deutsche, an dieser Stelle doch insistiert zu haben, fügt er an: »Das Kriegsgefangenenproblem war durch die hemmungslose amerikanische Hetze zu einer Hypothek geworden, die auf den gesamtdeutschen Beziehungen zur Sowjetunion lastete, und deshalb beschlossen wir einmütig, die Kriegsgefangenenfrage bei den Verhandlungen doch anzuschneiden.«

Am Ende wird das Thema mit ins Kommuniqué genommen. Die Formulierungen sind wie bei Verlautbarungen dieses Charakters üblich. »Auf Grund eines Ersuchens der Regierungsdelegation der DDR wurde folgende Vereinbarung getroffen: Es werden nach einem festgesetzten Modus Maßnahmen getroffen, um die deutschen Kriegsgefangenen von der weiteren Abbüßung der Strafen zu befreien, zu denen sie für während des Krieges begangene Verbrechen verurteilt wurden. Hiervon ausgenommen sind Personen, die besonders schwere Verbrechen gegen den Frieden und die Menschlichkeit begangen haben.«

Daraus ist ersichtlich: Die DDR ist in der Kriegsgefangenenfrage initiativ geworden, die sowjetische Seite hat reagiert. Und in der Tat: Wenige Wochen später kommen die ersten nach Hause, das zieht sich über die Jahre 1954/55 hin. Es gibt für diese Heimkehrer keinen Empfang mit Pauken und Trompeten, wohl aber ist ihre Aufnahme und Integration in der DDR vorbereitet.

Um 17 Uhr lädt die deutsche Delegation in unsere Botschaft. Malenkow und Chruschtschow kommen und etliche andere Politiker und Militärs, all jene, die wir um 22 Uhr im Kreml zur Unterzeichnung des Protokolls über den Erlaß der Reparationszahlungen und zum anschließenden Bankett wiedertreffen werden.

Die Sitzordnung ist vorgegeben. Ich nehme zwischen Budjonny[9] und Sokolowski[10] Platz. An den Uniformröcken der beiden Marschälle hängen Orden ohne Ende. Budjonny ist dreifacher Held der Sowjetunion, Sokolowski »nur« einfacher. Als kleiner Reserveleutnant kann ich nicht mithalten. Aber meine Vergangenheit interessiert die beiden nicht. Budjonny mit seinem kräftigen Schnauzer ist ein Original, seine große Popularität wird mir zunehmend verständlicher. Er ist ein Pferdenarr. Für Pferde ist in der DDR der Landwirtschaftsminister zuständig. Aha, deshalb sitze ich auf diesem Stuhl, nicht wegen meiner Wehrmachtskarriere. Budjonny hat sich 1921 sogar gegen Lenin durchgesetzt, der alle Gestüte auflösen und Privatpferde nicht dulden wollte. Als Don-Kosak gründete er neue Gestüte, und wie Sokolowski betont, übertreffen inzwischen seine Verdienste als Pferdezüchter die des Militärs. Der Wodka läßt die Stichelei milder erscheinen, als sie vielleicht gemeint ist. Er wäre schon einmal in Bad Saarow, im Militärlazarett, gewesen, erzählt Budjonny, nachdem er merkt, daß

Zur Auswertung der Reise bei Präsident Pieck im Schloß Nieder-schönhausen am Montag, dem 24. August 1953. Rechts außen am Bildrand Landwirtschaftsminister Hans Reichelt

ich zum Thema Pferdezucht nicht viel beitragen kann. Nun ja, sage ich, da war ich noch im Kriegsgefangenenlager, wir konnten uns nicht begegnen. Darauf sagt Sokolowski, manchmal wäre es doch ganz gut, wenn man nicht vor der Zeit aufeinanderträfe. »Na sdarowje!«.

Wohl wahr, Genosse Marschall.

Am nächsten Morgen, dem 23. August 1953, geht es zurück nach Berlin. Molotow verabschiedet uns auf dem Flugplatz. In Grotewohls Maschine fliegt der neue Botschafter Semjonow mit. 16 Uhr Ortszeit landen wir in Berlin, nach fast zehn Stunden Flug. Der Volkskammerpräsident begrüßt uns. Die ganze Regierung ist angetreten. Wir sind glücklich und müde. Am nächsten Tag, heißt es, treffen wir uns im Amtssitz des Präsidenten in Schloß Niederschönhausen und erstatten Bericht.

Der Termin war ursprünglich für den Dienstag vorgesehen, er ist um 24 Stunden vorgezogen worden. Es wird nicht nur an Piecks Neugier liegen.

Wir sitzen um 12 Uhr an dem großen runden Tisch. Der Präsident ist im Bilde. Seine Ausführungen aber geben der Visite in Moskau und den getroffenen Vereinbarungen die staatsmännische Weihe. Ich bin beeindruckt. Es stimmen die Proportionen, nicht zuviel und nicht zu wenig Pathos, sachlich trotz allem. Auf einfache, aber überzeugende Weise wertet er die Mission.

»Die Völker der Sowjetunion haben am allerschwersten unter den grauenhaften Blutopfern und Verwüstungen gelitten, die der Hitlerkrieg von den europäischen Völkern gefordert hat. Erst wenn wir das bedenken, erfassen wir die ganze Größe der Uneigennützigkeit und Freundschaft, die die Sowjetregierung mit ihren Entscheidungen dem deutschen Volk entgegenbringt. Sie verzichtet auf alle Reparationen. Sie übergibt die Betriebe der sowjetischen Aktiengesellschaften unentgeltlich in das Eigentum der DDR. Sie senkt die Zahlungsverpflichtungen für den Aufenthalt sowjetischer Truppen in der DDR. Sehen wir ab von den normalen Handelsverpflichtungen, so wird die DDR von allen Staatsschulden, die im Gefolge des Krieges entstanden sind, völlig befreit sein«, sagt Pieck sichtlich aufatmend. »Schließlich ist sogar für die Kriegsgefangenen, die wegen begangener Verbrechen verurteilt sind, eine großzügige Regelung vorgesehen, von der nur besonders schwere Verbrechen gegen die Menschlichkeit ausgenommen sind. Darin liegt für uns eine Verpflichtung, den blutbesudelten Faschismus, der deutsche Soldaten zu Verbrechern gegen andere Völker machte, in Deutschland nie wieder hochkommen zu lassen. Das sind wir unserem eigenen Volke und den Völkern Europas schuldig.«[11]

Fußnoten

1 SAPMO-BArch DY 30/IV2/2.022/37
2 Michail Andrejewitsch Suslow (1902-1982), seit 1941 ZK-Mitglied und von 1947 ZK-Sekretär bis zu seinem Tode, galt seit den 60er Jahren als »Chefideologe« der KPdSU. Unter Breshnew, dem er 1964 in den Sattel half, galt er als Nummer Zwei in der Partei, als »graue Eminenz«. Zurückhaltend, dogmatisch, loyal und konservativ prägte er die Zeit der politischen Stagnation in der KPdSU und in der Sowjetunion.
3 SAPMO-BArch 4036/745
4 ebenda
5 Georgi Maximilianowitsch Malenkow (1902-1988), war seit 1938 Stalins Persönlicher Sekretär und wurde 1946 gemeinsam mit Berija Politbüromitglied. Nach dem Tode Stalins bestimmte das Politbüro Malenkow im März 1953 zum Ersten Sekretär des Zentralkomitees der KPdSU und Vorsitzenden des Ministerrates der UdSSR. Wenig später mußte er jedoch den Parteivorsitz an Nikita Chruschtschow abgeben, 1955 wurde er auch als Ministerpräsident abgelöst. Sein Nachfolger in diesem Amt, Nikolai Bulganin, machte ihn zum Minister für Kraftwerke und Elektroindustrie. Am 29. Juli 1957 wurde Malenkow nach einem Putschversuch gegen Chruschtschow zusammen mit Molotow, Kaganowitsch und Schepilow aus dem Politbüro ausgeschlossen, aller Staats- und Parteiämter enthoben und zum Leiter eines Kraftwerkes in Kasachstan degradiert. 1961 wurde er aus der KPdSU ausgeschlossen.
6 Siehe auch Hans Loch: Entscheidende Tage, Berlin 1953, S. 45
7 Karandasch, mit bürgerlichem Namen Michail Nikolajewitsch Rumjanzew (1901-1983), galt als einer der berühmtesten Clowns seiner Zeit; er stand über ein halbes Jahrhundert in der Manege.
8 Hans Loch: Entscheidende Tage, Berlin 1953
9 Semjon Michailowitsch Budjonny (1883-1973) kämpfte an der Spitze der 1. Roten Reiterarmee gegen Denikin und im Polnisch-Sowjetischen Krieg 1920, im Zweiten Weltkrieg war er Oberfehlshaber der Südwestfront und der Kaukasusfront.
10 Wassilij Danilowitsch Sokolowski (1897-1968), erst Stabschef unter Shukow, dann Oberbefehlshaber der 1. Ukrainischen Front, von 1946 bis 1949 Oberkommandierender der sowjetischen Streitkräfte in Deutschland, von 1953 bis 1960 stellvertretender Verteidigungsminister der Sowjetunion.
11 BArch DA/4/366

27.8.47. Edenkoben Rheinpfalz
Luitpoldstr. 182.

Werter Herr Reichelt!

Ich überbringe Ihnen als glückl. Heimkehrer aus
Rußland die Grüße Ihres Jungen. Er war mit mir
im gleichen Lager, ist ein braver, charaktervoller Junge
geblieben auf den Sie stolz sein dürfen. In seiner Fürsorge um die anderen Kameraden ist er vorbildlich.
Gesundheitlich geht es ihm gut. Durch sein vielseitiges
Interesse an geistiger Weiterschulung überbrückt er
die Tage der Gefangenschaft leichter wie andere. Er
neigt zu d. hat gar keine Zeit zu grübeln oder krank
zu sein. Wie es mit seiner Heimkehr steht, ist allerdings

Die Kriegsgefangenen im Kalten Krieg

Die Furcht, in sowjetische Kriegsgefangenschaft zu geraten, marschiert in den Kolonnen seit dem 22. Juni 1941 auf deutscher Seite mit, und sie wächst mit den Kriegsverbrechen, die Deutschland unablässig auf sein Schuldenkonto lädt. Hinzu kommen der tradierte Antibolschewismus, den die Nazipropaganda exzessiv bediente, und christlich-abendländische Überheblichkeit.

Darum geben sich gefangengenommene Soldaten erstaunt, nicht erschossen worden zu sein. Man wurde »menschlich« behandelt, im Notfall medizinisch versorgt, heißt es in nicht wenigen Berichten. Viele Soldaten verdanken sowjetischen Ärztinnen und Schwestern ihr Leben. Das hat man so nicht erwartet.

Gerhard Dengler geht als Hauptmann mit seiner Einheit im Januar 1943 in Stalingrad in Gefangenschaft. Als Folge des Hungers im Kessel erkrankt er an Paratyphus und wird im ersten Lager bereits zu anderen Toten gelegt, sein Freund trägt ihn jedoch wieder zu den Lebenden zurück. Dengler kommt im März mit anderen nach Oranki bei Gorki. »Als erstes wurden wir entlaust: Das Ungeziefer fiel uns bereits aus den Bärten. Schwestern rasierten uns am ganzen Körper. Und dann war dort im Lazarett noch eine jüdische Ärztin aus Kiew mit Namen Wassilewskaja. Sie hatte nur einen Arm. Ich vermutete, daß dies eine Kriegsverletzung war. Sie sorgte sich rührend um uns, besorgte Hühner aus der Umgebung, fütterte uns mit Brühe. Sie war Tag und Nacht da. In Ermangelung von Medikamenten gab sie jedem täglich einen Löffel vitaminreichen Hagebuttensaft. Als ich erfuhr, daß unsere Truppen ihre ganze Familie liquidiert hatten und der Arm ihr von einem SS-Mann abgeschlagen worden war, verlor ich meine letzten anti-kommunistischen Ressentiments. Mein Gott, was für eine menschliche Größe besaß diese Frau uns gegenüber!«[1]

Solche Erfahrungen machen auch andere. Bei vielen führt es zu einem Umdenken. Die Kriegsgefangenen beginnen die Russen

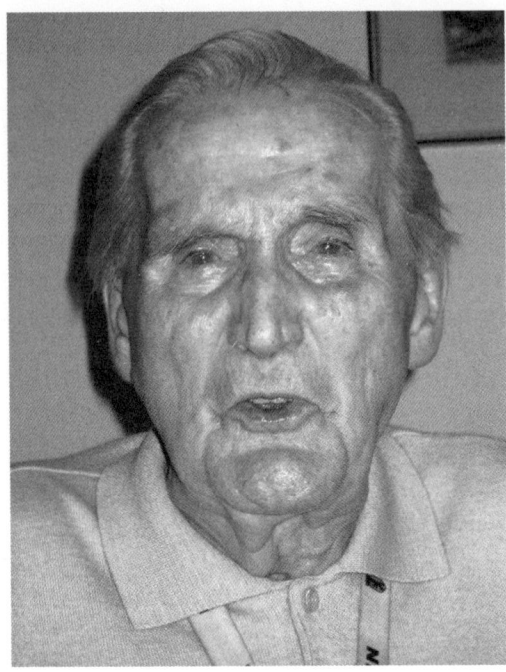

Gerhard Dengler (1914-2007) ging als Hauptmann im Januar 1943 im Kessel von Stalingrad in Kriegsgefangenschaft. Er überlebte dank einer sowjetischen Ärztin.
Letzte Aufnahme, 26. November 2006

und ihre eigene soldatische Vergangenheit mit anderen Augen zu sehen. Die »Erziehung« erfolgt sehr subtil. »Der Russe handelt ganz offenkundig nach dem absolut demokratischen Grundsatz: Den Weg kann ich dir suchen helfen – gehen mußt du ihn.«[2] Die Antifa-Aktive und -Schulen vertiefen selbstkritische Einsichten und gewonnene Erfahrungen.

Franz Fühmann, Jahrgang 1922, kommt 1945 ebenfalls in sowjetische Kriegsgefangenschaft, im Jahr darauf schickt man ihn an die zentrale Antifa-Schule in Noginsk bei Moskau. Er fährt fast zeitgleich mit mir in die DDR zurück. Im Unterschied zu mir schließt er sich der NDPD an. Fühmann begreift gleich mir und anderen in den Lagern, daß »man nicht abseits vom politischen Leben stehen darf«, wie er am 23. Mai 1948 in seinem Tagebuch notiert. Der »Sohn eines Ortsgruppenleiters und Kleinbourgeois«[3] sieht, daß er einer »entmenschten Clique« als Werkzeug gedient hatte: Fortan will er sein Schicksal in die eigene Hand nehmen und sich engagieren für ein »sauberes, anständiges, freies Vaterland, ein friedliebendes Deutschland, das in Freundschaft mit allen Völkern lebt, die auch für den Frieden kämpfen«. Daß Kriegsgefangenschaft grundsätzlich solche Einsichten fördert, läßt sich auch anderenorts feststellen. So findet sich in den Akten der Präsidialkanzlei ein Brief an Wilhelm Pieck aus Fernost. 24 kriegsgefangene Deutsche vom »3. Lager der 5. Interzone Vietnams« – vermutlich handelt es sich um ehemalige Mitglieder der französischen Fremdenlegion[4] – grüßen das DDR-Staatsoberhaupt zum Jahreswechsel 1952/53. »Wir sind seit einigen Monaten Gefangene der Demokratischen Republik Vietnam. Vom ersten Tage unserer Gefangenschaft bis heute haben die vietnamesische Volksarmee und die Bevölkerung versucht, unsere Lage so gut es ging zu erleichtern. Da wir mit offenen Augen durch die Monate unserer Gefangenschaft gingen, haben wir so manches begreifen gelernt, was uns auf der anderen Seite nie aufgefallen wäre. Wir sahen den zähen Zusammenhalt der Bevölkerung mit der Armee. Die Einigkeit aller Volksschichten vom Arbeiter bis zum Intellektuellen. Wir wissen, daß die Amerikaner die Bomben A und H[5] haben, aber eine Bombe U (Union)[6] haben sie nicht, und dies dürfte wohl den Ausschlag geben.

Wir haben erkannt, daß es auch für uns nur einen Weg gibt, den Weg der Wahrheit. So wie das vietnamesische Volk für seine gerechte Sache kämpft, seine Freiheit, so werden Sie uns nach unserer Rückkehr nach Europa in den Reihen der Kämpfer für den Weltfrieden finden.«[7]

Bei mir dauert der Prozeß fast zwei Jahre, bis auch ich begreife. Meine innere Veränderung ist nur ansatzweise in den Nachrichten

Franz Fühmann

erkennbar, die bei meiner Mutter in St. Oswald eingehen. Es ist üblich, daß man Kameraden bei der Abreise bittet, die Verwandten in der Heimat zu benachrichtigen. Ich zitiere nachfolgend aus einigen Briefen, weil sie nicht nur unser Lager in Tscherepowez beschreiben, sondern auch den Geist sichtbar machen, der in manchem Heimkehrer unterschwellig noch immer wohnt. Er dringt mehr oder minder stark in der neuen-alten Umgebung wieder durch und soll, worauf ich im weiteren eingehen werde, das öffentliche Bild der Heimkehrer insbesondere in den Westzonen prägen. Dadurch entsteht eine Rückkopplung. Am Ende erzählen die Heimkehrer genau das, was man von ihnen erwartet und liefern die Bestätigung der Vorurteile.

Meine Mutter erhält beispielsweise eine Karte von Josef Endres aus Edenkoben/Rheinpfalz. Sie ist freundlich und aussagekräftig und enthält kein abfälliges Wort. Am 27. August 1947 schreibt er: »Verehrte Frau Reichelt! Ich überbringe Ihnen als glücklicher Heimkehrer aus Rußland die Grüße Ihres Jungen. Er war mit mir im gleichen Bataillon, ist ein braver, charaktervoller Junge geblieben, auf den Sie stolz sein dürfen. In seiner Fürsorge um die anderen Kameraden ist er vorbildlich. Gesundheitlich geht es ihm gut. Durch sein allseitiges Interesse an geistiger Weiterbildung überbrückt er die Tage der Gefangenschaft leichter als andere. Er langt zu und hat gar keine Zeit zu grübeln oder krank zu sein. Wie es mit seiner Heimkehr steht, ist allerdings weniger klar zu sehen. Vorerst werden ja nur Kranke entlassen. Da aber das Lager 7437 Entlassungslager ist, dürfte er in absehbarer Zeit wohl auch an die Reihe kommen. Die Post funktioniert z. Z. weniger gut. Darüber aber brauchen Sie nicht besorgt zu sein.«

Bis zum 6. August 1947 war Hans Frank im Lager, dann kehrt auch er heim und schreibt am 2. September aus Neualbenreuth an meine Mutter: »Hans war bis zum Tage meiner Abreise noch gesund und war dort Führer einer Kompanie im Lager. Sie brauchen sich um Hans nicht zu sorgen, denn er wird diese Zeit bestimmt überstehen. Es ist nicht leicht, aber der Lebenswille hilft über vieles hinweg.« Kaum zu Hause, dringt wieder die alte Arroganz durch, als er sich über die schlechte Postverbindung mokiert. »Um so etwas zu organisieren, dazu reicht es wohl beim Russen nicht aus.«

Diese abfällige Haltung dringt bei der Beschreibung des Lagers deutlich durch. So sehr ich ihm auch heute noch für seine Postbotendienste dankbar bin, so verärgert mich der Grundton seiner nachfolgenden Beschreibung. Frank muß sie auch an andere verschickt haben.

»Das Lager Tscherepowitz liegt rund 600 km nördlich von Moskau etwa 3 km von der Stadt entfernt auf einer einsamen Höhe. Die Gefangenen haben sich im Verlaufe der Zeit das Lager so wohnlich ausgestaltet wie es unter den primitiven Umständen dieses Landes möglich ist. Die Leute sind ja in allem um mindestens 50 Jahre zurück, und so fanden wir eben dort Verhältnisse vor, die wir nie verstehen werden.

Das größte Problem der Gefangenschaft ist und bleibt die Verpflegung, und diese ist sehr knapp. Da wir alle arbeiten mußten, reichte diese schmale Kost nicht aus. Aber uns Deutschen ist eben ein Lebenswille eigen, der uns nie verzagen läßt, und im immerwährenden Denken an die Heimat überwindet man schier Unwahrscheinliches. Seit unserem Einzug in das Lager im Jahre 1945 hat sich bis heute doch so manches gebessert.

Zunächst wurden die Unterkünfte, die ja nur Baracken sind, etwas wohnlicher gestaltet. Ein Tierlein machte uns ja schwer zu

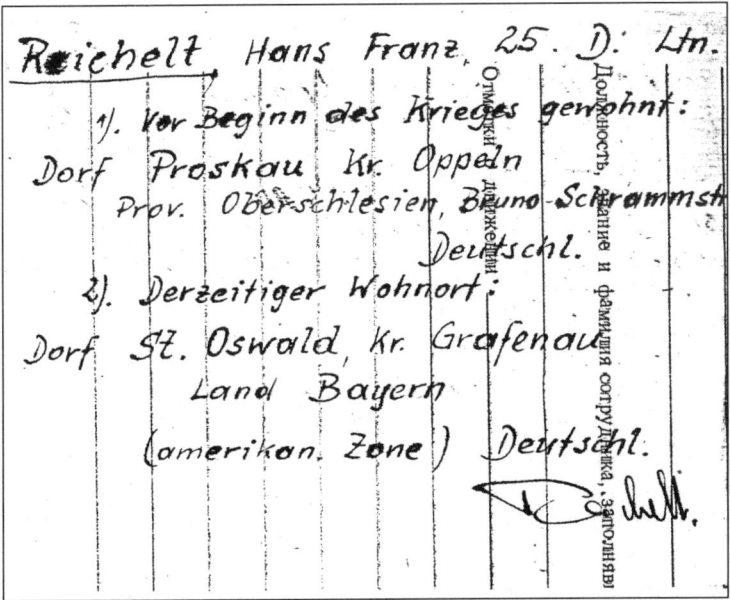

Vorbereitungen zur Entlassung

schaffen, und das war die Wanze. Der Kampf gegen diese Haustiere blieb erfolglos, und diese Biester kosteten uns manche schlaflose Nacht. Vor allem im Sommer. Wir bekamen nach längerem Kampf mit den Russen Strohsäcke und sogar Kopfkissen. Die Küche wurde dann so ausgebaut, daß sie anzusehen war, und wir nicht denken mußten, es sei ein Schweinestall. Es wurden deutsche Kessel eingebaut, und es gestaltete sich schon etwas europäischer.

Der Speisesaal, den man früher nicht als solchen bezeichnen konnte, wurde völlig umgebaut. Bis vor wenigen Wochen mußten wir ja aus unseren Konservenbüchsen essen, und erst in der letzten Zeit bekommen wir Porzellanschalen, die von Deutschland kamen, woraus wir dann essen konnten. Wieder ein Schritt weiter in der Kultur.«

Die meisten der fast sechs Millionen sowjetischen Kriegsgefangenen hatten nicht einmal eine Konservenbüchse, aus der sie essen »mußten«.

Im »Merkblatt für die Bewachung sowjetischer Kriegsgefangener« vom 8. September 1941 heißt es: »Rücksichtsloses Durchgreifen bei den geringsten Anzeichen von Widersetzlichkeit und Ungehorsam! Zur Brechung von Widerstand ist von der Waffe schonungslos Gebrauch zu machen. Auf fliehende Kr.Gef. ist sofort (ohne) Anruf zu schießen mit der festen Absicht zu treffen [...] Auch gegen den arbeitswilligen und gehorsamen Kr.Gef ist Weichheit nicht am Platz. Er legt sie als Schwäche aus und zieht daraus seine Folgerungen.« Aber nicht die Gewaltmaßnahmen, sondern die vom Oberkommando der Wehrmacht angeordnete systematische Unterernährung war für das Massensterben der sowjetischen Kriegsgefangenen in Deutschland verantwortlich, was nicht im entferntesten mit den Zuständen in sowjetischen Lagern vergleichbar war. »Mit den insbesondere 1941 und 1942 festgesetzten Verpflegungsrationen wurde in voller Kenntnis der daraus resultierenden Konsequenzen für die Gefangenen der Hungertod Tausender bewußt in Kauf genommen. Diese Vernichtungspolitik entsprach der in den besetzten Gebieten der Sowjetunion gegenüber der Zivilbevölkerung praktizierten Hungerpolitik.

Trotz der im Verlauf des Krieges immer wieder erhöhten Verpflegungssätze erreichten sie bis Kriegsende weder quantitativ noch qualitativ das Niveau der Sätze für nichtsowjetische Kriegs-

Büchertausch im Kriegsgefangenenlager. Lesen öffnet Horizonte –
bei der richtigen Lektüre

gefangene. Insbesondere 1941/42 brachen unter den Gefangenen
Ruhr- und Fleckfieberepidemien aus, denen Zehntausende zum
Opfer fielen. Infolge andauernder chronischer Unterernährung
bei gleichzeitigem kräfteraubenden Arbeitseinsatz und mangel-
hafter medizinischer Betreuung blieben die sowjetischen Kriegsgefangenen auch in der zweiten Kriegshälfte anfällig für In-
fektionskrankheiten. Die Sterblichkeit stabilisierte sich auf hohem
Niveau, wofür vor allem die große Zahl an Tuberkuloseerkran-
kungen verantwortlich war.«[7a]

Ja, auch für uns deutsche Kriegsgefangene war das Lagerleben
hart, die Arbeit schwer. Aber was hatten wir erwartet? Zunächst
den Tod. Danach aber, weil man uns leben ließ, gleich einen Platz
im Sanatorium und jeden Abend eine Jungfrau im Bett?

Dieter Balkhaus aus Bergedorf schrieb am 2. Mai 1948 weitaus
differenzierter an meine Mutter: »An der Bahnstrecke Leningrad-
Wologda, ca. 150 km westlich Wologda, liegt der Ort Tscherepowitz. Hier im Lager 7437 habe ich Hans im Winter '45/46
kennengelernt. Im Mai 1946 kamen wir beide zu einem Straßen-
baukommando nach Wologda. Sechs Monate waren Hans und
ich Gruppen- und Arbeitskameraden, bis ich völlig abgewirtschaf-

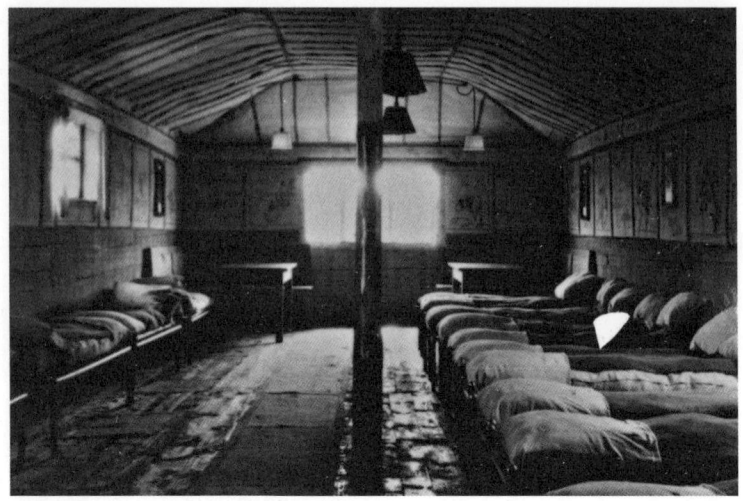

Schlafraum im Kriegsgefangenenlager Nr. 435 bei Moskau, 1948

tet ins Lager zurückkam. Hans blieb noch bis Mitte Januar, dann wurde das Kommando aufgelöst. Er war der einzige Kamerad unserer Zehnergruppe, der die Arbeit ohne körperlichen Verfall durchgehalten hat. Seitdem ist Hans nicht wieder zu einem Arbeitskommando gekommen. Neben aller Arbeit hat er immer noch Zeit gefunden, sich geistig zu beschäftigen. Besonders hat er russische Sprachstudien getrieben. Im Sommer 1947 wurde Hans Kompanieführer in einem Mannschaftsbataillon unseres Lagers. Er ist einer der wenigen Kompanieführer, die das nicht als Selbstzweck machen, sondern helfen, den Kameraden das Leben zu erleichtern.

Über seinen Gesundheitszustand brauchen Sie sich auf keinen Fall Sorgen zu machen. Er wird die letzten Monate bestimmt durchhalten. Von seiner diesjährigen Entlassung bin ich felsenfest überzeugt.« Nun, zumindest in diesem Punkt irrte er sich, und manches lobenswerte Wort über mich war wohl dem verständlichen Bemühen geschuldet, meiner Mutter Freude zu machen.

Sodann berichtete Dieter über unsere schwere Arbeit beim Straßenbau, die mit sehr einfachen Mitteln erfolgte, und dann über den Ablauf allgemein. »Der Tag beginnt in einem Arbeitslager um 4 Uhr. Gegen 18 Uhr geht es in die Unterkünfte zurück. Wenn man nicht zu irgendwelchen Arbeiten zur ›Erhaltung des Lagers‹ eingeteilt wird, hat man dann gegen 20 Uhr Feierabend.

Es wird aber oft sehr spät. Im Sommer läßt sich das alles noch durchhalten, aber sobald die harten klimatischen Wintertemperaturen und -stürme einsetzen, gehört schon eine robuste Gesundheit dazu, wenn man nicht restlos zusammenbrechen will. Trotzdem ist eine solche Arbeitsbelastung nicht so entscheidend wie ein seelischer Zusammenbruch. Dagegen gibt es keine Hilfe.

Die Unterbringung ist nach unseren Begriffen menschenunwürdig. Im Stammlager ist im letzten Winter endlich für Beleuchtung gesorgt worden. Mit der Zeit wird alles erträglicher, und wenn man ein Ende vor sich sieht, läßt man sich auch nicht mehr unterkriegen.

Hans bewohnt jetzt mit sechs Mann eine kleine Stube. Die Masse des Bataillons liegt in einem großen Raum. Seit einem Jahr hat jeder einen Strohsack, früher lagen wir auf den Holzpritschen.

Die Verpflegung ist durchweg schlecht und knapp, obwohl die Verpflegungssätze weit höher sind als in der Heimat. Lebensverhältnisse und Klima spielen hier natürlich eine wesentliche Rolle. Sonst würde man mit 600 g Brot, 600 g Gemüse, 120 g Nährmittel, 75 g Fleisch, 40 g Fett, 50 g Fisch, 40 g Mehl auskommen können.

Nur wenige Gefangene haben unter den dortigen Verhältnissen einen Arbeitseinsatz körperlich ohne Schaden überstanden. Hans gehört zu diesen wenigen. Auch seine kameradschaftliche und moralische Haltung war stets vorbildlich. Im allgemeinen konnte man kaum von Kameradschaft sprechen.«

Vor allem dieser letzte Satz verweist auf die tiefen Differenzen im Lager, die inbesondere aufgrund der unterschiedlichen Entwicklung der Kriegsgefangenen aufbrechen. Für die, die in ihrem Denken verharren, sind die anderen die »Russenknechte«, gleichsam die Verräter, die sich außerhalb der Lagergemeinschaft stellen. Die Aktivsten gelten als »Spitzel«, die sich den Russen andienen würden. Es bleibt nicht nur bei Vorhaltungen. Es endet bei Mord. So hör ich von Fällen, daß man Verdächtigte bewußtlos schlägt, sie in die sibirische Kälte schleift und dort nicht nur ablegt, sondern auch noch in die Gehörgänge pinkelt, damit der nächtliche Frost den Schädel sprengt. Andere wirft man bei der Heimreise »aus dem fahrenden Zug, Kopf zuerst raus«.«[8]

Es ist nicht einfach und leicht, die Vergangenheit hinter sich zu lassen und dies auch öffentlich zu bekennen. Auf der anderen Seite:

Es wird keiner dazu gezwungen, es zu tun. Es findet weder eine kollektive Gehirnwäsche statt, noch prügelt ein Kommissar jedem einzelnen mit dem Holzhammer die Wahrheit ein. Man muß nicht Antifaschist werden – man kann es. Ein Heimkehrer zitiert im Herbst 1949 die Worte, mit denen sein sowjetischer Meister in einem Baubetrieb ihn verabschiedete: »Wir wissen sehr gut, daß euch vieles hier nicht gefallen hat, und daß ihr durchaus nicht als Kommunisten heimreist. Es war auch gar nicht unsere Absicht, euch zu Kommunisten zu machen. Ihr sollt nur ehrlich sein und die Wahrheit über uns erzählen.«[9]

Diese Ehrlichkeit bringt nicht jeder Heimkehrer auf. Auch Franz Fühmann setzt sich damit auseinander. »Wir sind hier mit Menschen zusammmen, die man schätzen kann.« Hinsichtlich des zivilisatorischen Status' können es »die Russen nicht nur mit den Deutschen aufnehmen – die Deutschen selber müssen sich an ihnen messen«. Tagebucheintrag Franz Fühmanns am 23. Mai 1948: »Immer wieder mußten wir [Angehörigen des Lager-Aktivs] auch feststellen, daß in manchen Köpfen die Auffassung von der ›Überlegenheit der deutschen Kultur‹, von der ›Kultur des Abendlandes‹ spukte, und daß man von der ›Rückständigkeit‹ und der ›Kulturbarbarei‹ der Völker des Ostens überzeugt war.«[10] Unfähig zu kritischer Betrachtung und selbstkritischer Einkehr fahren nun diese Menschen in die Heimat zurück. In den Westzonen, von den ersten Reflexen des Kalten Krieges der Besatzungsmächte erfaßt, gelten solche Heimkehrer als authentische Zeugen für die Verhältnisse hinterm »Eisernen Vorhang«[11].

Sie berichten und bedienen die Vorurteile. Und den Kalten Kriegern liefern sie Munition für die Propagandakanonen.

In einem Schreiben an Generalleutnant F. J. Bokow, den Chef des Stabes der Sowjetischen Militärverwaltung, informiert Ulbricht am 28. August 1946 über Vorgänge in Niedersachsen. Die SED-Führung war darüber von der dortigen KPD-Bezirksleitung unterrichtet worden. Deren Schreiben schickt man gleichfalls nach Karlshorst. »Gestern (*das war der 14. August 1946 – H. R.*) sind in Hannover die ersten von 120.000 zurückgekehrten Kriegsgefangenen eingetroffen. Der Hamburger Rundfunk hat sofort mit einer ganz üblen Propaganda begonnen.

Die Kriegsgefangenen kommen hier am Bahnhof an in Lumpen gehüllt, ohne Schuhe, mit Lumpen an den Füßen, werden von Nazis und ehemaligen Offizieren am Bahnhof empfangen und durch die Stadt geführt. Man verbindet damit eine üble Hetze gegen die Sowjetunion und gegen uns. Es ist anzunehmen, daß eine ganze Organisation hinter dieser Sache steht, und daß man schon beim Betreten der britischen Zone den Gefangenen entweder die Kleidung abnimmt und gegen Lumpen eintauscht, oder daß sie dieselben gegen Tabak usw. verscheuern. Wir werden sofort einen ständigen Pressevertreter zur Untersuchung der Zustände in die Quarantänelager Friedland und Ilsenburg schicken.

Vielleicht ist es notwendig, daß man in der Sowjetzone die Kriegsgefangenen, die in die britische Zone gehen, nochmals zusammenfaßt. Wünschenswert wäre es, von ihnen noch vor Überschreiten der Zonengrenze Erklärungen, kurze schriftliche Berichte und Briefe zu erhalten, die wir veröffentlichen können.«[12]

Die Interpretationen und Schlüsse mögen ein wenig unrealistisch sein, die Wahrnehmungen allerdings sind real. Und es betrifft ja nicht nur die britische Zone. Am 29. November 1947 legt die Zentrale Parteikontrollkommission der SED (ZPKK) den mit solchen Fragen befaßten Sekretären Erich Gniffke und Franz Dahlem eine »Zusammenstellung von Mitteilungen und Berichten von aus russischer Kriegsgefangenschaft entlassenen antifaschistischen Heimkehrern, die von Offizieren der amerikanischen und französischen Besatzungsbehörden verhört wurden«[13], vor. Daraus geht hervor, daß die Heimkehrer nicht nur für die Propaganda instrumentalisiert werden, sondern auch für Spionagezwecke. Detailliert schildert ein »Karolus« am 9. August 1949 dem KPD-Landesvorstand in München das Vorgehen des US-Nachrichtendienstes CIC[14] im Aufnahmelager Moschendorf[15]. Dieser »Karolus« verweist eingangs darauf, daß ihm bekannt sei, »daß wegen der dortigen Vorgänge schon mehrere Berichte an die Parteileitung ergangen sind, aber meine eigenen Erfahrungen zeigten mir, daß man nicht genügend darauf reagierte. Ich gebe daher nochmals eine Schilderung der Vorgänge.«[16]

Den Heimkehrern werde zunächst ein vierteiliger grüner Fragebogen vorgelegt, auf denen sie Angaben zur Biographie, insbesondere aber zu ihrer Tätigkeit im sowjetischen Lager machen müssen. »Dieser Fragebogen wird unter Anleitung des deutschen Lagerpersonals (in der Regel Offiziere der ehemaligen faschistischen

Wehrmacht) und im Beisein amerikanischen Militärpersonals gemeinsam ausgefüllt. Gleichzeitig wird ein weißer Fragebogen ausgegeben, bei dem folgendes gefordert wird: genaue Auskunft über die Tätigkeit beim Militär, über die Tätigkeit in der Kriegsgefangenschaft, wobei angegeben werden muß, ob der Betreffende in einem Bergwerk, in einer Maschinenfabrik usw. gearbeitet hat.

Gleichzeitig werden Angaben über die Zugehörigkeit zur Antifa verlangt oder ob einer Aktivist oder Absolvent einer Antifa-Schule ist. Darüberhinaus wird Angabe darüber gefordert, welcher Partei sich der Betreffende nach seiner Rückkehr in die Heimat anschließen will. Zur gleichen Zeit wird die Angabe der Stärke der Lagerbelegschaft der jeweiligen Lager gefordert und die Namen der leitenden Antifaschisten und Aktivisten.

Große Tafeln fordern unter dem Deckmantel des Kampfes gegen Unmenschlichkeit die Heimkehrer auf, diejenigen der Lagerleitung zu melden, die sich angeblich Verbrechen zuschulden kommen ließen. Einige Nachforschungen ergaben, daß damit jene Antifaschisten gemeint sind, die zur Ausfindigmachung von Kriegsverbrechern in den Lagern der Sowjetunion beigetragen haben.«[17]

Wenn die Formulare ausgefüllt sind, gibt es ein individuelles Gespräch mit einem CIC-Offizier, das in der Regel 45 Minuten bis anderthalb Stunden dauert. »Karolus« schlägt vor, »keine Angaben über die Zugehörigkeit zur Antifa, über die Tätigkeit als Aktivist oder den Besuch einer Antifa-Schule zu machen«[18], er warnt auch vor Beteuerungen, daß diese Angaben angeblich keine Folgen für die Betreffenden hätten und allenfalls statistischen Erhebungen gelten würden. »Für Kursanten von Antifa-Schulen« empfehle es sich überdies, »nicht das Lager als Entlassungslager anzugeben, in dem sie auf der Schule waren«. Abschließend schreibt er, man solle den Heimkehrern bewußt machen, daß sie mit »ihren Angaben die Spionagetätigkeit einer fremden Macht unterstützen« und daß sie umso schneller das Lager Moschendorf verlassen und die Heimfahrt antreten könnten, je weniger Angaben sie auf ihren Fragebögen machten.[19]

Initiiert, beeinflußt und maßgeblich getragen wird die chauvinistische Propaganda mit den Heimkehrern der Schumacher-SPD. Noch ehe die ersten der avisierten 120.000 ehemaligen Wehrmachtsoldaten eintreffen, verbreitet die Partei im Sommer

1946 ein Flugblatt. Darauf stellt sie »20 Fragen an Grotewohl und Pieck«[20]. Die Attacke richtet sich insbesondere gegen den ehemaligen Sozialdemokraten Otto Grotewohl, nunmehr Vorsitzender der SED, die sich einige Jahrzehnte später ähnlich wiederholen wird: Die Angriffe auf den abgängigen Sozialdemokraten Oskar Lafontaine weisen die gleichen pathologisch-hysterischen Züge auf wie seinerzeit bei Grotewohl. Man sieht, Marx hatte mit seiner Prognose recht: Geschichte trägt sich immer zweimal zu – einmal als Tragödie, ein andermal als Farce.

»Diese 20 Fragen sind Grotewohl und Pieck am Dienstag, dem 23. Juli, in Braunschweig vorgelegt worden. Sie haben sie nicht beantwortet! Warum schweigen sie? Lest Euch die Fragen durch und urteilt selbst!«, heißt es dort eingangs. Die Fragen lauten unter anderem: »8. Warum ist bisher keine generelle Rückführung der antifaschistischen Kriegsgefangenen aus Rußland erfolgt? Warum sind zwar die KP-Führer bereits seit 15 Monaten mit Familien aus Rußland heimgekehrt, und warum sind Offiziere aus dem Freien-Deutschland-Nationalkomitee heimgekehrt, aber noch nicht die antifaschistischen Soldaten, während aus England und Frankreich schon Tausende hier sind!

9. Warum gibt es keine reguläre Postverbindung mit den Kriegsgefangenen in Rußland? Warum werden fast ausschließlich arbeitsunfähige, kranke und verletzte Kriegsgefangene aus Rußland freigelassen? Was habt Ihr unternommen, um die russische kommunistische Partei, die ja den entscheidenden Einfluß auf die Regierung besitzt, zu beeinflussen?«[21]

Auf dieses Flugblatt reagiert Erich Gniffke[22] mit einem Schreiben an den niedersächsischen Ministerpräsidenten Alfred Kubel (SPD): »Eine offene Antwort auf 20 anonyme Fragen«.

»Fragestellungen Deiner Art sind billig und geschehen meistens nicht in der Absicht, durch die erwartete Antwort Zweifel und Unklarheiten zu beseitigen. Sie werden, wie in diesem Falle, nur gestellt, um den Gegner zu diffamieren und im Ansehen herabzuwürdigen«, schreibt Gniffke zutreffend. »Es geschieht nach dem alten Grundsatz: Wenn es auch nicht ganz stimmt, etwas bleibt doch hängen. Was soll der Unfug?«[23]

Nach der prinzipiellen Wertung wendet sich Gniffke auch einzelnen Aspekten des Flublattes zu, hinter dem er, wohl nicht ganz unbegründet, den Regierungschef vermutet. »Eine andere Frage von Euch lautet: Die KPD-Führer und die Offiziere des Komitees Freies Deutschland sind heimgekehrt, aber noch nicht die antifaschistischen Soldaten? Warum kann mit den deutschen Kriegsgefangenen in Rußland immer noch nicht korrespondiert werden?

Warum stellt man uns nur diese und ähnliche Fragen? Man weiß doch ganz genau, daß die SED auf die Folgen des Hitlerkrieges ebenso wenig Einfluß hat wie etwa die SPD auf die Entlassung deutscher Kriegsgefangener, die noch in großer Zahl im Westen im Dienste der Besatzungsmächte stehen und nicht nach Hause können. Wir aber denken gar nicht daran, daraus der SPD einen Vorwurf zu machen oder etwa auch Fragen an die SPD zu stellen, durch die wir ihr indirekt die Schuld für Dinge in die Schuhe schieben wollen, für die diese Partei nicht kann.

Und darin liegt die niedrige Gesinnung, die unfaire Kampfesweise der Verfasser eines Fragezettels, in dem man Fragen über Ereignisse und politische Tatbestände stellt, mit denen die SED nicht das geringste zu tun hat und deshalb auch keine Verantwortung tragen kann.

Gegen diesen verleumderischen Unterton, der in all diesen Fragen liegt, wehren wir uns ganz entschieden.

Zu der Frage selbst können wir sagen, daß es das Verdienst der SED ist, daß sie sich für die Heimkehr unserer Kriegsgefangenen mit Erfolg bemüht hat. Es ist ihrer Initiative und ihrer Vorstellung bei der Besatzungsmacht zu danken, daß außer den schon bisher Heimgekehrten gegenwärtig wieder 120.000 Kriegsgefangene heimkehren, daß wir damit rechnen dürfen, daß der Rücktransport laufend weitererfolgen und daß die über das Rote Kreuz eingeführte Korrespondenz noch mehr erweitert wird.«

Am Ende des mehrseitigen Schreibens heißt es: »Es grüßt in alter sozialistischer Verbundenheit die braunschweigischen Werktätigen und Dich, Dein Erich Gniffke.«[24]

Etwa zur selben Zeit 1946, dies nur zum Vergleich, berichtet ein Max Silbermann über deutsche Kriegsgefangene in Frankreich: »Zur Zeit befinden sich in Frankreich hauptsächlich jugendliche Kriegsgefangene bis zu 30 und 35 Jahren, aber ebenfalls ältere, soweit sie in gesundem Zustande sind. Bisher sind in Frankreich zur Repatriierung nur Kranke, arbeitsunfähige Gefangene gekommen. Die Gefangenen aus Norwegen und aus Amerika werden z.Z. in Frankreich zum Arbeitseinsatz verwendet. Ebenfalls sind viele aus SS-Lagern in Süddeutschland, aus der amerikanischen Zone, z. B. von Darmstadt über Bretzenheim nach Frankreich transportiert worden. Die SS wird besonders in Kohlenminen eingesetzt. Der größere Teil der Gefangenen befindet sich in kleinen Betrieben und in der Landwirtschaft, auf Talsperrenbauten. Die Postverbindung ist sehr schwierig. Zum Beispiel kamen Ende Januar im Lager 123 sechs Lastwagen mit Postpaketen an, wo nur die im Lager befindlichen Gefangenen ihre Pakete zugestellt erhielten, während alle anderen Pakete von der französischen Post wegen angeblichen Platzmangels zurückgeschickt wurden.«[25]

Der fremde Vater: Wiedersehn nach der Entlassung, 1946

Die Diffamierung und Denunziation der antifaschistischen Heimkehrer und der SED erfolgen auf allen Feldern. Bereits in den Heimkehrer-Zügen setzt die Agitation ein. So wird am 29. März 1949 Wilhelm Pieck informiert: »Seit Bestehen der Heimkehreraktion betrieben die Eisenbahner, die die Heimkehrer-Transporte von Brest nach Frankfurt/Oder bringen, eine ununterbrochene Agitation gegen die Sowjetunion, gegen die Ostzone sowie gegen die SED und Blockparteien unter den Heimkehrern. Alles, was bisher dagegen unternommen wurde, war ergebnislos«, heißt es in der Hausmitteilung. »So werden in einer Reihe von Transportzügen aus Sachsen-Anhalt im Innern der Wagen nachstehende Inschriften – z. T. in Stenographie – festgestellt:

Tod dem Bolschewismus!

Stalin, gib uns mehr zu fressen

oder wir werden Hitler nicht vergessen!

Schlagt Hennecke[26] tot!

Schlagt Hennecke in die Fresse!«[27]

Der latente, mal offen, mal versteckt vorgetragene Antikommunismus beschäftigt die SED-Führung fortgesetzt. Dabei sind die Wurzeln dieses vermeintlichen Unmuts (und wer diesen aus welchen Gründen schürt) nicht zu übersehen. Pieck geht darauf selbst in einem Vorwort zu Grotewohls Reden und Aufsätzen ein, die im März 1948 zu dessen 54. Geburtstag gesammelt in einem Buch erscheinen. »Viele Deutsche zeigen geringes Verständnis dafür, daß die von Hitlerdeutschland überfallenen Nachbarvölker nicht nur ein platonisches Bekenntnis, sondern eine tatsächliche Wiedergutmachung vom deutschen Volke verlangen.

Auch besteht wenig Neigung, den Ursachen des in den Nachbarstaaten vorhandenen Verlangens nach Sicherheit vor erneuter Friedensstörung durch Deutschland nachzugehen.

Die Erkenntnis, daß es von der politischen Einstellung des deutschen Volkes selbst abhängt, daß an die Stelle einer Politik der gegenseitigen Bekämpfung die Politik der Zusammenarbeit mit anderen Völkern tritt, hat erst einen Teil unseres Volkes erfaßt. In großen Teilen unseres Volkes finden bereits wieder die chauvinistische Hetze, besonders gegen die Sowjetunion, und der Gedanke einer neuen gewaltsamen Auseinandersetzung eine willfährige Aufnahme«, heißt es dort.[28] Trotz der erkennbaren innenpolitischen Verschärfung in der Auseinandersetzung zum Thema Krieg und

Kriegsfolgen sowie der wachsenden Differenzen zwischen den Siegermächten agiert die SED-Führung erstaunlich souverän und moderat. Auf die Frage eines Reporters von *United Press*, der am 9. Januar 1948 den Parteivorsitzenden interviewt, ob es »einen sogenannten Kalten Krieg in Europa« gäbe, antwortet Pieck diplomatisch: »Es gibt einen Nervenkrieg. Verantwortlich dafür sind jene Kreise in den USA, die Deutschland auf den Stand einer Kolonie herabdrücken wollen. Die Presse ist das Spiegelbild der kapitalistischen und [der] sozialistischen Tendenzen in der Welt. Es liegt bei den Massen, wie sie sich entscheiden wollen: für einen sozialistischen Weg oder für den kapitalistischen Weg, an dessen Ende wieder ein neuer Krieg steht.

Frage: Gibt es eine Verständigungsmöglichkeit zwischen den USA und der Sowjetunion?

Antwort: Beide Völker wollen den Frieden. Es entscheidet deshalb der Wille der Massen, einen neuen, friedlichen Weg zu gehen.«[29]

Allerdings macht Pieck auch auf den Zusammenhang von gesellschaftlichem Bewußtsein und Ökonomie aufmerksam. Denn auf die Frage des Journalisten, ob Europa nicht gespalten würde, lehnte man im Osten den Marshall-Plan ab, erklärt er: »Wenn man Europa helfen will, dann muß man den europäischen Ländern Kredite geben. Die Rückerstattung kann nur durch Arbeitsleistungen in Form von Warenlieferungen erfolgen. Dazu ist die industrielle Entwicklung in den europäischen Ländern notwendig. Deutschland braucht den industriellen Wiederaufbau, um seine Wiedergutmachungsverpflichtungen zu erfüllen und um die Zinsen für erhaltene Kredite zu bezahlen. Es sollten deshalb Kredite ohne politische Bedingungen gewährt werden.«[30]

Piecks Antwort gilt sowohl Washington wie Moskau, denn die fortgesetzten Demontagen von Fabrikanlagen in der sowjetischen Besatzungszone reduzieren die Basis, um den »Wiedergutmachungsverpflichtungen« nachzukommen. Zugleich leistet diese Politik der antisowjetischen Propaganda spürbar Vorschub.

Die politische Instrumentalisierung der Kriegsgefangenenfrage erfährt mit Bildung der Bundesrepublik Deutschland staatliche Institutionalisierung. Im Februar 1950 erläßt die Bundesregierung einen »Aufruf zur Registrierung der Kriegsgefangenen und Vermißten«. In der ersten Märzhälfte werden »69.000 Kriegsgefan-

gene, 1.148.000 Wehrmachtsverschollene und 190.000 Zivilver-
schollene« amtlich registriert. An die zwei Millionen Kriegsheimkehrer habe man nach Vermißten befragt, fast jeder zweite hätte
Auskunft erteilt, heißt es. Im Dezember gehen die Vermißtenlisten
in Druck, sie füllen 38 Bände, die der UNO übergeben werden.
Hinter dieser Aktion stehen, das überrascht nicht, die Westmächte. Das SED-Politbüro behandelt am 12. Dezember 1950
eine »Kampagne gegen die Hetze in der Kriegsgefangenenfrage«,
mit der die Partei auf die Entwicklung reagieren will. »Es wird
beschlossen, eine Kommission einzusetzen, bestehend aus den
Genossen Hermann Matern, Gerhart Eisler, Max Schneider (Agitation), Kurt Heiß (Rundfunk), um Argumente gegen die Hetze
in der Kriegsgefangenenfrage auszuarbeiten. Die Kommission hat
auch den Auftrag, Material auszuarbeiten gegen die Bonner Delegierten, die in der Kriegsgefangenenfrage Hetzmaterial der UN
überreichten – Gerstenmaier CDU, Wehr SPD, früheres Mitglied
der KPD, und zwei weitere Delegierte.«[31]

Die Kampagne im Westen, in die auch die UNO eingebunden werden soll, setzt nicht zufällig in jenem Jahr ein, in welchem
offiziell der letzte Soldat aus sowjetischer Kriegsgefangenschaft
entlassen wird und die DDR sich auch um formale Regelungen
mit der Sowjetunion bemüht. So behandelt etwa das Politbüro am
25. Oktober 1950 eine »Vorlage des Ministeriums für Auswärtige
Angelegenheiten betr. Beurkundung von Sterbefällen deutscher
Kriegsgefangener in der Sowjetunion«.[32]

In der in diesem Hause üblichen Diktion wird beschlossen,
»dem ZK der WKP (B) vorzuschlagen, daß, nachdem die Rückführung der Kriegsgefangenen aus der Sowjetunion abgeschlossen
ist, den Organen des Innenministeriums der DDR erlaubt wird,
für die Deutschen, die als vermißt gemeldet wurden, auf Antrag
der Familienangehörigen die Todesurkunde auszustellen«.[33]

Denn nachdem die Lebenden nicht mehr als Druck- und Pro-
pagandawaffe genügen, praktisch dieses Pulver verschossen ist, setzt
man im Westen nunmehr auf die Verschollenen. Sie werden mit
Hilfe der UNO in New York im Kalten Krieg in Stellung gebracht.
Die Vorgabe aus der BRD führt dazu, daß dort im Januar 1952 mit
der Herstellung der Dokumentation »German Prisoners of War and
Missing Members of the Wehrmacht« begonnen wird. Die Fertig-
stellung und Übergabe der 51 Bände erfolgt 1955.

Ungepflegte, demolierte Grabstellen sowjetischer Soldaten in Jüterbog: Selbst nach dem Tod kümmert man sich nicht um sie, 2007

Das legitime Bedürfnis der Angehörigen ist unstreitig, daß sie Auskunft über den Verbleib ihrer Ehemänner, Väter, Söhne und Brüder bekommen müssen. In diesem Sinne agiert die SED-Führung ausdauernd seit Jahren, und gegen die Bemühungen des Roten Kreuzes oder der UNO hat sie nichts einzuwenden, im Gegenteil. Der Unmut richtet sich ausschließlich dagegen, daß menschliches Leid vom Westen als politische Waffe eingesetzt wird. Damit ist auch klar, daß es dort nicht wirklich um die Aufklärung von Schicksalen geht, sondern vorrangig darum, wie Emotionen geschürt und Gefühle kanalisiert werden. Dieser heuchlerische, verlogene Umgang mit Fakten soll sich bis über die Jahrtausendwende hinziehen. Die schon erwähnte *TASS*-Meldung vom 4. Mai 1950, in der mitgeteilt wird, »daß die letzte Gruppe von 17.538 Kriegsgefangenen nach Deutschland zurückgeführt worden« ist, womit die Repatriierung der deutschen Kriegsgefangenen aus der Sowjetunion nach Deutschland »vollständig abgeschlossen« sei – die angegebene Gesamtzahl lautet auf 1.939.063 –, wird in einem 2003 von Guido Knopp edierten Werk mit der bezeichnenden Bildzeile untertitelt: »Furchtbar für Millionen

Deutsche: Die *TASS*-Meldung von Mai 1950 zerstörte die Hoffnung auf Rückkehr von 1,5 Millionen Kriegsgefangenen.«[34]

Dabei berief sich der Autor, der sich selbst als »Historianer« bezeichnet, auf Konrad Adenauer, der die von *TASS* vermeldeten Zahlen in einer Regierungserklärung so kommentiert hatte.

Man zeigt sich nicht etwa befriedigt, daß bis auf die verurteilten Kriegsverbrecher alle Landsleute wieder in der Heimat sind, sondern findet es furchtbar, weil »die Hoffnung auf Rückkehr von 1,5 Millionen Kriegsgefangenen« zerstört worden sei.

Diese 1,5 Millionen Kriegsgefangenen haben fortan die gleiche Funktion wie die 180 Kilometer Stasi-Akten in der BStU: Sie beeindrucken in ihrer Monstrosität und greifen ans Herz.

Der Historiker Andreas Hilger forschte in den 90er Jahren zum Thema »Deutsche Kriegsgefangene in der Sowjetunion 1941-1945«[35] Für die bemerkenswerte Studie wertete er nicht nur Zeugen-Berichte aus, sondern recherchierte auch in russischen Archiven. Der wissenschaftliche Mitarbeiter des Hannah-Arendt-Instituts für Totalitarismusforschung folgte allerdings nicht den gängigen Kategorien der Totalitarismus-Forschung und kam, für unsereinen keineswegs überraschend, zu der Ansicht, daß die Sowjetunion »offensichtlich willens« war, »die völkerrechtlichen Standards der Kriegsgefangenenbehandlung grundsätzlich zu beachten«. Abweichend von den noch immer verbreiteten Darstellungen weist er nach, daß »die UdSSR in ihrer Kriegsgefangenenpolitik keine Vernichtungs- oder Racheziele verfolgte«. Zu keinem Zeitpunkt seien »Vernichtungsmaßnahmen gegen die deutschen Kriegsgefangenen geplant oder gar durchgeführt« worden.[36]

Hilger geht nach sowjetischen Aktenangaben von 2.388.443 kriegsgefangenen Deutschen aus, von denen 2.031.743 repatriiert wurden. 356.687 verstarben in Gefangenschaft. Die hohe Sterblichkeitsrate führt er insbesondere auf die schlechte Versorgung zurück, die dem Krieg geschuldet war: Sie war für alle – Sowjetbürger wie Kriegsgefangene – schlecht. Für Sowjetbürger oft noch schlechter.

Hilger spricht auch die Ende 1949 erfolgten »Massenverurteilungen« von 10.603 Kriegsgefangenen an. Obwohl »eine individuelle Verantwortung eines beträchtlichen Teils von ihnen nicht festgestellt werden« konnte, wie eine sowjetische Kommission im April 1953 erkannte, nimmt er das Faktum hin und nicht zum

Anlaß, postum Rechtsstaatlichkeit einzufordern. Insgesamt wurden bis 1955 rund 35.000 deutsche Kriegsgefangene von sowjetischen Gerichten wegen Nazi- und Kriegsverbrechen verurteilt, das wäre, sagt Hilger, »eine geringe Größenordnung«.[37]

Sie wurden im übrigen zwischen 1950 und 1955 in mehreren Schüben entlassen.

Doch selbst wenn die Gerichtsverfahren nicht bundesdeutschen Normen entsprachen, wurden in den Kriegsverbrecher-Prozessen keineswegs nur Unschuldige zu Zwangsarbeit verurteilt. In ihrer Rezension der Hilger-Studie befand allerdings die *Frankfurter Allgemeine Zeitung*, den alten Deutungsmustern folgend, daß »ganze Gruppen von Soldaten in ›Schnellprozessen‹ als Kriegsverbrecher verurteilt worden seien, um gegenüber der Bundesrepublik eine Verhandlungsmasse in der Hand zu behalten«.[38]

Erstaunlich dennoch das Eingeständnis der Zeitung, »daß die DDR bei ihren Bitten um Rückführung von Kriegsgefangenen weitaus weniger rücksichtsvoll behandelt wurde als die Adenauer-

Heimkehrer in Frankfurt/Oder

Regierung«. Das ist bemerkenswert in zweifacher Hinsicht: sowohl in bezug auf die Behandlung der DDR als auch, daß dieser überhaupt Aktivitäten in dieser Hinsicht zugestanden wurden.

Im übrigen bestätigt Andreas Hilger nach Auswertung unzähliger Berichte von nach Westdeutschland zurückgekehrten Kriegsgefangenen, was die SED-Führung seit Anbeginn konstatierte: Ihr allgemeiner Grundtenor ist sowohl nach der Entlassung wie auch in den Folgejahren »eindeutig negativ«. Ohne auf die Ursachen einzugehen, konstatiert er: »Die Feindschaft zum sowjetischen Gegner blieb erhalten«.[39]

In den erfaßten Heimkehrerberichten würden antikommunistische Positionen »nahezu durchgängig vertreten«.

Kann das überraschen?

Neben der propagandistischen Ausschlachtung solcher Berichte – die Westheimkehrer erhielten 6.000 D-Mark Starthilfe, die im Osten gerade mal 50 – erfolgt auch eine juristische Begleitung, von der SED-Führung keineswegs unbegründet als »Provokationsprozesse«[40] bezeichnet, im Westen hießen sie »Kameradenschinderprozesse«. »Bereits 1949 setzten, zunächst in Westdeutschland, später auch in Westberlin, Verfahren gegen Personen ein, die als Angehörige der Wehrmacht sich in sowjetischer Gefangenschaft befanden und von zurückgekehrten Gefangenen bezichtigt wurden, im Lager aufgrund einer Position als Lagerführer oder Antifa-Leiter deutsche Kameraden mißhandelt zu haben.«[41]

Eine Denunzianten-Praxis übrigens, die 1961 mit der Einrichtung einer »Zentralen Beweismittel- und Dokumentationsstelle der Landesjustizverwaltungen« in Salzgitter in bezug auf die DDR fortgesetzt werden sollte.[42]

Der 4. Mai – der Tag, an dem 1950 die *TASS*-Meldung verbreitet worden war, wurde zum »Tag der Treue« erklärt. Mit Glockengeläut, Schweigeminuten, Bittgottesdiensten und dergleichen sollte an die Landsleute in den Kriegsgefangenenlagern gedacht werden. »Überall in den deutschen Städten herrschte für eine Minute Verkehrsstille. Fahnen wehten auf halbmast«, hieß es in der *Deutschen Wochenschau* über den 4. Mai 1954. »Und am Abend stellt man Kerzen zum Gedenken für alle, die noch nicht da sind, in die Fenster. Und in der Nacht bewegen sich schweigende Fackelzüge durch die Straßen ihrer Heimat. Wir warten auf euch – ein ganzes Volk wartet.«[43]

In der gesamten Bundesrepublik brennen nicht nur Kerzen auf Fensterbänken, sondern werden auch Mahnmale gleich Klagemauern aufgerichtet. Im Bundestag, der eine Entschließung aller Fraktionen annimmt, nennt der KPD-Abgeordnete Heinz Renner diese Hysterie beim Namen: »Hetze gegen die Sowjetunion« und verweigert mit seiner Fraktion dem Papier die Zustimmung. Guido Knopp nennt diese Verweigerung 2003 »einen Eklat«.[44]

In der antikommunistischen Hysterie werden FDJ und KPD verboten.

Die juristische Verfolgung der Kriegsheimkehrer, die sich weiterhin antifaschistisch betätigen, ist eingebunden in die allgemeine Repression. Absolventen von Antifa-Lehrgängen und Angehörige von Antifa-Aktivs in den Lagern werden unter den Generalverdacht des »Kameradenverrats« gestellt. Sie heißen Spitzel und »Holzaugen«, »Nachschlagfresser« und »Kaschaköpfe«, die sich auf Kosten der Kameraden Privilegien erkauft hätten. Um eher nach Hause zu kommen, hätten sie Mithäftlinge denunziert und »dem Russen« ans Messer geliefert ... Vier Jahrzehnte später wird sich alles wiederholen. Da heißen diese gesellschaftlich geächteten »Kameradenschweine« IM.

Fußnoten

1 In einem Interview mit Frank Schumann im Dezember 2006, wenige Tage vor dem Tod des 92jährigen
2 Christoph Berger, »Das russische Deutschland«, Berlin 2002
3 Franz Fühmann, zitiert in: Christoph Berger, »Das russische Deutschland«, Berlin 2002
4 Frankreich hatte nach dem Krieg systematisch unter den kriegsgefangenen Wehrmachtsoldaten Fremdenlegionäre geworben und diese seit 1946 nach Indochina geschickt, wo die Kolonialmacht Krieg führte. Man geht davon aus, daß etwa 35.000 Deutsche insbesondere in Vietnam kämpften, das war rund ein Zehntel der von Frankreich in Indochina eingesetzten Soldaten. Die DDR verhandelt mit der Führung um Ho Chi Minh auch um die Freilassung dieser deutschen Kriegsgefangenen. Ab 1951 kehren über Moskau die ersten in die DDR zurück. Nicht wenige Deutsche waren in den 40er Jahren aber auch aus der Fremdenlegion desertiert und hatten sich der vietnamesischen Volksarmee angeschlossen, deren Aufbau und die Ausbildung der Soldaten sie wirksam unterstützen. Sie werden in dieser Funktion auch in China aktiv.
5 gemeint sind Atombomben und Wasserstoffbomben
6 Dieses sprachliche Bild von der Einigkeit = Union ist ein wenig verunglückt. Die Kriegsgefangenen wollten damit aber wohl zum Ausdruck bringen, daß Einigkeit stark mache, wie sie es in Vietnam erlebten. Zugleich spielten sie dmit auch auf die Spaltertendenzen in Deutschland an.
7 BArch DA 4/364
7a Einführung in die Gedenkstätte Ehrenhain Zeithain, die unter der bezeichnenden Überschrift steht: »Keine Kameraden«; siehe auch http://www.stsg.de/main/zeithain/geschichte/sowjpow/
8 vgl. Christoph Berger, »Das russische Deutschland«, Berlin 2002
9 *Neues Deutschland*, 6. November 1949
10 Franz Fühmann, Im Berg. Texte und Dokumente aus dem Nachlaß, Rostock 1993.
11 Erstmals hatte Josef Goebbels diesen Begriff benutzt. Am 23. Februar 1945 kommentierte er in der Zeitschrift *Das Reich* die Jalta-Konferenz der Großen Drei mit der Anspielung auf den nichtbrennbaren Vorhang in jedem Theater, es werde sich nunmehr »ein eiserner Vorhang über Europa senken«. Diesen Begriff übernahm Churchill. Nachdem er ihn erstmals am 12. Mai 1945 in einem Telegramm an US-Präsident

Truman gebraucht hatte, formulierte er am 5. März 1946 in seiner berühmt-berüchtigten Rede in Fulton, Missouri, die gemeinhin als Beginn des Kalten Krieges gegen die Sowjetunion gilt: »From Stettin in the Baltic to Trieste in the Adriatic an Iron Curtain has descended across the Continent. Behind that line lie all the capitals of the ancient states of Central and Eastern Europe. Warsaw, Berlin, Prague, Vienna, Budapest, Belgrade, Bucharest and Sofia; all these famous cities and the populations around them lie in what I must call the Soviet sphere, and all are subject, in one form or another, not only to Soviet influence but to a very high and in some cases increasing measure of control from Moscow.« (Von Stettin in der Ostsee bis Triest im Mittelmeer hat sich ein eiserner Vorhang über den Kontinent herabgesenkt. Hinter dieser Linie liegen alle Hauptstädte der alten Staaten von Zentral- und Osteuropa. Warschau, Berlin, Prag, Wien, Budapest, Belgrad, Bukarest und Sofia: Alle diese berühmten Städte, und auch die Bevölkerung um diese Städten liegen in einer Sphäre, die ich Sowjetische Sphäre nennen muß.« Allerdings sind weder Goebbels noch Churchill die originären Schöpfer dieses sprachlichen Bildes. Das war der russische Autor Wassilij Rosanow, der 1918 die Trennung Rußlands vom Rest Europas in seinem Buch »Die Apokalypse unserer Zeit« mit dem Satz beschrieb: »Unter Rasseln, Knarren und Kreischen senkt sich ein eiserner Vorhang auf die russische Geschichte [...] herab. Die Vorstellung geht zu Ende.«

12 SAPMO-BArch NY 4182/1190
13 SAPMO-BArch DY 30/IV2/4/93
14 *Counter Intelligence Corps*, 1942 gegründeter Geheimdienst der US-Army. 1961 wurde der amerikanische Geheimdienstapparat neu strukturiert. Im Zuge dieses Umbaus wurde die CIC mit den entsprechenden Organisationen der Luftwaffe und der Marine zur *Defense Intelligence Agency* (DIA) verschmolzen. Siehe auch: Schramm/Eichner: Angriff und Abwehr, Berlin 2007.
15 Das »Lager Moschendorf« befand sich im gleichnamigen Stadtteil von Hof (Saale). In Baracken der Deutschen Reichsbahn und der Siemens-Schuckert-Werke, unmittelbar an der Bahnlinie Hof-Regensburg gelegen, wurde es 1945 als Durchgangslager für Heimatvertriebene und Kriegsheimkehrer eingerichtet. Bald wurden dort auch sogenannte Illegale – Zuwanderer aus der sowjetischen Besatzungszone – konzentriert und meist wieder zurückgeschickt. Das Lager hatte ein eigenes Krankenhaus, einen Kindergarten und eine Schule sowie eine katholische Lagerkirche. Es wurde 1962 aufgelöst. Etwa 2,5 Millionen Menschen hatten es passiert, es zählte damit zu den größten seiner Art in Europa.
16 SAPMO-BArch NY 4036/583
17 ebenda
18 ebenda
19 ebenda
20 SAPMO-BArch NY 4036/640
21 ebenda
22 Erich Gniffke (1895-1964), Mitglied der SPD seit 1913, antifaschistischer Widerstandskämpfer, 1945 Mitbegründer der neuen SPD in Berlin, nach der Vereinigung mit der KPD zur SED gehörte er dessen Zentralsekretariat an. 1948 ging er in den Westen und schloß sich wieder der SPD an. Seine Erinnerungen (»Jahre mit Ulbricht«) erschienen 1966 postum auf Veranlassung von Herbert Wehner.
23 ebenda
24 ebenda
25 SAPMO-BArch DY 30/IV2/4/130
26 Der Bergmann Adolf Hennecke (1905-1975) hatte am 13. Oktober 1948 in einer vorbereiteten Höchstleistungsschicht an die 25 Kubikmeter Kohle gefördert und die Tagesnorm mit 387 % erfüllt. Damit lieferte er den Startschuß einer nach ihm benannten Wettbewerbsbewegung, die auf die Produktionssteigerung zielte. Er und jene, die seinem Beispiel folgten, wurden als »Normbrecher« angegriffen.
27 SAPMO-BArch NY 4036/745
28 SAPMO-BArch NY 4036/434
29 BArch SAPMO 4036/434
30 ebenda
31 BArch SAPMO DY 30/IV2/2/122
32 SAPMO-BArch DY IV/2/2/115
33 ebenda
34 Guido Knopp: Die Gefangenen, München 2003
35 Andreas Hilger: Deutsche Kriegsgefangene in der Sowjetunion 1941-1956. Kriegsgefangenschaft, Lageralltag und Erinnerung, Essen 2000
36 ebenda
37 ebenda
38 *FAZ*, 15. November 2000
39 Andreas Hilger: Deutsche Kriegsgefangene in der Sowjetunion 1941-1956. Kriegsgefangenschaft, Lageralltag und Erinnerung, Essen 2000.
40 SAPMO-BArch DY 30/J/IV 2/2/436

41 ebenda

42 Die Zentrale Erfassungsstelle war drei Monate nach dem Mauerbau eingerichtet worden und sollte »Hinweise auf vollendete oder versuchte Tötungshandlungen (z. B. an der Grenze), Unrechtsurteile aus politischen Gründen, Mißhandlungen im Strafvollzug und Verschleppung oder politische Verfolgung in der DDR« registrieren. Dies sollte, wie man erklärte, »der Abschreckung potentieller Täter« und »im Fall einer deutschen Wiedervereinigung zur Eröffnung von Strafverfahren dienen«. Dabei stützte man sich im wesentlichen auf Aussagen geflüchteter DDR-Bürger. Die Einrichtung wurde 1992 geschlossen. Nordrhein-Westfalen unter Ministerpräsident Johannes Rau (SPD) hatte 1988 die Zahlungen an die Denunzianten-Behörde eingestellt, die von der DDR immer als »Institution des Revanchismus« bezeichnet und deren Tätigkeit als grobe Einmischung in ihre inneren Angelegenheiten zurückgewiesen worden war.

43 Zitiert nach Guido Knopp: Die Gefangenen, München 2003

44 ebenda

Adenauer holt die deutschen Kameraden heim

Das tümelnde »Treue-Versprechen«, die Kameraden in Rußland nicht zu vergessen und sie heimzuholen, ist Teil des großen Chores auf der Weltbühne. Die Bundesregierung forciert die Westintegration. Am 23. Oktober 1954 hat sie in Paris vier Verträge unterzeichnet. In dem einen, dem Deutschlandvertrag, erklären die westlichen Besatzungsmächte die BRD für souverän. Die anderen regeln den Beitritt in die NATO, in die Westeuropäische Union und den Status des Saarlandes – die Region geht an die Bundesrepublik. Am 27. Februar 1955 werden die Pariser Verträge vom Bundestag ratifiziert, am 5. Mai treten sie in Kraft.

Damit entsteht eine völlig neue Lage.

Am 6. Mai 1955 trifft sich Wilhelm Pieck in seinem Amtssitz in Niederschönhausen mit einer sowjetischen Regierungsdelegation, die aus Anlaß des 10. Jahrestages der Befreiung in Berlin weilt. An dem als »inoffiziell« bezeichneten Empfang nehmen Otto Grotwohl und Walter Ulbricht teil. Die sowjetische Seite wird von Vizepremier M. G. Perwuchin und Marschall G. M. Shukow, dem Verteidigungsminister, sowie von Botschafter G. M. Puschkin und N. M. Pegow, Sekretär des Präsidiums des Obersten Sowjet, vertreten. In seiner kurzen Ansprache sagt das Staatsoberhaupt, daß am Vortag »die Spaltung Deutschlands verewigt« worden sein könnte. Für die DDR ergäben sich aus daraus »neue Aufgaben im Kampf um die Einheit Deutschlands und für die Sicherung der friedlichen Errungenschaften unserer Republik«.[1]

Auch die Sowjetunion muß mit der neuen Situation umgehen.

Am 7. Juni 1955 schreibt N. S. Chruschtschow, Erster Sekretär des ZK der KPdSU, an das Zentralkomitee der SED in Berlin. »In Anbetracht der neuen Situation, die sich in Europa im Zusammenhang mit dem Inkrafttreten der Pariser Verträge ergeben hat, hält das ZK der KPdSU es für zweckmäßig, daß in der nächsten Zeit einige neue Schritte der Sowjetregierung in der deutschen Frage erfolgen, zu denen wir Ihre Meinung erfahren möchten.« Man halte den Zeitpunkt für gekommen, »Schritte zur Normalisierung der Beziehungen zwischen der UdSSR und Westdeutschland zu unternehmen und dazu der Regierung der Bundesrepublik eine entsprechende Note der Sowjetregierung mit dem Vorschlag der Herstellung diplomatischer und Handelsbeziehungen zwischen beiden Ländern zu überreichen«.[2]

Man plane, Adenauer nach Moskau einzuladen.

Der Vorgang ist insofern festzuhalten, als daraus hervorgeht, daß erstens die Initiative für die Adenauer-Reise von Moskau ausging und zweitens, daß die SED-Führung nicht nur darüber unterrichtet war, sondern auch inhaltlich konsultiert wurde. Die Folge dieses Meinungsaustausches ist der Staatsvertrag zwischen DDR und UdSSR, der am 21. September – nach Adenauers Abreise – in Moskau geschlossen werden wird. Er sichert der DDR die staats- und völkerrechtliche Souveränität und regelt die Stationierung sowjetischer Truppen auf ihrem Territorium.[3]

Sowohl in der Einladung an den Bundeskanzler wie auch im Schreiben an die DDR-Führung ist das Wort »Kriegsgefangene« nicht enthalten. Wie sollte es auch? Die regulären Kriegsgefangenen sind längst daheim. Auf sowjetischen Territorium befinden

Entlassen in die Sowjetische Besatzungszone, Gronenfelde 1947

Wilhelm Pieck, Vorsitzender der SED, bei entlassenen Kriegsgefangenen in Frankfurt/Oder, 12. August 1946

sich lediglich verurteilte Kriegsverbrecher. Adenauer reagiert auf die Einladung aus Moskau positiv, verlangt aber die Freilassung von namentlich bekannten 9.626 Personen, die sich noch in sowjetischem Gewahrsam befinden.

Chruschtschow informiert darüber am 14. Juli die SED-Spitze. Man gehe davon aus, daß Adenauer eben dieses Problem auch bei den Verhandlungen aufwerfen werde. »Deshalb möchten wir diese Frage mit Ihnen vor den Verhandlungen mit Adenauer erörtern.«[4]

Die Erörterung sieht so aus, daß Chruschtschow den Fahrplan vorgibt.

Aber selbst wenn die Diktion erkennen läßt, daß die Sache in Moskau schon längst beschlossen ist und Berlin allenfalls pro forma um Meinung und Zustimmung gebeten wird, ist damit bezeugt, daß Adenauers nachträglich dramatisierter Auftritt in Moskau noch eine Spur banaler ausfällt, als er selbst von seriösen Historikern bisweilen dargestellt wird. In Kenntnis der sowjetischen Position und der von Chruschtschow am 14. Juli 1955 der DDR-Führung mitgeteilten Absichten verbietet es sich von selbst, in diesem Kontext von einem besonderen »Verhandlungsgeschick« Adenauers zu sprechen.

»In diesem Zusammenhang beabsichtigen wir,

1. während der bevorstehenden Verhandlungen mit dem Kanzler Adenauer über die Herstellung diplomatischer Beziehungen zwischen der UdSSR und der Deutschen Bundesrepublik zu erklären, daß die Frage der ehemaligen Kriegsgefangenen, die für ihre gegen das Sowjetvolk begangenen Verbrechen Strafen verbüßen, von den zuständigen sowjetischen Instanzen geprüft wird und eine günstige Entscheidung dieser Frage zu erwarten ist.

2. Nach einem erfolgreichen Abschluß der Verhandlungen mit der Regierung der Deutschen Bundesrepublik beabsichtigen wir, 5.614 deutsche Bürger, darunter 3.708 Kriegsgefangene, 1.906

ЦЕНТРАЛЬНОМУ КОМИТЕТУ
СОЦИАЛИСТИЧЕСКОЙ ЕДИНОЙ ПАРТИИ ГЕРМАНИИ

Товарищу УЛЬБРИХТУ
Товарищу ГРОТЕВОЛЮ

Дорогие товарищи,

Мы считаем своевременным решить вопрос о немецких военнопленных и гражданских лицах, отбывающих наказание в Советском Союзе, имея в виду, что это будет способствовать дальнейшему укреплению дружественных отношений между нашими народами.

При этом мы учитываем, что вопрос о военнопленных будет, несомненно, поднят во время переговоров с Аденауэром об установлении дипломатических отношений между СССР и ГФР. Поэтому мы хотели бы обсудить этот вопрос с Вами до переговоров с Аденауэром.

По нашему мнению, было бы целесообразно передать отбывающих наказание в СССР немецких военнопленных и гражданских лиц, имеющих местожительство в ГДР - властям ГДР, а военнопленных и гражданских лиц, имеющих местожительство в Западной Германии - властям ГФР.

В связи с этим мы наметили следующее:

1. Во время предстоящих переговоров с канцлером Аденауэром об установлении дипломатических отношений между СССР и ГФР заявить, что вопрос о бывших военнопленных, отбывающих наказание за совершенные ими преступления против советского народа рассматривается соответствующими советскими инстанциями и что ожидается благоприятное решение этого вопроса.

2. После успешного завершения переговоров с правительством ГФР мы намерены освободить от дальнейшего отбывания наказания 5.614 немецких граждан, из них: 3.708 военнопленных, 1.906 гражданских лиц и 180 генералов бывшей гитлеровской армии и репатриировать их, в зависимости от местожительства, в ГДР или в Западную Германию.

Zivilpersonen und 180 Generale der ehemaligen Hitlerarmee von der weiteren Strafverbüßung zu befreien und sie entsprechend ihrem Wohnsitz nach der DDR oder nach Westdeutschland zu repatriieren.

3. Wir halten es für erforderlich, 3.917 Personen (2.728 Kriegsgefangene und 1.139 Zivilpersonen) in Anbetracht der Schwere der von ihnen auf dem Gebiet der UdSSR verübten Verbrechen entsprechend ihrem Wohnsitz den Behörden der DDR oder Westdeutschlands als Kriegsverbrecher zu übergeben.

4. Es ist vorgesehen, als abschließenden Akt einen Erlaß des Präsidiums des Obersten Sowjets der UdSSR über die Freilassung

- 2 -

3. Мы считаем необходимым 3.917 человек (2.728 военнопленных, 1.189 гражданских лиц), ввиду особой тяжести совершенных ими на территории СССР преступлений, передать соответственно их местожительству властям ГДР или Западной Германии как военных преступников.

4. В качестве заключительного акта предполагается опубликовать Указ Президиума Верховного Совета СССР об освобождении и репатриации в Германию немецких военнопленных и гражданских лиц, отбывавших наказание в СССР, отметив в нем, что освобождение произведено в связи с соответствующей просьбой правительства ГДР и правительства ГФР.

Просьба сообщить Ваше мнение о намеченных нами мероприятиях в отношении немецких военнопленных и гражданских лиц, отбывающих наказание в СССР.

С КОММУНИСТИЧЕСКИМ ПРИВЕТОМ

СЕКРЕТАРЬ ЦК КПСС   Н. ХРУЩЕВ

14 июля 1955 г.

Originalbrief Chruschtschows vom 14. Juli 1955 an Walter Ulbricht und Otto Grotewohl (SAPMO-BArch DY 30/3749)

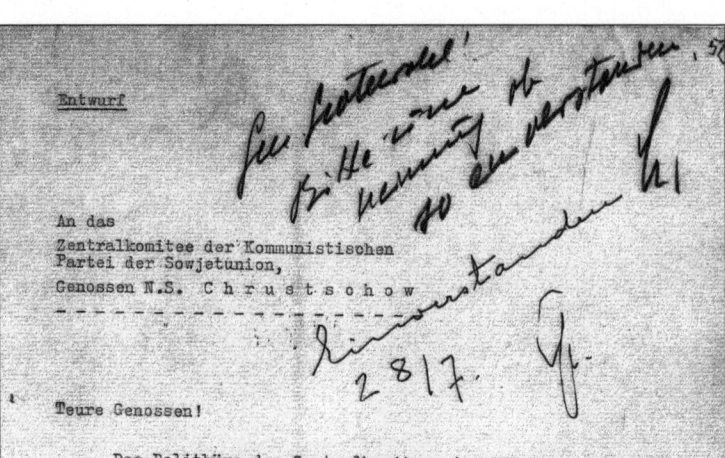

An das
Zentralkomitee der Kommunistischen
Partei der Sowjetunion,
Genossen N.S. C h r u s t s c h o w
- -

Teure Genossen!

Das Politbüro des Zentralkomitees der SED hat zu Ihren Vorschlägen vom 14.7.1955 bezüglich der in der Sowjetunion Strafe
verbüssenden deutschen Kriegsgefangenen und Zivilpersonen Stellung
genommen und stimmt ihnen zu. Wir sind der Meinung, dass zum gegebenen Zeitpunkt die Regierung der Deutschen Demokratischen Republik oder eines ihrer Organe eine Erklärung zu diesem Fragen-
komplex veröffentlicht.

Zu Punkt 3 Ihres Schreibens teilen wir Ihnen mit, dass von
uns Massnahmen ausgearbeitet werden, die es ermöglichen, diejenigen Personen, die uns als Kriegsverbrecher übergeben werden, auf
Grund deutscher Gesetze wegen Verbrechen gegen die Menschlichkeit
abzuurteilen.

Mit kommunistischem Gruss

Entwurf der Antwort auf den Chruschtschow-Brief, 28. Juli 1955

und Repatriierung der deutschen Kriegsgefangenen und Zivilpersonen, die in der UdSSR Strafen verbüßen, zu veröffentlichen,
worin festgestellt werden soll, daß die Freilassung entsprechend
eines Ersuchens der Regierung der DDR und der Regierung der
Deutschen Bundesrepublik erfolgt.«[5]

Insbesondere der letzte Satz ist des Merkens wert.

Im übrigen differiert die hier genannte Gesamtzahl von 9.531

Das Antwortschreiben im Original, welches von Karl Schirdewan unterzeichnet und von Sowjetbotschafter zurückgewiesen und in der gewünschten Neufassung am 4. August 1955 nach Moskau ging

lediglich um 100 zu jener, die Bulganin am 10. September Adenauer nennt, was allenfalls als Indiz dafür gelten kann, daß selbst die sowjetische Führung keine präzisen Angaben besitzt, wieviele Gefangene bei ihnen noch einsitzen.

Aber an dem Umstand ändert es nichts, daß bereits *alles* entschieden ist, noch bevor Konrad Adenauer seinen Fuß auf sowjetischen Boden setzt.

Und zwar entschiedenen in Absprache mit der DDR-Führung.

Das »Ringen« des Bundeskanzlers um die Kriegsgefangenen ist seither unendlich oft geschildert worden. Mit dem Wissen um die wahren Hintergründe wirken die Darstellungen nur noch grotesk. Salopp formuliert lassen die Sowjets Adenauer in Moskau einfach nur zappeln, und wie ernst man den Alten vom Rhein, selbst einem guten Witz nicht abgeneigt, tatsächlich nimmt, macht allein Chruschtschows Reaktion auf Adenauers Beteuerung deutlich, die künftige Bundeswehr würde nur für den Frieden da sein. »Armeen werden nicht aufgestellt, damit sie Suppe essen und Brühe zubereiten«, entgegnet ihm der Parteichef trocken.

Am 7. Oktober 1955, am Gründungstag der DDR, treffen die ersten 600 ehemaligen SS-Leute und Wehrmachtsangehörigen im niedersächsischen Friedland ein. Die westdeutsche Propandamaschinerie läuft auf Hochtouren. Von der Staatsgrenze der BRD bis ins Aufnahmelager sind es 50 Kilometer. Die Straße von Herleshausen bis Friedland wird von einem Menschenspalier gesäumt, fähnchenschwenkende Kinderchöre, Rundfunk, Kameras, Politiker, Landsmannschaften, Schulklassen – alles da. »Alle Augen der Menschen in der jungen Bundesrepublik richteten sich auf Friedland.«[6]

»Heimkehr der Zehntausend« ist das Schauspiel überschrieben. Offenkundig fürchten die Macher, daß es ihnen wie Goethes Zauberlehrling ergehen und sie die von ihnen geweckten Geister nicht mehr würden halten können. Bereits am 27. September hat daher *dpa*-Chef Fritz Sänger die »Herren Chefredakteure der Zeitungen, die den Funkdienst der *dpa* beziehen« um ein wenig Zurückhaltung gebeten. Doch auch er vermag nicht, den Geist wieder in der Flasche verschwinden zu lassen.

Zurecht fürchtet man die Reaktion des Auslands. Die *Prawda* stellte ihren Korrespondentenbericht unter die keineswegs abwegige Überschrift: »In Westdeutschand werden Kriegsverbrecher gefeiert«. Auch andere Blätter konstatieren eine »zügellose Verherrlichung der ehemaligen Mitschuldigen hitlerscher Verbrechen«.

Mit großem Pathos und unter medialem Getöse legen die solcherart Beschuldigten einen »Schwur der Heimkehrer« ab. »Vor dem deutschen Volke und bei den Toten der deutschen und der sowjetischen Wehrmacht schwören wir, daß wir nicht gemordet, nicht geschändet und nicht geplündert haben. Wenn wir Leid und

Not über andere Menschen gebracht haben, so geschah es nach den Gesetzen des Krieges.« – Ich gebe Ihnen mein Ehrenwort. Wir kennen das …

Unter jenen, die in Friedland einen »Meineid« leisten, ist zum Beispiel der SS-Arzt Carl Clauberg, der widerliche Experimente an weiblichen Häftlingen in Auschwitz vorgenommen hatte. 1957 soll der am Universitätsklinikum Kiel praktizierende Gynäkologe angeklagt werden. Ralph Giordano schreibt noch Jahrzehnte später: »Obwohl ich vielen NS-Prozessen vor bundesdeutschen Schwurgerichten beigewohnt habe, gehört die Anklageschrift gegen Clauberg zur unerträglichsten Lektüre, der ich mich je beim Studium von Naziverbrechen unterzogen habe.«[7]

Noch bevor es zum Prozeß kommt, stirbt Clauberg.

Ein anderer Lügner ist der Nazirichter Wilhelm Rau, der im »Generalgouvernement« den Freisler gab: Er schickte viele Polen in den Tod. Ein sowjetisches Militärgericht verurteilte ihn zunächst zum Tode, begnadigte ihn später zu 25 Jahren Haft und schickte ihn 1955 in die Bundesrepublik.

Und SS-Obersturmbannführer Prof. Dr. med. Ernst-Günter Schenck. Er war im SS-Wirtschaftsverwaltungshauptamt tätig. Diesem unterstand u. a. die Organisation der Konzentrationslager. Schenck machte »Ernährungsversuche« an Ausgehungerten und Verhungernden im KZ Mauthausen und führte akribisch genau Buch darüber, nach wieviel Zeit und bei welcher Kost ein Mensch starb. Mit der Begründung, man könne ihm keine Tötungsabsicht nachweisen, wurde er in der BRD nie angeklagt.

Zu den sogenannten Spätheimkehrern gehören auch solche Leute wie SS-Standartenführer Panziger, der für die Exekution sowjetischer Kriegsgefangener verantwortlich war …

Vier von einigen Tausend.

Bei den Bundestagswahlen 1957 legt die CDU um fünf Prozent zu und erringt mit 50,2 Prozent die absolute Mehrheit. Soviel wie bei keiner anderen Wahl zuvor und auch niemals wieder.

Und 1975, kurz vor seinem 100. Geburtstag, fragt Allensbach, worin das größte Verdienst des ersten Bundeskanzlers der Bundesrepublik Deutschland bestanden habe. Als erstes wurde genannt: »Die Heimführung der deutschen Kriegsgefangenen aus Rußland.« So werden Legenden zu Geschichte.

Fußnoten

1 BArch DA/4/375
2 SAPMO-BArch DY 30/3503
3 Bereits am 15. Mai 1955 war in Wien von den vier Mächten ein »Staatsvertrag betreffend die Wiederherstellung eines unabhängigen und demokratischen Österreich« unterzeichnet worden, was zum Rückzug der Besatzungstruppen führte.
4 SAPMO-BArch NY 4090/472
5 ebenda
6 Guido Knopp: Die Gefangenen, München 2003
7 Ralph Giordano: Wenn Hitler den Krieg gewonnen hätte. Die Pläne der Nazis nach dem Endsieg, Hamburg

55

Berlin, den 19.11.1955,

An das
Zentralkomitee der Kommunistischen Partei der Sowjetunion
M o s k a u

Teure Genossen!

Das Politbüro des Zentralkomitees der SED hat beschlossen,
die Mehrzahl der von Sowjetischen Militär-Tribunalen vor
längerer Zeit der Deutschen Demokratischen Republik über-
stellten Kriegsverurteilten sowie nach Befehl 201 Verurteilten
zu entlassen.

Zur Zeit verbüßen in den Strafvollzugsanstalten der
Deutschen Demokratischen Republik

<u>4355 Personen,</u>

die durch Sowjetische Militär-Tribunale verurteilt wurden, ihre
Strafe. Davon sollen

1505 Personen, die ihre Verbrechen vor dem 8.5.1945 begangen
haben und deren gegenwärtige Strafen nicht mehr als 15
Jahre betragen, entlassen werden.

Bei den zur Entlassung kommenden Personen handelt es sich
um solche, die wegen Verbrechen gegen die Menschlichkeit
verurteilt wurden, sowie um

56 Jugendliche, die bei Begehung der Tat noch nicht 20 Jahre
alt waren, deren gegenwärtige Strafen nicht mehr als 10
Jahre betragen und die bis Ende 1947 verurteilt wurden.

Diese Personen wurden inhaftiert wegen Spionage-, Unter-
grundtätigkeit, Zugehörigkeit zum Werwolf und anderer
Verbrechen.
Insgesamt kommen zur Entlassung

1561 Personen.

Bei den zur Entlassung kommenden Personen waren folgende
Strafmaße festgesetzt:

56 Personen bis zu 10 Jahren
1201 Personen bis zu 12 Jahren
304 Personen bis zu 15 Jahren
1561 Personen

- 2 -

*Brief Walter Ulbrichts an die sowjetische Parteiführung, in welchem
die geplante Freilassung von deutschen Häftlingen, die von der
Sowjetunion an die DDR übergeben worden waren, angekündigt
wird. Es betrifft sowohl aus der UdSSR überführte Kriegsverurteilte
als auch auf dem Territorium der DDR Verurteilte und Einsitzende.*

56

Von diesen Personen werden

 1252 Personen nach der DDR und

 309 Personen nach Westdeutschland oder Westberlin entlassen

 1561 Personen

 ==============

  In Haft verbleiben:

  330 Personen, die wegen Verbrechen gegen die
    Menschlichkeit verurteilt wurden
    und Strafen von 15 Jahren bis
    lebenslang verbüßen, wegen der
    Schwere der vergangenen Verbrechen,

  2464 Personen, die nach 1945 durch Sowjetische
    Militär-Tribunale wegen Spionage,
    Terror, Untergrundtätigkeit und
    anderer Verbrechen verurteilt
    wurden.

 2794 Personen

 ==============

  1561 Personen (Entlassungen)
  2284 Personen (verbleiben in Haft)

968 Personen, die von der Kleinen und Großen Strafkammer der ehemaligen Landgerichte Chemnitz und Waldheim verurteilt wurden, verbüßen zur Zeit noch ihre Strafen in Strafvollzugsanstalten der Deutschen Demokratischen Republik.

 Davon sollen 709 Personen entlassen werden.

 Es handelt sich um Kriegsverbrecher und aktive Faschisten,
die bis zu 15 Jahren verurteilt wurden bzw. bei denen die Strafen
herabgesetzt worden sind.

 Bei den zur Entlassung kommenden Personen waren folgende
Strafmaße festgesetzt:

 534 Personen bis zu 12 Jahren

 175 Personen bis zu 15 Jahren

 709 Personen

 ==============

Von diesen Personen werden

 650 Personen nach der DDR und

 59 Personen nach Westdeutschland und Westberlin entlassen.

 709 Personen

 ==============

  259 Personen verbleiben wegen der Schwere der von
  ihnen begangenen Verbrechen in Haft.

- 3 -

Dokument SAPMO-BArch DY 30/3749

709 Personen (Entlassungen)
<u>259 Personen</u> (verbleiben in Haft)
968 Personen
============

<u>436 Personen</u>, die von der Strafkammer 201 verurteilt wurden, verbüßen zur Zeit noch ihre Strafen in den Strafvollzugsanstalten der Deutschen Demokratischen Republik.

Davon sollen <u>346 Personen</u> entlassen werden. Es handelt sich dabei um Kriegsverbrecher und aktive Faschisten, die bis zu 15 Jahren verurteilt wurden bzw. bei denen die Strafen herabgesetzt worden sind.

Bei den zur Entlassung kommenden Personen waren folgende Strafen festgesetzt:

285 Personen bis zu 12 Jahren
 <u>61 Personen</u> bis zu 15 Jahren
346 Personen
============

Davon werden
327 Personen nach der DDR und
 <u>19 Personen</u> nach Westdeutschland und Westberlin entlassen.
346 Personen
============

<u>90 Personen</u> verbleiben wegen der Schwere der von ihnen begangenen Verbrechen in Haft.

346 Personen (Entlassungen)
 <u>90 Personen</u> (verbleiben in Haft)
436 Personen
============

Von den drei Kategorien sollen insgesamt
<u>2616 Personen</u>
vorzeitig aus der Haft entlassen werden. Davon werden
2229 Personen nach der DDR und
 <u>387 Personen</u> nach Westdeutschland und Westberlin
2616 Personen
============

entlassen.

In der Haft verbleiben
<u>3143 Personen</u>

Bei allen drei Kategorien wurde erheblich die Höhe der Strafmaße durch Gnadenakte herabgemindert.

Wir schlagen vor, die Freilassung der angeführten Verurteilten Anfang Dezember durchzuführen. Wir bitten um Ihre Meinung.

Mit kommunistischem Gruß!

/W. Ulbricht/

Anlage Nr. 5 zum Protokoll Nr. 39/55 v. 23. August 1955

B e r i c h t

**über westdeutsche Provokationsprozesse im Zusammenhang
mit der Rückkehr von aus sowjetischer Strafhaft Entlassenen**
– – – – – – – –

Bereits 1949 setzten, zunächst in Westdeutschland, später auch in
Westberlin, Verfahren gegen Personen ein, die als Angehörige der Wehrmacht sich in sowjetischer Gefangenschaft befanden und von rückgekehrten Gefangenen bezichtigt wurden, im Lager aufgrund einer Position als
Lagerführer oder Antifaleiter etc. Kameraden mißhandelt zu haben. Diese
Verfahren wurden in erster Linie auf die Initiative der sogen. Heimkehrerverbände eingeleitet, die den einzelnen Staatsanwaltschaften das Material zur Verfügung stellten, teilweise in Zeitungen nach Zeugen inserierten. Grundsätzlich richteten sich diese Verfahren nur gegen Personen, die den Heimkehrerverbänden und damit auch den westdeutschen Staat-
anwaltschaften durch ihre in den sowjetischen Lagern gezeigte fortschrittliche Haltung politisch mißliebig waren. Es handelte sich fast
ausschließlich um Antifaschüler oder von den sowjetischen Lagerbehörden
eingesetzte Lager- und Schulungsleiter.

1989

Nachhall

Am 22. September 1955 gibt Konrad Adenauer im Bundestag eine Regierungserklärung ab. Denn trotz des organisierten öffentlichen Beifalls ist er den Hardlinern zu weit gegangen. Darum bekräftigt er: »Deutschland [*womit natürlich nur die Bundesrepublik gemeint ist, aber gemäß der Alleinvertretungs-Rhetorik spricht er für die DDR mit – H. R.*] ist ein Teil des Westens, nach seiner geistigen und sozialen Struktur, seiner geschichtlichen Tradition und nach dem Willen Bevölkerung. Die Bundesregierung wird in Zukunft in ihren Bemühungen um die europäische Integration und die Verteidigung der Freiheit nicht nachlassen. Sie wird sie vielmehr verstärken.«[1]

Und über die BRD-Botschaft in Paris wird der dortigen Vertretung der UdSSR eine diplomatische Note zugestellt, in der noch einmal bekräftigt wird, daß die Bundesregierung trotz der in Moskau geschlossenen Vereinbarungen weder den Status quo in Europa als endgültig noch den anderen deutschen Staat als legitimen Vertreter betrachtet. Das wolle man noch einmal gesagt haben.

Parteivorstand und Parteiausschuß der CDU hatten schon am 17. September bekräftigt: »Durch die Moskauer Verhandlungen hat sich im Verhältnis der Bundesrepublik nicht das geringste geändert. Die Bundesrepublik ist ein treuer und zuverlässiger Partner des Westens.«[2]

Das zielt nicht nur auf Adenauers Visite. Zur selben Stunde weilt nämlich eine Regierungsdelegation der DDR in Moskau und schließt mit der UdSSR einen Staatsvertrag, mit dem diese Republik auf der internationalen Bühne ein anders Gewicht erhalten wird. Walter Ulbricht erklärt danach am 26. September 1955 ziemlich selbstbewußt: »Die Lage in Deutschland hat sich so entwickelt, daß die Deutsche Demokratische Repulik der rechtmäßige deutsche Staat ist, dessen Politik die Zukunft verkörpert.«[3]

Ministerpräsident Otto Grotewohl macht den politischen Kontext deutlich, wodurch eine solche Behauptung durchaus begründet ist: »Herrn Adenauer wurde bei seinem Besuch in Moskau, zu dem er mit den Pariser Verträgen in der Tasche und der absoluten Forderung gekommen war, ganz Deutschland dem Nordatlantikpakt einzugliedern, d. h. die Militärbasis der imperialistischen Mächte bis an die Oder vorzuschieben, nur allzu deutlich vor dem Forum der ganzen Weltöffentlichkeit der Bankrott der Politik der Stärke bescheinigt.«[4] Eine »Befreiung der Ostzone« im Rahmen einer innerdeutschen Polizeiaktion, wie seit Jahren im Kalkül, ist nun nicht mehr möglich.

Ex-Wehrmachtshauptmann Gerhard Dengler, der in Bonn als Korrespondent des *Neuen Deutschland* arbeitet, kabelt den Bericht von Adenauers Pressekonferenz am Freitag, dem 16. September an seine Zeitung. Sein Text erscheint anderentags auf der zweiten Seite unter der Überschrift »Adenauer bestätigt Rückzug«. Der Kanzler hatte zwei Tage nach seiner Rückkehr aus Moskau den Medienvertretern gestanden, daß die Sowjetunion nach seinem Eindruck nicht gewillt sei, an der Realität der DDR rütteln zu lassen. Verwundert registriert Dengler an dieser Stelle, Adenauer habe zum ersten Male von »der DDR« gesprochen, »während er vor der Moskau-Reise, als er den ›Befreiungs‹-Thesen noch offiziell huldigte, sich gegenüber der DDR ständig des Jargons des Kaiserministeriums bediente«.[5]

Eine Vertreterin des DFD begrüßt heimkehrende Kriegsgefangene in Frankfurt/Oder, 1948

Das »Kaiserministerium« ist das von Jakob Kaiser geführte Ministerium für Gesamtdeutsche Fragen, dort pflegt man von der Sowjetzone oder Mitteldeutschland zu sprechen, wenn die Deutsche Demokratische Republik, die Unaussprechliche, gemeint ist.

Denglers Erstaunen, so sehr es berechtigt ist, hält allerdings nicht lange vor. Die Rhetorik des Kalten Krieges hat sich nicht erledigt, wie sich auch nicht das Denken in den Kategorien des Kalten Krieges in der Bonner Chefetage erledigt hat. In einem Beitrag für den *Sonntag*, der am 23. Oktober 1955 erscheint, konstatiert Otto Grotewohl: »Trotz der Anknüpfung diplomatischer, wirtschaftlicher und kultureller Beziehungen zur Sowjetunion wird in Westdeutschland mit staatlicher Billigung die Antisowjethetze immer erneut entfacht«, womit er wieder die Verbindung zur Kriegsheimkehrer-Problematik herstellt. »Es genügt, auf die Worte des ehemaligen SA-Standartenführers, des sogenannten Bundesvertriebenenministers Oberländer[6], hinzuweisen, der vor einer Gruppe von der Regierung der UdSSR aus Gründen der Humanität vorzeitig entlassener kriegsverurteilter Hitlergenerale erklärte: ›Wir brauchen Sie noch, denken Sie an die 18 Millionen Deutschen in der der Sowjetzone!‹ Das ist deutlich!«[7]

Ende 1954 sind in der Bundesrepublik 686 Soldatenverbände, Organisationen von Wehrmachtsteilen und Traditionsverbände aktiv, die beachtliche finanzielle Zuwendungen von staatlicher Seite erhalten. Sie begrüßen nicht nur die aus der Sowjetunion heimkehrenden Landsleute, sondern sorgen auch für deren gesellschaftliche Einbindung. Oberländer, selbst »ein alter Kamerad« von der Ostfront, macht mit dieser Bemerkung ihre gewünschte Verwendung sichtbar. Und in der Tat kommen etliche Wehrmachtsoffiziere in der soeben gegründeten Bundeswehr unter: Am 12. November 1955 werden die ersten 101 Freiwilligen vereidigt.

Doch ungeachtet der politischen Dimension, die der Entlassung der letzten in der Sowjetunion internierten Wehrmachtsangehörigen innewohnt, versucht die DDR sich nicht von der Hysterie anstecken zu lassen. In seiner Regierungserklärung am 26. September 1955 lehnt es Grotewohl explizit ab, »daß die Angelegenheit von 9.626 Kriegsverurteilten so behandelt wird, als hinge davon das Schicksal von 65 Millionen deutschen Menschen ab.«[8]

Damit verweist Grotewohl auf die tatsächliche gesellschaftliche Bedeutung des Vorgangs. Die ist nämlich unerheblich. Doch die Verschiebung der Proportionen ist eine klassische Methode der Propaganda, um aus Mücken Elefanten zu machen. Dieses Prinzip beherrschen die bürgerlichen Medien meisterlich, wir werden nahezu täglich Zeuge. Wenn Afrikaner der Not zu entrinnen suchen und dabei vor den Kanarischen Inseln oder im Mittelmeer ertrinken, ist das eine kleine Meldung unter »Vermischtes« und keineswegs Anlaß zu selbstkritischer Einsicht, daß dies die Folge jahrhundertlanger europäischer Kolonialpolitik ist und sich die Verantwortung Europas folglich nicht darauf beschränken darf, Leichen aus dem Meer zu fischen. Wenn Hunderte Mexikaner alljährlich an der Mauer zu Texas, USA, zu Tode kommen, ist das hierzulande keineswegs ein Grund, das barbarische Grenzregime zu geißeln. Doch wenn ein Zettel in einem Archiv gefunden wird, der eine dreißig Jahre alte Anweisung zum Umgang mit Grenzverletzern enthält, füllt das tagelang die Zeitungen und die Nachrichtensendung. Es gibt keine Verhältnismäßigkeit, keine Sachlichkeit, seine Differenzierung. Heutige Propaganda, selbst wenn sie so nicht heißt, folgt einer bestimmten Zielsetzung. Nicht der Gegenstand ist das Thema, sondern die verfolgte Absicht.

Aus Grotewohls Replik am 26. September ist auch ein gewisser Unmut herauszulesen. Denn schon in seiner letzten Regierungserklärung – der vom 12. August 1955 – war er darauf eingegangen. Das war vor fünf Wochen, also vor Adenauers Reise nach Moskau und auch seiner eigenen. Offenkundig ist er des Themas langsam überdrüssig. Dennoch erinnert er daran: »Wir haben in dieser Frage bereits seit Jahren still, selbstlos und erfolgreich gearbeitet, als Herr Adenauer noch über beide Ohren in seiner maßlosen Hetze über die sogenannte Kriegsgefangenenfrage steckte«, erklärte der DDR-Premier vor der Volkskammer.[9]

Ende Juni hatten sich in Genf die Regierungschefs der USA, Großbritanniens, Frankreichs und der Sowjetunion getroffen, um dort den Rahmen für neue Verhandlungen über die deutsche Frage, die internationale Sicherheit und die Abrüstung abzustecken. Die Außenminister sollten, so ging man auseinander, im Herbst wieder in Genf zusammenkommen und Einzelfragen erörtern. Bulganin und Chruschtschow ließen keinen Zweifel an der Sicht der UdSSR: Für Moskau war die deutsche Zweistaatlichkeit ein politisches Faktum, das nicht durch einen möglichen Anschluß der DDR an die BRD aus der Welt zu schaffen war. Demonstrativ machten die

Der unbekannte Fremde: Heimkehrer 1949

sowjetischen Staatsmänner auf ihrem Rückflug in Berlin Station. Grotewohl geht in eben jener Regierungserklärung am 12. August darauf ein. »Bei dieser Unterredung wurde auch die Angelegenheit der ehemaligen deutschen Kriegsgefangenen erörtert, die eine Strafe für die von ihnen gegen das Sowjetvolk begangenen Verbrechen verbüßen. Es wurde beschlossen, die Erörterung dieser Frage unter

Berücksichtigung der Wünsche der Regierung der Deutschen Demokratischen Republik fortzusetzten.« Schon damals schien ihm in dieser Sache alles gesagt. Wir kennen das Problem – wir verhandeln darüber – wir sind der drängende Teil, denn wir haben Wünsche – aber das ist nichts für den Basar, denn so appetitlich ist der Vorgang nun doch nicht. So lautet Grotewohls Botschaft.

Daß die antifaschistische DDR-Führung politischen Einsichten folgt, als sich hier freimütig zu engagieren, ist bei dieser »Division der Blutbefleckten« nur allzu verständlich. Keineswegs ungewöhnlich ist darum ein Vorgang, der bereits einige Monate zurückliegt. Anfang Februar hatte Otto Grotewohl Post von Friedrich Paulus[10] bekommen. »Generalfeldmarschall des ehemaligen deutschen Heeres« hieß es im Briefkopf. Am 29./30. Januar 1955 waren »fast 100 ehemalige Generale und Offiziere aller Waffengattungen aus allen Teilen unserer Heimat in Berlin unter meiner Leitung zu einer gesamtdeutschen Beratung über die friedliche Wiedervereinigung versammelt«, ließ Paulus den Ministerpräsidenten wissen, ohne darauf einzugehen, daß sich unter diesen Offizieren auch einige ehemalige Angehörige der Waffen-SS befanden. »Sie haben zu verstehen gegeben, daß eine Begnadigung der noch in der Sowjetunion befindlichen deutschen Kriegsgefangenen auf den Verständigungswillen breiter Kreise der deutschen Bevölkerung einen günstigen und nachhaltigen Einfluß ausüben würde. Von der Versammlung bin ich einstimmig gebeten worden, diese Auffassung auf einem geeigneten Wege an die Regierung der Sowjetunion heranzutragen.

Trotz der Anstrengungen, die im Westdeutschland von heute maßgebende politische und wirtschaftliche Kreise für die Verwirklichung der gegen die Sowjetunion gerichteten Pariser Verträge gemacht werden, gestatte ich mir, um Amnestierung und Heimsendung der letzten verurteilten deutschen Kriegsgefangenen zu bitten«, so Generalfeldmarschal a. D. Paulus. »Ich bitte Sie, verehrter Herr Ministerpräsident, dieses Anliegen bei der Regierung der UdSSR zu vertreten. Dabei gehe ich davon aus, daß gerade die Regierung der Deutschen Demokratischen Republik die Regelung dieser aus dem Erbe des Hitlerkrieges hinterlassenen Frage aufgreifen kann, denn die Regierung der Deutschen Demokratischen Republik hat durch ihre ehrliche Politik des Friedens und der Verständigung das Vertrauen der Sowjetunion und der anderen friedliebenden Länder erworben, wie sie auch die leitende Kraft ist im

Kampf für die friedliche Wiedervereinigung Deutschlands. Mit dem Ausdruck meiner vorzüglichsten Hochachtung bin ich Ihr ergebener Friedrich Paulus, Generalfeldmarschall des ehemaligen deutschen Heeres.«[11]

Im Entwurf der Antwort vom 12. April hieß es nach den üblichen Höflichkeiten: »Die Regierung der Deutschen Demokratischen Republik vermag in Ihren Darlegungen keine stichhaltigen Gründe zu erblicken, die eine Unterstützung Ihrer Bitte um Begnadigung dieser Personen rechtfertigen könnten, und sieht sich daher nicht in der Lage, Ihre Bitte bei der Regierung der UdSSR zu vertreten.« Diese Personen waren zuvor charakteriert worden als Menschen, »die wegen schwerer krimineller Delikte und Kriegsverbrechen verurteilt sind und die die ihnen zuerkannte Strafe verbüßen«.

In der von Otto Grotewohl unterzeichneten und abgesandten Antwort vom 15. April 1955 fehlt diese Passage. Stattdessen heißt es: »Ihrem Wunsch entsprechend habe ich Ihr Schreiben zur Kenntnis der zuständigen sowjetischen Stelle gebracht.«[12]

Und in der Tat, drei Tage später schickte der Ministerpräsident den Brief an den sowjetischen Botschafter G. M. Puschkin. Über die Gründe der Tilgung kann man spekulieren. Vielleicht wollte Grotewohl Paulus nicht derart hart abfahren lassen, obgleich es ihn offenkundig reizte – und wofür es gewiß mehr als eine Ursache gab. Eventuell war ihm das auch zu unhöflich. Oder er fürchtete um diplomatische Verwicklungen: Zweifellos genoß der Herr Generalfeldmarschall unverändert hohes Ansehen in der Sowjetunion, was kaum nachzuvollziehen war. Er wurde nie wegen seiner Kriegsverbrechen angeklagt. Obgleich alle Dokumente zusammengestellt worden waren, wartete man vergeblich auf Stalins Befehl, daß der Prozeß beginnen sollte. Zu jenen gehörten dieser Telegrammwechsel:

Funkspruch am 29. Januar 1943
»An den Führer!

Zum Jahrestage Ihrer Machtübernahme grüßt die 6. Armee ihren Führer. Noch weht die Hakenkreuzfahne über Stalingrad. Unser Kampf möge den lebenden und den kommenden Generationen ein Beispiel dafür sein, auch in der hoffnungslosesten Lage nie zu kapitulieren, dann wird Deutschland siegen.

Heil mein Führer!

Paulus, Generaloberst.«

Funkspruch am 30. Januar 1943

»Mein Generaloberst Paulus.

Schon heute blickt das ganze deutsche Volk in tiefer Ergriffenheit zu dieser Stadt. Wie immer in der Weltgeschichte, wird auch dieses Opfer kein vergebliches sein.

Das ›Bekenntnis‹ von Clausewitz wird seine Erfüllung finden. Die deutsche Nation begreift erst jetzt die ganze Schwere dieses Kampfes und wird die größten Opfer bringen.

In Gedanken immer bei Ihnen und Ihren Soldaten.

Ihr Adolf Hitler.«

Wiewohl das Thema der in der Sowjetunion einsitzenden Kriegsverbrecher den Antifaschisten in Berlin erkennbar suspekt bleibt, schreibt Präsident Wilhelm Pieck am 31. August an den Vorsitzenden des Präsidiums des Obersten Sowjets der UdSSR. Kliment Jefremowitsch Woroschilow[13] ist de facto das sowjetische Staatsoberhaupt. »Geehrter Genosse Vorsitzender«, beginnt Pieck. »Während des Aufenthaltes der Regierungsdelegation der Sowjetunion in Berlin im Juli 1955 [*gemeint ist der Stopp von Bulganin und Chruschtschow nach dem Genfer Gipfeltreffen – H. R.*] stellte die Regierung der Deutschen Demokratischen Republik die Frage, ob die Entlassung und Rückführung des noch verbliebenen Teils ehemaliger deutscher Kriegsgefangener in die Heimat möglich ist, die eine Strafe für die von ihnen während des Krieges verübten Verbrechen gegen das Sowjetvolk verbüßen. Im Ergebnis des Meinungsaustausches wurde beschlossen, die Erörterung dieser Frage unter Berücksichtigung der Wünsche der Regierung der Deutschen Demokratischen Republik fortzusetzen. Mir ist bekannt, daß über diese Frage ein weiterer Meinungsaustausch zwischen den Regierungen unserer Länder stattgefunden hat.

Deshalb halte ich es für angebracht, mich an das Präsidium des Obersten Sowjets der UdSSR, zu dessen Kompetenz die endgültige Lösung dieser Frage gehört, mit dem offiziellen Gesuch der Deutschen Demokratischen Republik über die vorzeitige Entlassung und Rückführung in die Heimat aller ehemaligen deutschen Kriegsgefangenen zu wenden, die in der Sowjetunion eine Strafe verbüßen.

In Anbetracht dessen, daß seit Beendigung des Krieges mehr als 10 Jahre vergangen sind, erlaube ich mir der Hoffnung auf eine wohlwollende Prüfung meiner Bitte Ausdruck zu verleihen. Die Sowjetunion kann versichert sein, daß ein solch großherziger Akt vom ganzen deutschen Volk mit tiefer Dankbarkeit aufgenommen werden wird.

Mit aufrichtiger Hochachtung
Wilhelm Pieck«[14]

Das ist vermutlich der letzte und entscheidende Anstoß für die sowjetische Seite, sich der knapp 10.000 Personen zu entledigen. Und nicht etwa die diplomatischen Verrenkungen des Bundeskanzlers in Moskau zwei Wochen später.

Aber vielleicht tut man Konrad Adenauer auch ein wenig unrecht, wenn man – wie auf den vorstehenden Seiten geschehen – mit Dokumenten belegt, daß es sich bei seinem »Kampf um die Kriegsgefangenen« nur um eine propagandistische Luftnummer handelt und sein diplomatischer Ruhm eine Schimäre ist. Denn er brauchte dieses Getöse, um über ein viel gravierenderes Problem hinwegzudröhnen. Der Gipfel in Genf hatte im Grunde seine bisherige Politik überholt. Die Siegermächte hatten sich erstmals darauf verständigt, daß es zwei Staaten in Deutschland gab. Es existierte nicht nur die Bundesrepublik Deutschland, die sich als Nachfolger des Deutschen Reiches gerierte. Mit dieser Vorstellung war es legitim und darum Regierungsauftrag, die »unerlösten Territorien« (Irredenta) heimzuholen und ans Mutterland anzu-

Heimkehrerlager Fürstenwalde, 1948

Wilhelm Pieck, Präsident der Deutschen Demokratischen Republik und Vorsitzender der SED, mit Margot Feist; 11. Oktober 1949

schließen. Diese Politik war nunmehr eindeutig obsolet. Franz-Josef Strauß, mit 40 jüngster Minister in Adenauers Kabinett, verglich darum den Genfer Gipfel mit dem Münchner Abkommen von 1938, als hätten die Westmächte Teile deutschen Territoriums preisgegeben.

Diese jedoch hatten lediglich das getan, wogegen sich Bonn unverändert hartnäckig sträubte: die Realität in Zentraleuropa zu akzeptieren. Um das Scheitern seiner Politik nicht offenbar werden zu lassen, brauchte Adenauer einen außenpolitischen Erfolg. Das war die diplomatische Anerkennung durch die vierte Siegermacht und der Austausch von Botschaften. Das aber war kaum zu haben, wenn er sich weiter demonstrativ gegen die Moskauer Linie der Zwei-Staaten-Theorie stellte. Also ruderte Adenauer in Moskau zurück, was wiederum die eigenen Falken und die im westlichen Ausland auf den Plan rief. Die Vereinbarung diplomatischer Beziehungen zur Sowjetunion rief tatsächlich erhebliche Zweifel an der Prinzipientreue der Bundesregierung hervor, was wiederum intensive Gespräche mit den Außenministern Frankreichs, Großbritanniens und der USA notwendig machte. Insofern sorgt der Nebenkriegsschauplatz »Kriegsheimkehr« für erhebliche und notwendige Entlastung des Kanzlers. Was sogar dazu führte, daß er, wie bei Dengler zu lesen war, die DDR beim Namen nannte.

Und in Berlin? Dort wird Adenauers natürlich durchschaut. Keineswegs zufällig reagiert am 17. September 1955 das Zentralorgan *Neues Deutschland* – der Aufmacher auf Seite 1 ist die Ankunft der DDR-Regierungsdelegation in Moskau, die den Staatsvertrag unterzeichnen soll – auf seiner zweiten Seite auf dieses Thema: »Zur Frage der Kriegsverbrecher«. Damit soll dem Bonner Alleinsegler ein wenig der Wind aus dem Segel genommen werden. »Der Präsident der DDR, Genosse Wilhelm Pieck, hat sich in dem von uns gestern veröffentlichten Brief an den Vorsitzenden des Präsidiums des Obersten Sowjet, K. J. Woroschilow, ›für die vorfristige Entlassung der ehemaligen deutschen Kriegsgefangenen, die in der Sowjetunion Strafen verbüßen und für ihre Rückkehr in die Heimat‹ eingesetzt«, zitiert man eben jenen Brief vom 31. August, den die Präsidialkanzlei offenkundig zwei Wochen unter Verschluß hielt. »Bekanntlich hat die Regierung der DDR in den letzten Jahren wiederholt Verhandlungen mit der Sowjetregierung über diese Fragen durchgeführt. Bereits vor mehr als zwei Jahren kam es im Ergebnis von Verhandlungen, die am 22. August 1953 im Kreml stattgefunden hatten, zu einer Vereinbarung, die kurz darauf zur Entlassung jener Verurteilten führten«, schreibt das Blatt und erinnert damit an jene Regierungsdelegation, der auch ich angehört hatte. »Nachdem in den seither verflossenen zwei Jahren noch verschiedentlich weitere Besprechungen über diese Frage stattgefunden hatten, ist im Juli dieses Jahres aus Anlaß des Aufenthaltes N. A. Bulganins und N. S. Chruschtschows in Berlin das Gespräch weitergeführt worden«, repetieren die Autoren des Textes die Genesis der Adenauer zugesicherten Freilassung.

»Im Anschluß an diese Besprechungen hat inzwischen noch ein weiterer Meinungsaustausch zwischen den Regierungen der Deutschen Demokratischen Republik und der Union der Sozialistischen Sowjetrepubliken stattgefunden. Ausgehend davon hat sich Präsident Wilhelm Pieck am 31. August an das Präsidium des Obersten Sowjet der UdSSR gewandt, in dessen Kompetenz die entgültige Entscheidung dieser Frage fällt. [...]

In der Sowjetunion befinden sich nach den letzten Angaben noch 9.626 Kriegsverurteilte. Von ihnen sind eine große Zahl der ungeheuerlichsten Verbrechen und Massenmorde begangen worden. [...] Wenn nun das Präsidium des Obersten Sowjets dem Ersuchen dennoch stattgeben sollte, so ist das vor allem unserem Präsidenten Wilhelm Pieck zu danken, der in seiner ganzen 60jährigen Tätigkeit in der sozialistischen Arbeiterbewegung unermüdlich gegen Militarismus und Kriegsverbrechen gekämpft und sich damit in der ganzen Welt großes Vertrauen und Ansehen erworben hat.

Und es ist der Regierung unserer Republik zu danken, die eine konsequente Friedenspolitik durchführt und die es nicht zulassen wird, daß jemals wieder das deutsche Volk in neue Kriegsverbrechen hineingezerrt wird.«[15]

Damit ist wirklich alles zum Thema gesagt.

Fußnoten

1 SAPMO-BArch NY 4090/206
2 ebenda
3 ebenda
4 ebenda
5 SAPMO-BArch NY 4090/205
6 Theodor Oberländer (1905-1998) war von 1953 bis 1960 Bundesminister für Vertriebene, Flüchtlinge und Kriegsgeschädigte. Er war am 1. Mai 1933 der NSDAP beigetreten und auch der SA. Dort brachte er es bis zum Obersturmbannführer (Oberstleutnant). 1934 wurde er zum außerordentlichen Professor für Agrarpolitik und Direktor des Osteuropainstituts in Danzig ernannt, gleichzeitig agierte er als Reichsleiter des

Bundes Deutscher Osten (BDO). Während des Zweiten Weltkriegs war er in seiner Eigenschaft als Ukraine-Referent des Oberkommandos der Wehrmacht mit dem Dienstgrad Hauptmann, Berater des Führers der deutsch-ukrainischen Freiwilligeneinheit »Bataillon Nachtigall«, später gehörte er auch dem deutsch-kaukasischen Sonderverband »Bergmann« an. »Nachtigall« war erheblich in das Pogrom von Lemberg 1941 involviert, »Bergmann« unter anderem in der Partisanenbekämpfung eingesetzt. In der DDR wurde Oberländer deshalb am 29. April 1960 in Abwesenheit zu lebenslänglichem Zuchthaus verurteilt. Dieses Urteil wurde 1993 vom Landgericht Berlin aufgehoben, weil es sich bei den 1960 vorgelegten Dokumenten angeblich um Fälschungen des KGB handelte.

7 SAPMO-BArch NY 4090/206

8 SAPMO-BArchNY 4090/205

9 SAPMO-BArch NY 4090/205

10 Friedrich Paulus (1890-1957), Berufsmilitär seit 1910. Als Stellvertreter des Generalstabschefs Halder war er seit 1940 an der detaillierten Ausarbeitung des Überfalls auf die Sowjetunion beteiligt. Unmittelbar davor koordinierte er das Zusammenwirken der im Plan »Barbarossa« vorgesehenen Kräfte. Der Ritterkreuzträger wurde Anfang 1943 zum Generaloberst befördert, um mit der von ihm befehligten 6. Armee Stalingrad zu halten. Im Kessel machte ihn Hitler am 31. Januar 1943 zum Generalfeldmarschall, unmittelbar danach kam er in sowjetische Kriegsgefangenschaft. (Die Schulterstücken wurden ihm über die sowjetische Botschaft in Ankara ins Lager Krasnogorsk nachgereicht.) Paulus rechnete damit, bei Gelegenheit gegen einen russischen General ausgetauscht zu werden, zudem begrüßte er seine Offiziere weiterhin mit »Heil Hitler«. Während des Nürnberger Kriegsverbrecherprozesses sagte er als Zeuge der Anklage aus. Er berichtete über seine eigene Rolle bei der Vorbereitung des Unternehmens »Barbarossa« und dessen Charakter eines Eroberungs- und Vernichtungskrieges. Im Herbst 1953 kehrte er nach Deutschland zurück und ließ sich in Dresden nieder. Er wurde Leiter des Kriegsgeschichtlichen Forschungsrates an der Hochschule der Kasernierten Volkspolizei und organisierte 1955 zwei »Gesamtdeutsche Offizierstreffen«. Er starb an einem Hirnleiden am späten Nachmittag des 1. Februars 1957 in seiner Dresdner Villa und wurde mit militärischen Ehren auf dem Friedhof von Dresden-Tolkewitz beigesetzt.

11 SAPMO-BArch DC 20/15454

12 SAPMO-BArch DC 20/15454

13 Kliment Jefremowitsch Woroschilow (1881-1969), von 1925 bis 1940 sowjetischer Verteidigungsminister, seit 1935 Marschall, befehligte 1941 die Leningrader Front. Von 1953 bis 1960 sowjetisches Staatsoberhaupt, zweifacher Held der Sowjetunion, beigesetzt an der Kreml-Mauer.

14 SAPMO-BArch NY 4090/471

15 SAPMO-BArch NY 4090/205

Anlagen

Das Zentralsekretariat (ZS) der SED war das wichtigste Führungsgremium der Partei, es existierte unter dieser Bezeichnung drei Jahre. 1949 wurde daraus das Politbüro des ZK der SED.
Das ZS trat vom 25. April 1946 bis zum 21. Februar 1949 regelmäßig zusammen. Die 264 Beschlußprotokolle befinden sich in der Stiftung Archive der Parteien und Massenorganisationen der ehemaligen DDR (SAPMO) im Bundesarchiv, Außenstelle Berlin. Sie sind dort auf Antrag einsehbar.
Nachfolgend eine Auswahl jener Sitzungen des Zentralsekretariats der SED in chronologischer Reihenfolge, auf denen die Kriegsgefangenen-Problematik thematisiert wurde.

26. April 1946
Tagesordnungspunkt 6: »Rückkehr von 400.000 deutschen Kriegsgefangenen aus der Westzone in die Sowjetzone. Ackermann [*das ist Anton Ackermann – d. A.*] wird beauftragt, den zu dieser Frage vorliegenden Entwurf des Aufrufs endgültig zu formulieren.«

SAPMO-BArch DY 30/IV 2/2.1/2

4. Mai 1946
Tagesordnungspunkt 6: Zur Frage der Kriegsgefangenen

SAPMO-BArch DY 30/IV 2/2.1/4

24. Mai 1946
Tagesordnungspunkt 3: Frage der Kriegsgefangenen in Quarantänelagern (Einführung Lange, Sägebrecht, Ebert und Tschesnow). Es ist eine Besprechung mit Kriegsgefangenen und zwar mit schon entlassenen und solchen, die sich noch in Lagern befinden, durchzuführen. Es soll ferner in Zusammenarbeit mit den Landes- und Bezirksverbänden ein Plan ausgearbeitet werden zur Durchführung von Besuchen der Quarantänelager durch Mitglieder des Zentralsekretariats.

Lehmann [*das ist Helmut Lehmann – d. A.*] wird beauftragt, einen Vorschlag zu unterbreiten.

Lange, Brandenburg, erhält den Auftrag, das in seinen Händen befindliche Material über die Praxis der Arbeit in den Quarantänelagern zusammenzustellen und dem ZS zu übermitteln.

SAPMO-BArch DY 30/IV 2/2.1/8

15. Juni 1946
Tagesordnungspunkt 3: Sammelaktion für die Heimkehrer (Einführung Geschke).

Die Aktion soll von den vier Parteien im Rahmen der Massenbewegungen der Volkssolidarität und des Neuaufbaus von Groß-Berlin übernommen werden. Eine entsprechende Erklärung soll von Matern in der Kundgebung des Magistrats am 19.6.1946 abgegeben werden.

SAPMO-BArch DY 30/IV 2/2.1/13

16./17. Juli 1946 [4. Tagung des Parteivorstandes]
Tagesordnungspunkt 4: Zur Rückkehr der Kriegsgefangenen aus der Sowjetunion

Entschließung. Der Parteivorstand der SED hat mit Genugtuung davon Kenntnis genommen, daß die mehrfachen Bemühungen des Zentralsekretariats der SED um eine weitere Rückführung von Kriegsgefangenen aus der Sowjetunion Berücksichtigung gefunden haben. Der Parteivorstand spricht den zuständigen sowjetischen Verwaltungen für das großzügige Entgegenkommen, in den nächsten drei Monaten ca. 120.000 Kriegsgefangene in die Heimat zu entlassen, im Namen aller Angehörigen seinen Dank aus.

Alle unsere Organisationen, jeder einzelne Genosse und vor allem unsere Genossinnen aber rufen wir auf, alle Vorbereitungen zu treffen, damit die Heimkehrer in den Quarantänelagern bestens betreut und ihnen bei der Ankunft zu Hause Arbeit, Nahrung und Kleidung gesichert werden. Wir wollen diesen Heimkehrern den Weg in ein neues Leben leichtmachen. Sie sollen das Gefühl haben, daß sie zwar in eine durch Hitler verarmte, aber aufnahmebereite, demokratische und friedliche Heimat zurückkehren, die sie mit Freude und in Hilfsbereitschaft erwartet.

SAPMO-BArch DY 30/IV 2/1/7

25. Juli 1946

Tagesordnungspunkt 6: Arbeit unter den heimkehrenden Kriegsgefangenen:

a) Zur Koordinierung der Arbeit wird eine ständige Kommission, bestehend aus je einem Vertreter der Abteilung Arbeit und
Sozialfürsorge, Werbung und Schulung sowie Organisation
geschaffen. Verantwortlich ist Abt. Arbeit und Sozialfürsorge.

b) Es ist eine Lagerzeitung der Heimkehrer zu schaffen. Verantwortlich Erich Jungmann.

c) Der Ortsgruppe Frankfurt/Oder ist für die Arbeit unter den
Heimkehrern einen Zuschuß von RM 10.000 zu gewähren. Dieser Betrag steht zur Disposition der eingesetzten Kommission.

SAPMO-BArch DY 30/IV 2/2.1/20

5. August 1946

Tagesordnungspunkt 10: »Benachrichtigung der Angehörigen von
Kriegsgefangenen (Einführung Käthe Kern): Der Vorschlag des
Frauensekretariats findet keine Billigung. Merker [*das ist Paul Merker – d. A.*] wird beauftragt, der Sitzung am 7. 8. 46 Bericht über
den Stand der Kriegsgefangenenentlassungen zu erstatten.«

SAPMO-BArch DY 30/IV 2/2.1/21

7. August 1946

»Genosse Zimmer: [...] Dann möchte [ich] wiederholen, was vielleicht schon allen bekannt ist, daß wir mit der SMA eine neue
Regelung bezüglich der Kriegsgefangenen [*in bezug auf die
Gemeindewahlen vom 1. bis 15 September und die Wahlen der Kreis-
und Landtage am 20. Oktober 1946 in der Sowjetischen Besatzungszone – d. A.*] getroffen haben. Was die Kriegsgefangenen
betrifft, so sind sie auch wählbar. Natürlich ist das von der recht-
zeitigen Einreichung der Wahlvorschläge abhängig. Es können
also nicht mehr die Kriegsgefangenen auf den Wahlvorschlag
gesetzt werden, die nach Abschluß der Wahllisten erst zurück-
kommen. [...]«

SAPMO-BArch DY 30/IV 2/2.1/22

9. August 1946

Tagesordnungspunkt 11: Heimkehrerbroschüre

Die Auflage der Berliner Broschüre ist um 250.000 Exemplare zum Zweck der allgemeinen Verbreitung zu erhöhen.

SAPMO-BArch DY 30/IV 2/2.1/23

17. August 1946

Tagesordnungspunkt 12: Grußsendung des Moskauer Rundfunks (Einführung Kern)

Die Abteilung Presse-Information wird beauftragt, die Aufnahme der Angaben des Moskauer Rundfunks über die Kriegsgefangenen in der Sowjetunion zu organisieren und die aufgefangenen Namen laufend an das Frauensekretariat zu übergeben.

Das Frauensekretariat soll sofort Postkarten zur Benachrichtigung der Angehörigen drucken lassen.

SAPMO-BArch DY 30/IV 2/2.1/24

21. August 1946

Tagesordnungspunkt 14: Rede von Pieck vor den heimgekehrten Kriegsgefangenen in Frankfurt/Oder

Den Text der Rede mit Fotos der Versammlung als Flugblatt in 100.000 Exemplaren herausgeben.

SAPMO-BArch DY 30/IV 2/2.1/25

7. Oktober 1946

Tagesordnungspunkt 6: Aufforderung der SPD Hannover an die Landesregierungen bezüglich Ziffern aus der Sowjetunion zurückgekehrter Kriegsgefangener

SAPMO-BArch DY 30/IV 2/2.1/80

26. November 1946

Tagesordnungspunkt 3: Anträge des Frauensekretariats
[...]
b) Betr.: Weitere Rückkehr von Kriegsgefangenen aus der Sowjetunion aus Anlaß des Weihnachtsfestes. Die Formulierung

eines entsprechenden Antrages ist zusammen mit Merker zu behandeln.

Tagesordnungspunkt 9: Konferenzen

Die Abhaltung einer Konferenz der für die Kriegsgefangenenarbeit verantwortlichen Genossen der Abteilungen Personalpolitik und Arbeit und Sozialfürsorge der Länder am 22./23.3.1948 wird zugestimmt.

An der Konferenz soll auch je ein entsprechender Vertreter aus den Landesleitungen der Westzonen teilnehmen, ferner Vertreter der in Betracht kommenden Zentralverwaltungen.

Teilnehmerzahl etwa 30 Genossen.

SAPMO-BArch DY 30/IV 2/2.1/49

19. Mai 1947

Tagesordnungspunkt 12: Bildung eines Zonenausschusses für Heimkehrer und Umsiedler (Einführung Merker)

Der Bildung des Ausschusses wird zugestimmt. Der Ausschuß soll sich zusammensetzen aus je einem Vertreter der ZVen für Umsiedler, Arbeit und Sozialfürsorge, Land- und Forstwirtschaft, Industrie, Handel und Versorgung, Gesundheitswesen, Finanzen und Volksbildung und je einem Vertreter der drei politischen Parteien, des FDGB, der Volkssolidarität, der Frauenausschüsse und der Jugend. Zu den Vollsitzungen dieses Ausschusses soll je ein Vertreter der Länder und Provinzen und je zwei Umsiedler aus jeder Provinz mit hinzugezogen werden.

SAPMO-BArch DY 30/IV 2/2.1/88

16. September 1947

Tagesordnungspunkt 5: Entwurf eines Aufrufes des Parteitages an die Frauen und einer Entschließung zur Frage der Entlassung der Kriegsgefangenen

SAPMO-BArch DY 30/IV 2/2.1/127

6. Oktober 1947

Tagesordnungspunkt 17: Eintreffen des 300.000 Kriegsgefangenen in Frankfurt/Oder (Einführung Merker)

Zur Begrüßung des Kriegsgefangenentransports und zur Ehrung des 300.000. Rückkehrers wird einer der beiden Vorsitzenden in Frankfurt/Oder sprechen.
Merker wird den genauen Zeitpunkt des Eintreffens des Transports dem Büro des Zentralsekretratias mitteilen.

SAPMO-BArch DY 30/IV 2/2.1/137

9. Februar 1948
Tagesordnungspunkt 11: Liquidierung der Deutschen Verwaltung für Umsiedler und Heimkehrer und der Umsiedler-Abteilungen in den Landesregierungen (Einführung Merker)
Dem Vorschlag wird zugestimmt.
Tagesordnungspunkt 12: Verstärkung der Arbeit auf dem Gebiet der Heimkehrerbetreuung (Einführung Merker)
[…] Die Abteilung Arbeit und Sozialfürsorge erhält ferner den Auftrag, bei der SMA anzuregen, daß die Angehörigen derjenigen Kriegsgefangenen, die während der Gefangenschaft verstorben sind, schnellstens von dem Ableben ihrer Angehörigen unterrichtet werden sollen.

SAPMO-BArch DY 30/IV 2/2.1/171

16. Februar 1948
Tagesordnungspunkt 4: Drucklegung der Broschüre »Wieder in der Heimat« (Einführung Meier)
Der Drucklegung von weiteren 50.000 Exemplaren der Broschüre wird zugestimmt.

SAPMO-BArch DY 30/IV 2/2.1/174

5. April 1948
Tagesordnungspunkt 18: Arbeit unter den heimkehrenden Kriegsgefangenen (Einführung Merker)
Die Information wird zur Kenntnis genommen.

SAPMO-BArch DY 30/IV 2/2.1/188

19. April 1948

Tagesordnungspunkt 19: Referenten für Versammlungen mit heimkehrenden Kriegsgefangenen Frankfurt/Oder (Einführung Merker) Alle Abteilungsleiter sind zu verpflichten, mindestens eine Versammlung in jedem Monat zu übernehmen.

SAPMO-BArch DY 30/IV 2/2.1/192

26. April 1948

Tagesordnungspunkt 5: Heimkehrerversammlungen in Frankfurt/Oder

Tagesordnungspunkt 6: Durchführung der Kriegsgefangenenarbeit in Gronenfelde (Einführung Merker)

a) Es wird ein Betrag von RM 20.000 zur Verfügung gestellt, der für die Propaganda und die Anstelllung von zusätzlichen politischen Kräften Verwendung finden soll […]

Tagesordnungspunkt 7: Überführung der Zentralverwaltung für Umsiedler und Heimkehrer (Einführung Merker)

a) Alle Einrichtungen der ZV Umsiedler und Heimkehrer werden in die Deutsche Verwaltung des Innern überführt […]

SAPMO-BArch DY 30/IV 2/2.1/193

21. August 1948

Tagesordnungspunkt 24: Zur Frage der Entlassung der Kriegsgefangenen aus der Sowjetunion bis zum 31. Dezember 1948 (Einführung Lehmann)

Die Parteivorsitzenden werden beauftragt, mit den zuständigen Stellen der SMA über die Beschleunigung der Entlassungen, über die Erhöhung des möglichen Entlassungskontingents und über die Freigabe der Hornkaserne als Aufnahmeraum für die Entlassenen Besprechungen zu führen.

SAPMO-BArch DY 30/IV 2/2.1/226

20. September 1948

Tagesordnungspunkt 11: Rückkehr deutscher Kriegsgefangener aus Jugoslawien und Polen (Einführung Pieck)

SAPMO-BArch DY 30/IV 2/2.1/234

1. November 1948
Tagesordnungspunkt 6: Flugblatt für Heimkehrer (Einführung Merker)
Es soll ein Flugblatt herausgegeben werden, das schon in Brest-Litowsk an die heimkehrenden Kriegsgefangenen zur Verteilung gelangt und das vor antisowjetischer und antidemokratischer Hetze warnt.
SAPMO-BArch DY 30/IV 2/2.1/246

27. Dezember 1948
Tagesordnungspunkt 3: Bericht über die Besprechung der Parteivorsitzenden (Information Pieck, Grotewohl und Ulbricht) [...]
c) Für die Überprüfung der Verwendung der in der Sowjetunion politisch geschulten Kriegsgefangenen in der sowjetischen Besatzungszone wird eine Kommission, bestehend aus Merker, Ulbricht, Dahlem und Daub, eingesetzt, die in Kürze dem Zentralsekretariat berichten soll.
SAPMO-BArch DY 30/IV 2/2.1/257

29. März 1949
Tagesordnungspunkt 7: Rückkehr der Kriegsgefangenen aus der Sowjetunion
Das Kleine Sekretariat soll eine Vorlage über die Verbesserung des Empfangs und der Verwendung der zurückkehrenden Kriegsgefangenen einreichen.
SAPMO-BArch DY 30/IV 2/2/13

5. Juli 1949
Tagesordnungspunkt 9: Ankunft von 1.400 Antifaschülern (ehemalige Kriegsgefangene) aus Riga
Genosse Paul Merker wird mit der Begrüßung beauftragt. 200 der Rückkehrer sollen als Funktionäre in Aue (Wismut) eingesetzt werden. An die Landesvorstände ist ein Schreiben zu richten, die Kreisvorstände anzuweisen, die rückkehrenden Kriegsgefangenen aus der Sowjetunion unverzüglich in entsprechende Arbeit einzusetzen.
SAPMO-BArch DY 30/IV 2/2/31

16. August 1949

Tagesordnungspunkt 6: Stalingradtag am 2. Februar

Dem Vorschlag der Gesellschaft für Deutsch-Sowjetische Freundschaft, den 2. Februar als Stalingradtag* zu begehen, wird zugestimmt.

Der Tag soll nicht als Heimkehrertag, sondern unter dem Motto »Nie wieder Krieg gegen die Sowjetunion« durchgeführt werden.

[* *Offenkundig stand hier der Sedantag Pate, der zwischen 1873 und 1918 auf Anordnung des preußischen Kulturministeriums im deutschen Kaiserreich, insbesondere an Schulen und Universitäten, feierlich begangen wurde. Er erinnerte an den 2. September 1870, an dem preußische Truppen im Deutsch-Französischen Krieg nahe der französischen Stadt Sedan den entscheidenden Sieg über die Franzosen errangen, wobei der französische Kaiser Napoléon III. in preußische Gefangenschaft geraten war – d. Hrsg.*]

SAPMO-BArch DY 30/IV 2/2/38

10. September 1949

Tagesordnungspunkt 2: Verwendung heimkehrender Generale

General Lattmann soll in der HV Maschinenbau für den Traktoren- und Autobau verwandt werden (Rau);

General Freitag soll eventuell im Landwirtschaftsministerium Sachsen-Anhalt verwandt werden (LV),

General Walter soll in der Gesundheitsverwaltung der Deutschen Wirtschaftskommission angestellt werden (Rau).

SAPMO-BArch DY 30/IV 2/2/43

8. November 1949

Tagesordnungspunkt 10: Rückkehr der Kriegsgefangenen und der restlichen Umsiedler aus Polen (Berichterstatter Ulbricht)

SAPMO-BArch DY 30/IV 2/2/55

4. Januar 1950

Tagesordnungspunkt 17: Rückkehr der letzten Kriegsgefangenen aus der Sowjetunion

1) Sobald die offizielle Nachricht eintrifft, daß der letzte Transport ankommt, soll Genosse Merker den letzten Transport im Namen des Parteivorstands begrüßen.

2) Die Abteilung Massenagitation wird beauftragt

a) sofort eine Reihe von Artikeln zu veranlassen, um den Lügen der Hetzpresse entgegenzutreten

b) dem Sekretariat einen Plan über die Gegenkampagne vorzulegen.

SAPMO-BArch DY 30/IV 2/2/65

25. Oktober 1950

Tagesordnungspunkt 8: Vorlage des Ministeriums für Auswärtige Angelegenheiten betr. Beurkundung von Sterbefällen deutscher Kriegsgefangener in der Sowjetunion

Es wird beschlossen, beim ZK der WKP (B) [*zeitweise nannte*

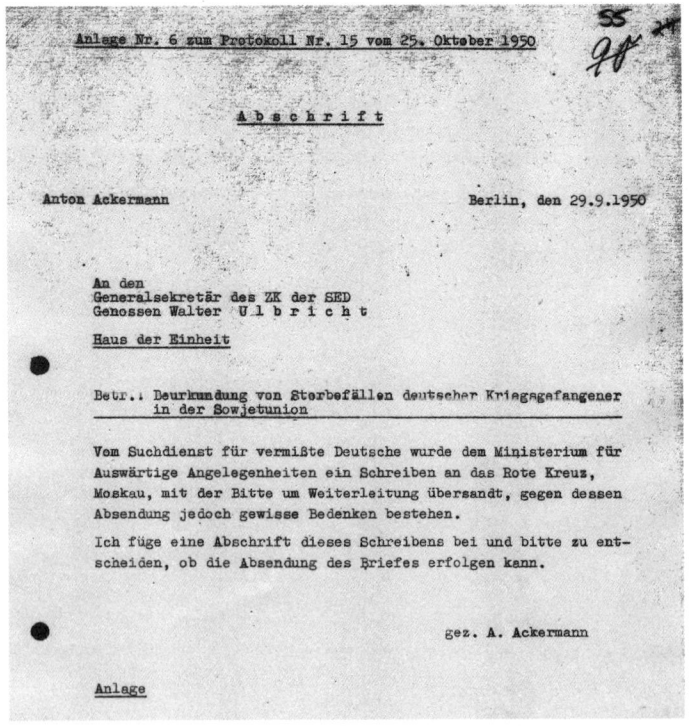

Anlage Nr. 6 zum Protokoll Nr. 15 vom 25. Oktober 1950

A b s c h r i f t

Anton Ackermann   Berlin, den 29.9.1950

An den
Generalsekretär des ZK der SED
Genossen Walter U l b r i c h t

Haus der Einheit

Betr.: Beurkundung von Sterbefällen deutscher Kriegsgefangener
       in der Sowjetunion

Vom Suchdienst für vermißte Deutsche wurde dem Ministerium für Auswärtige Angelegenheiten ein Schreiben an das Rote Kreuz, Moskau, mit der Bitte um Weiterleitung übersandt, gegen dessen Absendung jedoch gewisse Bedenken bestehen.

Ich füge eine Abschrift dieses Schreibens bei und bitte zu entscheiden, ob die Absendung des Briefes erfolgen kann.

                                        gez. A. Ackermann

Anlage

sich die Kommunistische Partei der Sowjetunion Welikaja Kommunistitscheskaja Partija, *also* Große Kommunistische Partei, *in Klammern:* B = Bolschewiki – *d. Hrsg.*] vorzuschlagen, daß, nachdem die Rückführung der Kriegsgefangenen aus der Sowjetunion abgeschlossen ist, den Organen des Innenministeriums der DDR erlaubt wird, für die Deutschen, die als vermißt gemeldet werden, auf Antrag der Familienangehörigen die Todesurkunde auszustellen.

SAPMO-BArch DY 30/IV 2/2/115

Anlage Nr. 7 zum Protokoll Nr. 15 vom 25. Oktober 1950.

A b s c h r i f t

Suchdienst für vermißte Deutsche   Berlin W 8, den 25.9.1950
im Gebiet der Deutschen Demokratischen
Republik

An das
Rote Kreuz
M o s k a u

über Ministerium für Auswärtige Angelegenheiten
B e r l i n N.W. 7
Luisenstr. 56

Tgb.-139060/50
Goe/Go

Betr.   Kriegsgefangenschaft in der Sowjetunion

In Ergänzung unseres Schreibens vom 19.6.1950 (Tgb. Nr.35431/50)
teilen wir mit, dass auf Grund unserer Erfahrungen mit unzähligen
eidesstattlichen Erklärungen über Sterbefälle in sowjetischer
Kriegsgefangenschaft zu rechnen ist. Diese Erklärungen sind und
werden von heimgekehrten ehemaligen Kriegsgefangenen für die Angehörigen bei Standesämtern, Amtsgerichten oder Notaren in der
Deutschen Demokratischen Republik abgegeben.

Auf Grund dieser eidesstattlichen Erklärungen fordern die Angehörigen die Beurkundung des Sterbefalles. Wir sind diesem Ersuchen
nach Beurkundung des Sterbefalles bisher nicht nachgekommen, da
wir der Ansicht sind, dass auf Grund von Heimkehreraussagen, auch
wenn sie durch eidesstattliche Erklärungen fundamentiert sind,
Todesfälle in Kriegsgefangenschaft nicht beurkundet werden sollten.

Wir bitten um Mitteilung, ob eine Prüfung dieser Fälle an Hand
einer von uns gefertigten Übersicht mit Angaben der genauen
Personalien ermöglicht werden kann.

gez. L u s t

12. Dezember 1950

Tagesordnungspunkt 6: Kampagne gegen die Hetze in der Kriegsgefangenenfrage (Berichterstatter Schön) [*handschriftlich hinzugefügt: Dahlem, Matern, Axen – d. Hrsg.*]

Es wird beschlossen, eine Kommission einzusetzen, bestehend aus den Genossen Hermann Matern, Gerhart Eisler, Max Schneider (Agitation), Kurt Heiß (Rundfunk), um Argumente gegen die Hetze in der Kriegsgefangenenfrage auszuarbeiten. Die Kommission hat auch den Auftrag, Material auszuarbeiten gegen die Bonner Delegierten, die in der Kriegsgefangenenfrage Hetzmaterial der UN überreichten; Gerstenmaier CDU, Wehr SPD, früheres Mitglied der KPD, und zwei weitere Delegierte.

SAPMO-BArch DY 30/IV 2/2/122

22. September 1953

Tagesordnungspunkt 12: Rückführung von Offizieren, die von Gerichten der Sowjetunion wegen begangener Verbrechen verurteilt wurden.

Der Rückführung folgender Offiziere, die von Gerichten der UdSSR verurteilt wurden, wird zugestimmt:

1) Rembe, Konstantin Otto, 85 Jahre, Generalmajor*
2) Moritz, Georg-Benno, 72 Jahre, Generalmajor
3) Weise, Willibald Bruno, 70 Jahre, Generalmajor des Arbeitsdienstes
4) Matz, Hans August, 67 Jahre, Generalmajor des Arbeitsdienstes
5) Fraussen, Udo-Friedrich, 69 Jahre, Generalleutnant
6) Kunze, Wilhelm Otto, 59 Jahre, Generalmajor**
7) Keller, Erich Hermann, 68 Jahre, Generalleutnant des tierärztlichen Dienstes
8) Kaanitz, Hugo Hugo, 58 Jahre, Admiral
9) Ebbeche, Friedrich, 73 Jahre, Hauptberater der Regierung, Generalmajor
10) Kanabis, Ernst Theodor, 63 Jahre, Generalleutnant

Die Rückführung für Erich Fritz Quade, Fliegergeneral, wird abgelehnt.

SAPMO-BArch DY 30/IV 2/2/324

[* Rembe (1868-1958), Militärkarriere von 1888 bis 1923. Er nahm teil 1900/01 an der Niederschlagung des Boxeraufstandes in China und 1904/05 an dem der Herero und Nama in Deutsch-Südwestafrika. Im März 1930 als General a. D. Eintritt in die NSDAP und Kariere als NS-Politiker (u. a. Kreisleiter in Erfurt, Gauinspektor in Thüringen), ab 1934 Landesgruppenführer des Reichsluftschutzbundes (Generalluftschutzführer) und Gauverbandsleiter des Reichskolonialbundes, ab 1938 Vorsitzender des Gaugerichts Thüringen der NSDAP. Mitglied des Preußischen Landtages (1933) und des Reichstages (1933-45), Träger des Goldenen Parteiabzeichens der NSDAP. Im September 1945 verhaftet und zu 25 Jahren Arbeitslager verurteilt.
** Kunze (1894-1960), Berufsmilitär seit der Kaiserzeit, war 1945 von einem sowjetischen Militärtribunal zu 25 Jahren Arbeitslager verurteilt worden. Nach seiner vorzeitigen Entlassung und Rückkehr schloß er sich der NDPD an und wurde im März 1960 wegen »staatsgefährdender Propaganda und Hetze« zu 18 Monaten verurteilt. Er starb im August 1960 an Krebs.]

19. Juli 1955
Tagesordnungspunkt 3: Mitteilungen des ZK der KPdSU (Berichterstatter Schirdewan/Grotewohl):
[…]
b) Vom Schreiben hinsichtlich der Kriegsgefangenen. Wir sind einverstanden mit den Vorschlägen. Eine Erklärung der Regierung ist vorzubereiten, die zu gegebener Zeit veröffentlich wird.
SAPMO-BArch DY 30/IV 2/2/431

Vermutlich handelt es sich um das an Ulbricht und Grotewohl gerichtete Schreiben Chruschtschows vom 14. Juli. Darin wurden dem Ersten Sekretär des ZK der SED und dem DDR-Ministerpräsidenten mitgeteilt:
»Wir halten den Zeitpunkt für gekommen, die Frage der deutschen Kriegsgefangenen und Zivilpersonen zu entscheiden, die in der Sowjetunion Strafen verbüßen, wobei wir der Meinung sind, daß ein solcher Schritt der weiteren Festigung der freundschaftlichen Beziehungen zwischen unseren Völkern dienlich sein wird.

Wir berücksichtigen dabei, daß die Frage der Kriegsgefangenen zweifellos bei den Verhandlungen mit Adenauer über die Herstellung diplomatischer Beziehungen zwischen der UdSSR und der Deutschen Bundesrepublik aufgeworfen werden wird. Deshalb möchten wir diese Frage mit Ihnen vor den Verhandlungen mit Adenauer erörtern.

Nach unserer Meinung wäre es zweckmäßig, diejenigen in der UdSSR Strafen verbüßenden deutschen Kriegsgefangenen und Zivilpersonen, die ihren Wohnsitz in der DDR haben, den Behörden der DDR, und diejenigen Kriegsgefangenen und Zivilpersonen, die ihren Wohnsitz in Westdeutschland haben, den Behörden der Deutschen Bundesrepublik zu übergeben.

In diesem Zusammenhang beabsichtigen wir:

1. Während der bevorstehenden Verhandlungen mit dem Kanzler Adenauer über die Herstellung diplomatischer Beziehungen zwischen der UdSSR und der Deutschen Bundesrepublik zu erklären, daß die Frage der ehemaligen Kriegsgefangenen, die für ihre gegen das Sowjetvolk begangenen Verbrechen Strafen verbüßen, von den zuständigen sowjetischen Instanzen geprüft wird und eine günstige Entscheidung dieser Frage zu erwarten ist.

2. Nach einem erfolgreichen Abschluß der Verhandlungen mit der Regierung der Deutschen Bundesrepublik beabsichtigen wir, 5.614 deutsche Bürger, darunter 3.708 Kriegsgefangene, 1.906 Zivilpersonen und 180 Generale der ehemaligen Hitlerarmee von der weiteren Strafverbüßung zu befreien und sie entsprechend ihrem Wohnsitz nach der DDR oder nach Westdeutschland zu repatriieren.

3. Wir halten es für erforderlich, 3.917 Personen (2.728 Kriegsgefangene und 1.189 Zivilpersonen) in Anbetracht der Schwere der von ihnen auf dem Gebiet der UdSSR verübten Verbrechen entsprechend ihrem Wohnsitz den Behörden der DDR oder Westdeutschlands als Kriegsverbrecher zu übergeben.

4. Es ist vorgesehen, als abschließenden Akt einen Erlaß des Präsidiums des Obersten Sowjets der UdSSR über die Freilassung und Repatriierung der deutschen Kriegsgefangenen und Zivilpersonen, die in der UdSSR Strafen verbüßen, zu veröffentlichen, worin festgestellt werden soll, daß die Freilassung entsprechend eines Ersuchens der Regierung der DDR und der Regierung der Deutschen Bundesrepublik erfolgt.

Wir bitten um Ihre Meinung zu den von uns vorgesehenen Maß-
nahmen gegenüber den deutschen Kriegsgefangenen und Zivilperso-
nen, die in der UdSSR Strafen verbüßen.
Mit kommmunistischem Gruß
N. Chruschtschow,
Sekretär des ZK der KPdSU«

(zitiert aus Neues Deutschland, 7./8. Juli 1990)

23. August 1955
Tagesordnungspunkt 5: Provokationsprozesse gegen Personen, die
in sowjetischer Kriegsgefangenschaft waren (Berichterstatter Verner):
Das Politbüro des ZK übermittelt das Material aus Westdeutschland dem ZK der KPdSU zur entsprechenden Verwendung.
(Anlage abgelichtet)
[...] Bereits 1949 setzten, zunächst in Westdeutschland, später
auch in Westberlin, Verfahren gegen Personen ein, die als Angehörige der Wehrmacht sich in sowjetischer Kriegsgefangenschaft
befanden und von zurückgekehrten Gefangenen bezichtigt wurden, im Lager aufgrund einer Position als Lagerführer oder Antifaleiter deutsche Kameraden mißhandelt zu haben. [...]

SAPMO-BArch DY 30/IV 2/2/436

30. August 1955
Tagesordnungspunkt 4: Bericht über das Ergebnis der Touristen-
delegation nach der Sowjetunion zum Fußballspiel Sowjetunion-
Westdeutschland
Tagesordnungspunkt 10: Entsendung einer Journalistendelegation
nach der Sowjetunion anläßlich des Besuchs Adenauers in Moskau:
1) Es wird eine Delegation von Journalisten aus der DDR
nach der Sowjetunion entsandt. Sie soll während des Aufenthalts
Adenauers in Moskau die Bevölkerung der DDR schnell und
gründlich informieren. Der Delegation gehören außerdem zwei
Mitglieder der Kommission für Agitation an, die die in Moskau
weilenden Journalisten der DDR anleiten und die Argumentation
über den Verlauf der Verhandlungen erarbeiten.
2) Der Delegation gehören an:
Gen. Erich Glückauf, Mitglied der Kommission für Agitation

beim ZK der SED als Delegationsleiter;

Gen. Gerhard Kegel, Mitglied der Kommission für Agitation beim ZK der SED;

Gen. Dr. Günther Kertzscher, *Neues Deutschland*;

Gen. Harry Czepuck, *Neues Deutschland*;

Gen. Arno Friedemann, *ADN*;

Gen. Heinz Prieß, Staatliches Rundfunkkomitee;

Gen. Karl-Eduard von Schnitzler, Staatliches Rundfunkkomitee;

Gen. Hermann Burkgardt, *Berliner Zeitung*;

Gen. Rudolf Wetzel, Chefredakteur der *Wochenpost*;

Gen. Karl Bobach, Chefredakteur *Sächsische Zeitung* Dresden;

Gen. Rudolf Singer, Chefredakteur *Freiheit* Halle;

Gen. Kurz Hauke, Chefredakteur *Leipziger Volkszeitung* Leipzig;

Genossin Inge Schmidt als technische Mitarbeiterin aus der Abt. Agitation/Presse-Rundfunk.

Außerdem sollen an der Delegation teilnehmen: Vertreter der *Nationalzeitung*, des *Morgen*, der *Neuen Zeit* und des *Bauern-Echos*.

3) Das Ministerium für Auswärtige Angelegenheiten und ADN wird angewiesen, während dieser Zeit täglich morgens eine deutsche Presseschau an der Botschaft der DDR in Moskau durchzuführen, damit unsere Journalisten ständig informiert sind. Außerdem ist über das Ministerium für Auswärtige Angelegenheiten die Botschaft der DDR in Moskau anzuweisen, die Arbeit der Delegation zu unterstützen. [...]

SAPMO-BArch DY 30/IV 2/2/437

4. Oktober 1955

Tagesordnungspunkt 2: Information des Genossen Grotewohl

a) über den Inhalt einer unveröffentlichten Note der Regierung der UdSSR an die Regierung in Bonn,

b) über die Rückkehr der aus der Sowjetunion entlassenen Kriegsverbrecher wird zur Kenntnis genommen.

Der Teil der zu Entlassenden, der nach Westdeutschland ausgeliefert wird, soll im Transitverkehr nach Westdeutschland überführt werden. Die erforderlichen Maßnahmen zur Übernahme der in die DDR zu Entlassenden werden bestätigt.

Das ZK der KPdSU wird gebeten, das Material über die 749 Kriegsverbrecher, denen wegen der besonderen Schwere der von ihnen begangenen Verbrechen die weitere Verbüßung der Strafe nicht erlassen wurde, uns zu übergeben, damit der von Westdeutschland ausgehenden chauvinistischen Propaganda entgegengetreten werden kann.

Für die Maßnahmen auf dem Verwaltungswege ist Genosse Stoph verantwortlich.

Für die Maßnahmen auf dem Parteiwege ist Genosse Schirdewan verantwortlich.

SAPMO-BArch DY 30/IV 2/2/444

4. April 1956*

Tagesordnungspunkt 5: Angelegenheiten von Personen, die sich in der DDR in Haft befinden (Berichterstatter Grotewohl)

1) Die von der Sowjetunion verurteilten und uns übergebenen Kriegsverbrecher sind ohne Behandlung in der Presse zu entlassen. Wenn der Minister für Staatssicherheit in dem einen oder anderen Falle Bedenken hat, sind sie vor dem Politbüro zu stellen. Die Freilassung erfolgt ab sofort. Zu diesem Zweck ist es notwendig, daß der Minister für Staatssicherheit und der Minister des Innern sofort die entsprechenden Maßnahmen durchführen.

2) Alle Personen, die wegen Kriegsverbrechen oder damit in Zusammenhang stehenden Verbrechen in der DDR nach 1945 verurteilt wurden, sind freizulassen. Der Minister für Staatssicherheit soll die Fälle, wo Bedenken vorliegen, dem Politbüro zur Entscheidung vorlegen.

Der Minister für Staatssicherheit, der Minister des Innern und der Minister für Justiz werden beauftragt, mit der Freilassung zu beginnen.

Die Listen der Freizulassenden sind von den genannten Ministern dem Präsidenten zur Unterschrift vorzulegen.

[...]

6) Die Freilassung erfolgt unter dem Gesichtspunkt, daß die politisch wichtigen Fälle zuerst entschieden werden. [...]

[** Die Entscheidung steht in einem kausalen Zusammenhang mit dem XX. Parteitag der KPdSU, der vom 14. bis 26. Februar 1956 in Moskau getagt hatte. Bekanntlich hatte dort Nikita Chruschtschow in einer fünfstündigen Geheimrede vor den Delegierten Stalins Verbrechen, insbesondere die Parteisäuberungen in*

den 30er Jahren, kritisiert. In der Folge gab es u. a. eine Amnestie
für unter Stalin als Zwangsarbeiter inhaftierte ehemalige KPdSU-
Mitglieder – d. Hrsg.]

SAPMO-BArch DY 30/IV 2/2/470

22. Mai 1956

Tagesordnungspunkt 7: Bericht der Kommission des Zentralkomitees über die Regelung von Angelegenheiten von Parteimitgliedern und ehemaligen Parteimitgliedern (Berichterstatter
Ebert)

[…]

2) Auf Vorschlag der vom ZK eingesetzten Kommission faßte
das Politbüro den Beschluß, dem nächsten Plenum des ZK in
der Angelegenheit Dahlem, Merker, Elli Schmidt, Ackermann,
Jendretzky Vorschläge zu unterbreiten.

[…]

5) Die in den Jahren 1949-1950 beschlossenen Beschränkun-
gen bei Genossen, die in westlicher Kriegsgefangenschaft waren,
werden aufgehoben.

In den Kaderunterlagen dieser Genossen ist ein entsprechender Vermerk zu machen.

SAPMO-BArch DY 30/IV 2/2/478

Dokument 1:
Bericht an das ZK der SED über Prozesse in der Bundesrepublik
Deutschland gegen Heimkehrer aus sowjetischen Kriegsgefangenen-
lagern, insbesondere gegen Absolventen von Antifa-Schulen
(SAPMO-BArch DY 30/J IV2/2/436)

Anlage Nr. 5 zum Protokoll Nr. 39/55 v. 23. August 1955

B e r i c h t
**über westdeutsche Provokationsprozesse im Zusammenhang
mit der Rückkehr von aus sowjetischer Strafhaft Entlassenen**

Bereits 1949 setzten, zunächst in Westdeutschland, später auch in Westberlin, Verfahren gegen Personen ein, die als Angehörige der Wehrmacht sich in sowjetischer Gefangenschaft befanden und von rückgekehrten Gefangenen bezichtigt wurden, im Lager aufgrund einer Position als Lagerführer oder Antifaleiter etc. Kameraden mißhandelt zu haben. Diese Verfahren wurden in erster Linie auf die Initiative der sogen. Heimkehrerverbände eingeleitet, die den einzelnen Staatsanwaltschaften das Material zur Verfügung stellten, teilweise in Zeitungen nach Zeugen inserierten. Grundsätzlich richteten sich diese Verfahren nur gegen Personen, die den Heimkehrerverbänden und damit auch den westdeutschen Staatsanwaltschaften durch ihre in den sowjetischen Lagern gezeigte fortschrittliche Haltung politisch mißliebig waren. Es handelte sich fast ausschließlich um Antifaschüler oder von den sowjetischen Lagerbehörden eingesetzte Lager- und Schulungsleiter.

Die Prozesse dienten sowohl in ihrer Durchführung wie in der Auswertung durch die westdeutsche Presse ausschließlich der Hetze gegen die Sowjetunion, verfolgten aber auch bereits schon zu früher Zeit den gar nicht verheimlichten Zweck, "im Wiederholungsfall", d.h. im Falle eines nächsten Krieges, Wehrmachtangehörige, die in Gefangenschaft der Sowjetunion waren, davor abzuschrecken, sich "landesverräterisch" zu benehmen. Diese Formulierung wurde offen von Beamten der Staatsanwaltschaft gebraucht. Von einer ordnungsgemässen Klärung des Sachverhalts, geschweige denn von einer ordnungsgemässen Rechtsfindung konnte bei diesen Prozessen nie gesprochen werden. Ganz abgesehen davon, daß sowohl die Richter wie auch die Staatsanwälte keinen Hehl aus ihrer Antipathie gegen die von ihnen angeklagten Antifaschisten machten, benutzten sie sogen. Heimkehrerverbände, getragen von ihrer reaktionären faschistischen Einstellung, jeden dieser Prozesse, um selbst im Gerichtssaal eine wüste Progromhetze gegen die Sowjetunion im allgemeinen und gegen den Angeklagten, der sich in der Gefangenschaft "landesverräterisch" benommen hatte, zu entfesseln. Zu vielen Prozessen sammelten die Heimkehrerverbände ihre Mitglieder und schickten sie sogar in besonders gestellten Autobussen zum Gerichtsort.

Zu bemerken ist weiterhin, daß kein einziger Prozeß ähnlicher Art durchgeführt wurde, der sich auf die Verhältnisse in amerikanischen, britischen oder französischen Kriegsgefangenenlagern bezog. 1953 hatte, wie die ursprünglich britisch lisenzierte Wochenzeitschrift "Der Spiegel" seinerzeit mitteilte, man versucht, einen Prozeß durchzuführen, der sich auf eine sogen. Kameradenmißhandlung in jugoslawischen Kriegsgefangenenlagern bezog. Wie die erwähnte Wochenzeitschrift "Der Spiegel" erklärte, war dieser Prozeß aber auf Wunsch der jugoslawischen Regierung und die daraufhin anschliessende Intervention des Bonner Außenministeriums nicht durchgeführt werden.

Anbei wird eine Anklage überreicht, die im April 1952 gegen den Gen. Friedrich Porombka, der im demokratischen Sektor von Großberlin seinen Wohnsitz hatte, erhoben wurde. Hier ergab sich genau das gleiche Bild. Die Verhandlung stand unter dem Druck der faschistischen Kreise Westberlins, die offen im Verhandlungssaal den Verteidiger bedrohten. Die Verhandlung selbst wurde in der westberliner Presse zu einer wüsten Hetze gegen die Sowjetunion ausgenutzt. Fast durchgängig alle Zeugen gehörten, wie sie selbst zugaben, früher der NSDAP bzw. SS an und machten aus ihrem Haß gegen den Angeklagten Porombka kein Hehl. Porombka wurde zu 7 Jahren Zuchthaus verurteilt, wie überhaupt das Strafmaß in diesem Verfahren ungeheuerlich war.

Weiterhin wird ein Urteil überreicht, das die 5. Große Strafkammer des Landgerichts Hannover gegen den technischen Angestellten Erich Z a r b o c k fällte, der gleichfalls seinen Wohnsitz im demokratischen Sektor von Großberlin hatte und, genau wie Prombka, durch Zufall in Westberlin der Polizei in die Hände fiel.

Die gegen diese Urteile beim Bundesgerichtshof eingelegten Revisionen wurden grundsätzlich verworfen, obwohl schon formalrechtlich starke Bedenken gegen die Zuständigkeit deutscher Gerichte in diesen Fällen bestehen.

Weiterhin hat man die Rückkehr von in der Sowjetunion verurteilten ehemaligen Wehrmachtangehörigen dazu benutzt, gegen die Zeugen, die in den einzelnen Verfahren vor den sowjetischen Militärtribunalen in der Sowjetunion wahrheitsgemäß gegen ihre Kameraden bzw. Vorgesetzten aussagten, vorzugehen. Regelmässig haben die in der Sowjetunion verurteilten Kriegsverbrecher nach ihrer Rückkehr, nicht zuletzt wiederum auf Druck der Heimkehrerverbände, Anzeigen gegen die Wehrmachtangehörigen erstattet, die in gegen sie in der Sowjetunion angestrengten Verfahren aussagten und behaupteten, daß diese Aussagen unwahr sind. Regelmässig richteten sich auch diese Verfahren nur gegen Personen, die entweder bereits wegen ihrer fortschrittlichen Haltung, die sie in den Kriegsgefangenenlagern bekundeten, den anderen Wehrmachtangehörigen verhaßt

waren, oder die wegen ihrer fortschrittlichen Haltung in Westdeutschland
als mißliebig angesehen wurden.

Die juristische Konstruktion in diesen Fällen geht dahin, daß der
Zeuge durch seine Bekundungen die Verurteilung des Kriegsverbrechers
erreicht hat, wodurch er in der Form der sogen. mittelbaren Täterschaft
schwere Freiheitsberaubung gegen den Kriegsverbrecher begangen hat. Da
in allen diesen Verfahren die verurteilten Kriegsverbrecher als Zeugen
unter Eid vernommen und regelmässig bekundeten, daß sie keinerlei Verbrechen begangen hätten, wurde stets schwere Freiheitsberaubung angenom
men. Diese Konstruktion ist regelmässig von dem Bundesgerichtshof als
letzter Instanz bestätigt worden. Anbei wird ein weiteres Urteil überreicht, das die 1. Große Strafkammer des Landgerichts Mainz in diesem
Zusammenhang gegen den Gen. Wilhelm K o l t e r erließ. Im Verlauf der
Verhandlung konnten die von der Sowjetunion begnadigten Kriegsverbrecher
die nach ihrer Rückkehr als Zeugen gegen Kolter auftraten, unsicher gemacht werden und nur darauf ist die Verurteilung von Kolter wegen ver-
suchter schwerer Freiheitsberaubung zurückzuführen. Die Anklage selbst
lautete auf vollendete schwere Freiheitsberaubung, und der Staatsanwalt
selbst hatte noch am Schluß der Verhandlung 4 Jahre Zuchthaus beantragt
Gerade in diesem Fall hat der Staatsanwalt in seinen Ausführungen daran
Bezug genommen, wie verdammungswürdig das "landesverräterische" Verhalten des Angeklagten sei.

In diesem Zusammenhang muß auch noch auf eine weitere Kategorie von
Personen, die durch sowjetische Militärtribunale verurteilte worden sind
und deren Rückkehr zu ähnlichen Provokationsprozessen gegen Antifaschisten Veranlassung gibt, Bezug genommen werden. Es handelt sich hier um
deutsche Zivilisten, also Personen, die nicht der Wehrmacht angehörten,
und nach dem 8.Mai 1945 wegen irgendwelcher Verbrechen oder Vergehen
auf deutschem Boden von sowjetischen Militärtribunalen abgeurteilt worden sind. Es gibt bereits einzelne Fälle in Westdeutschland, in denen
derartige Personen bei den westdeutschen Behörden Anzeigen gegen mißlie
bige Antifaschisten mit der Begründung erstatteten, diese Antifaschiste
hätten durch Anzeigen bei den sowjetischen Behörden oder durch Zeugen-
aussagen ihre Verurteilung durch sowjetische Militärtribunale erwirkt.
In diesen Fällen wurden gegen die angezeigten Antifaschisten Verfahren
nach dem sogen. Freiheitsschutzgesetz eingeleitet und durchgeführt.

In Westdeutschland wird in diesen Fällen der § 241a des Strafrechts
Änderungsgesetzes angewandt, der folgendermaßen lautet:

"(1) Wer einen anderen durch eine Anzeige oder eine Verdächtigung
der Gefahr aussetzt, aus politischen Gründen verfolgt zu werde
und hierbei im Widerspruch zu rechtsstaatlichen Grundsätzen
durch Gewalt-oder Willkürmaßnahmen Schaden an Leib und Leben

zu erleiden, der Freiheit beraubt oder in seiner beruflichen oder
wirtschaftlichen Stellung empfindlich beeinträchtigt zu werden,
wird wegen politischer Verdächtigung mit Gefängnis bestraft.

(2) Ebenso wird bestraft, wer eine Mitteilung über einen anderen macht
oder übermittelt und ihn dadurch der in Abs.1 bezeichneten Gefahr
einer politischen Verfolgung aussetzt.

(3) Der Versuch ist strafbar.

(4) Wird in der Anzeige, Verdächtigung oder Mitteilung gegen den anderen eine unwahre Behauptung aufgestellt, oder ist die Tat in der
Absicht begangen, eine der in Absatz 1 bezeichneten Folgen herbeizuführen, oder liegt sonst ein besonders schwerer Fall vor, so
kann auf Zuchthaus bis zu zehn Jahren erkannt werden."

Einzelne dieser Verfahren sind bereits durchgeführt. Man hat sogar
einen Kriminalbeamten, der in der damaligen sowjetischen Besatzungszone
der heutigen Deutschen Demokratischen Republik, 1945/46 tätig war und
die aus amerikanischer Kriegsgefangenschaft zurückkehrenden Wehrmachtangehörigen auf Befehl der Sowjetischen Kommandantur zunächst zur weiteren Überprüfung festnahm, nach denselben Bestimmungen bestraft. Man hat
auch Verfahren eingeleitet gegen Personen,die sich aufgrund von Verur-
teilungen durch sowjetische Militärtribunale in in Deutschland gelege-
nen Strafvollzugsanstalten befanden und dort als Zellenälteste etc.
Personen angaben,die sich gegen die Lagerordnung etc.vergangen hatten.

In diesem Zusammenhang wird eine Anklageschrift gegen den berufslo-
sen Richard M a u vom 16.10.54 überreicht,die auf den gleichen Sachver-
halt Bezug nimmt. Das Verfahren gegen Mau ist allerdings aus anderen
Gründen bislang nicht zur Durchführung gelangt. Grundsätzlich wurde die
Anwendung des sogen.westberliner Freiheitsschutzgesetzes bzw.des § 241a
des westdeutschen Strafgesetzbuch-Änderungsgesetzes in diesen Fällen
immer damit begründet, daß praktisch jede Verurteilung durch sowjetische Militärtribunale, aber auch durch die Gerichte der Deutschen Demokratischen Republik -wie es im Gesetz heißt- "im Widerspruch zu rechtsstaatlichen Grundsätzen" steht und als "Gewalt- oder Willkürmaßnahme"
aufzufassen ist.

Nach der in der westdeutschen reaktionären Justiz und Regierungsver-
waltung herrschenden Tendenz besteht gar kein Zweifel, daß die Rückkehr
der Verbrecher, die sich zur Zeit noch in sowjetischem Gewahrsam befinden oder auf dem Gebiet der Deutschen Demokratischen Republik aufgrund
von Urteilen der sowjetischen Militärtribunale in deutschem Gewahrsam
befinden, sofort zur Durchführung der oben erwähnten Verfahren gegen
mißliebige Antifaschisten führen wird, sei es, daß man sie entsprechend
der ersten Kategorie (verurteilte Wehrmachtangehörige) wegen "Kameraden
mißhandlung" anklagen wird,sei es, daß man sie, wie bei der zweiten

5

Kategorie (nach dem 8.Mai 1945 verurteilte deutsche Zivilisten) wegen angeblicher "Denunziation" belangen wird.

23. August 1955

Dokument 2:
Bericht über die Ankunft des ersten Transportes in Frankfurt/Oder
nach dem Adenauer-Besuch in Moskau, 8. Oktober 1955
(SAPMO-BArchDY 30/IV2/13/403)

Abteilung Bevölkerungspolitik   Berlin, den 10.10.1955

B e r i c h t

über den 1. Transport aus der UdSSR am 8.10.1955

Der Transport traf in Frankfurt/O. um 7.5o Uhr mit 6oo
Personen ein und wurde 9.28 Uhr nach Fürstenwalde weitergeleitet.
Der Transport setzte sich nur aus Männern zusammen. Der Gesundheitszustand der Personen war gut; es gab keine Kranken.

Die Überführung der Personen vom Bahnhof Fürstenwalde ins Lager
Fürstenwalde vollzog sich ohne besondere Schwierigkeiten. Die
Organisation der Abwicklung im Lager zeigte einige Schwächen
und war noch unbefriedigend. Die entsprechenden Umstellungen
in organisatorischen Angelegenheiten sind bereits erfolgt.

Die gesamte Abwicklung wurde abgeschlossen am 9.10.55,16.oo Uhr.
Am 8.10.55 wurden bereits die Personen in die Deutsche Demokratische Republik, deren Reiseziel feststand, weitergeleitet.
(135 Personen, in den demokratischen Sektor von Gross-Berlin
6 Personen, Westberlin 116 Personen, 1 Transport nach Westdeutschland mit 187 Personen).
Am 9.10.55 reisten nochmals 25 Personen in die DDR,21 Personen
nach Westberlin, 115 Personen nach Westdeutschland.

Bei denen, die am 9.10.55 nach Westdeutschland reisten, handelt
es sich um solche Personen, die sich weigerten, zu ihren Angehörigen in die Deutsche Demokratische Republik zu fahren und angaben, dass sie auch Angehörige in Westdeutschland haben.

Stimmung des Transportes:

In der Hauptsache wurde der Empfang in Frankfurt/O. in negativer
Hinsicht diskutiert. Dabei wurde überwiegend die Auffassung zum
Ausdruck gebracht, dass sie zu Unrecht verurteilt worden seien.
Hiervon ausgehend versuchten einige Elemente die Deutsche Demokratische Republik zu diskreditieren, um die gespannte Stimmung
noch negativer zu beeinflussen. Der Einsatz von Agitatoren, der
von der Kreisleitung der SED von Fürstenwalde geleitet wurde, half
diesen Einfluss wesentlich einzudämmen. Am Vormittag des 9.10.55
war eine wesentliche Beruhigung eingetreten und es konnte im Ergebnis erzielt werden, dass sich von den schwankenden Personen
noch 21 bereiterklärten, in der DDR zu verbleiben.

Negativ, sowohl auf die Insassen als auch auf die Fürstenwalder
Bevölkerung wirkte sich aus, dass ca. 2oo Personen am Zaun des
Lagers tagsüber herumstanden. Am Nachmittag des 9.10.55 wurde
beobachtet, dass einige Insassen Kleidungsstücke über den Zaun
warfen, die von der Bevölkerung mitgenommen wurden.

Im Anhang fügen wir eine Abschlussaufstellung bei. Die Differenz
von einer Person gegenüber der jewjetischen Originalliste wird
noch geklärt.

gez. Fritzsche

176

Dokument 3:
Bericht über die Ankunft des zweiten Transportes in Frankfurt/Oder
nach dem Adenauer-Besuch in Moskau, 10. Oktober 1955
(SAPMO-BArchDY 30/IV2/13/403)

Staatssekretariat für   Fürstenwalde, den 11.1o.1955.
Innere Angelegenheiten
- Bevölkerungspolitik -

B e r i c h t
über den zweiten Transport aus der UdSSR vom 1o. Oktober 1955.
- -

1. Am 1o.1o.55 traf in Frankfurt/Oder der zweite Transportzug mit
356 Personen ein.

2. Die Übergabe wurde vom Leiter der Abteilung für Innere Angelegen-
heiten, Genossen Tessen, durchgeführt.
Es muss erwähnt werden, dass bei der Übergabe einige Unzulänglich-
keiten auftraten. Bei der ersten Zählung fehlten einige Personen.
Nach mehrmaligen Überprüfungen wurde dann festgestellt, dass sich
eine Frau in dem auf dem gleichen Bahnsteig abgekoppelt stehenden Transportzug, der nach Westdeutschland ging, befand. In diesem
Zug befand sich ihr Ehemann, welcher nach Westdeutschland fuhr.
Ihrem Wunsche entsprechend wurde sie diesem Transport zugeteilt.
(Die schriftliche Bestätigung der Frau liegt vor). Durch die mehr-
malige Zählung traf der Transportzug erst gegen 18.oo Uhr in Fürstenwalde-Spree ein, wo er reibungslos und schnell durch Omnibusse
ins Lager überführt wurde.

Die Stärke des Transportes betrug demnach nur	355	Personen
davon männlich	287	"
weiblich	61	"
und Kinder	8	"

Weitergeleitet wurden:

In die DDR	255	"
in den demokrat.Sektor von Berlin	32	"
Nach Westberlin gingen	27	"
und nach Westdeutschland	34	"
Insgesamt:	348	"

Erklärungen über die restlichen 7 Personen siehe Anlage.

Der Transport war am 11.1o.1955, 1o.3o, abgewickelt und bis auf
7 Personen wurden alle nach ihren Heimatorten weitergeleitet.
Bis zum 12.1o.55 werden die restlichen Personen, ausser zweien,
die sich in Krankenhäusern in Frankfurt/Oder und Fürstenwalde

- 2 -

befinden, in ihre Heimatorte befördert werden.

Der Transport wurde mittels Omnibussen zu den Weiterleitungs-
bahnhöfen durchgeführt. Die Westdeutschen wurden mit zwei Omnibussen bis nach Eisenach/Wartha gefahren; diese Massnahme machte
sich deshalb notwendig, weil sonst auf dem Bahnhof in Erfurt
eine Wartezeit von ca. 4 Stunden eingetreten wäre.

Durch die von der Volkspolizei beim Abtransport getroffenen
Absperrmassnahmen gab es beim Abtransport nach dem Lager nur
eine Gruppe von 40-50 Neugierigen, die sich nach Beendigung des
Abtransportes wieder entfernten.

Durch die Ansprache und die individuellen Unterhaltungen der
Agitatoren mit den Transportteilnehmern, erhielt die Abwicklung
gute Unterstützung und konnte reibungslos vorgenommen werden.
Die Personen dieses Transportes waren offener und zugänglicher
im Verhältnis zum ersten Transport. Aus den Unterhaltungen mit
ihnen war zu erkennen, dass es sich in den meisten Fällen um
Menschen handelte, die nach 1945 wegen Spionage, Sabotage und
ähnlichen Delikten verurteilt wurden. In den Diskussionen gab
ein Teil zu, dass sie zurecht bestraft wurden und sich nun bemühen wollen, ein neues Leben aufzubauen.

Auch bei diesem Transport waren noch bei einem Teil der Personen, wenn auch im geringenen Masse als beim ersten Transport
Befürchtungen vorhanden, dass sie in Zukunft, trotz Zusicherung,
in der DDR nicht als gleichberechtigte Bürger geachtet werden.

Die Meinung fast aller Lagerinsassen über die Behandlung und Aufnahme war positiv.

Es wirkte sich ungünstig aus, dass dieser Transportzug gekoppelt
war mit Waggons ehemaliger Kriegsverurteilter, die nach Westdeutschland befördert wurden. Die westdeutschen Waggons waren
mit Transpareten, wie "Wir danken Dir, Dr. Adenauer" und"Deutschland, Deutschland über alles" versehen.

Es werden Verhandlungen geführt, um zu erreichen, dass Transporte
mit Personen nach Westdeutschland und nach der DDR nach Möglichkeit getrennt auf dem Bahnhof in Frankfurt/O. ankommen.

In Zusammenarbeit mit der Reichsbahn und der Grenzpolizei werden
Massnahmen getroffen, die das Anbringen dieser Transparente unter-
binden bzw. vor Einfahrt im Bahnhof Frankfurt/O. die Lage verändern

Dokument 4:
Bericht über die Ankunft eines Sondertransportes in Frankfurt/Oder
nach dem Adenauer-Besuch in Moskau, 11. Oktober 1955
(SAPMO-BArchDY 30/IV2/13/403)

291

Fürstenwalde, den 12.10.1955

B e r i c h t

Über die Rückführung ehemaliger Kriegsverurteilter aus der UdSSR
vom 11. Oktober 1955.

1. Am 11.10.1955 trafen in Frankfurt(Oder) mit dem planmäßigen D-Zug
aus der UdSSR vier männliche Personen ein.

2. Die Übergabe wurde für drei Personen ordnungsgemäß für das Lager
Fürstenwalde durchgeführt. Eine Person wurde den Sicherheitsorganen
der Deutschen Demokratischen Republik übergeben. Die Weiterleitung
der drei Personen erfolgte mittels Omnibus nach Fürstenwalde.

3. Von den drei Personen verblieben zwei in der Duetschen Demokratischen
Republik. Die dritte Person, deren sämtliche Familienangehörige in Lü-
beck wohnhaft sind, wurde nach dem Grenzübergang Wartha entlassen.
Bei diesen Personen handelt es sich um ehemalige Soldaten der faschisti
schen Wehrmacht, die seit 1945 wegen Kriegsverbrechen verurteilt waren.
Die Einstellung der zwei in der DDR verbliebenen Personen war durchaus
positiv. Sie sprachen von selbst über ihre vergangene Schuld und wollen
nun tatkräftig am Wiederaufbau mithelfen.

Dokument 5:
Bericht über die Ankunft eines Sondertransportes in Frankfurt/Oder
nach dem Adenauer-Besuch in Moskau, 13. Oktober 1955
(SAPMO-BArchDY 30/IV2/13/403)

Fürstenwalde, den 13.10.1955

B e r i c h t

über die Rückführung ehemaliger Kriegsverurteilter aus der UdSSR vom 13. Oktober 1955

1.) Am 13.10.1955 trafen in Frankfurt/Oder mit dem planmäßigen D-Zug aus der UdSSR sechs männliche Personen ein.

2.) Die Übergabe wurde für die sechs Personen ordnungsgemäß für das Lager Fürstenwalde durchgeführt. Die genannten Personen wurden am gleichen Tage mittels Omnibus nach dem Lager Fürstenwalde weitergeleitet.

3.) Von den sechs Personen verblieben vier in der Deutschen Demokratischen Republik und zwei wurden auf ihren eigenen Wunsch, da ihre näheren Angehörigen in Westdeutschland wohnhaft sind, nach dort über Wartha b. Eisenach weitergeleitet.
Ausserdem traf am 13.10.1955 eine Person aus Cottbus kommend von dem Transportzug für Westdeutschland, hier im Lager Fürstenwalde ein. Diese Person hat mit Genehmigung des sowjetischen Transportbegleiters diesen Zug verlassen dürfen, da seine Angehörigen in der Volksrepublik Polen wohnhaft sind und er die Absicht hat hier in der Deutschen Demokratischen Republik zu bleiben um dann später mit seinen Familienangehörigen in der VRP Verbindung aufzunehmen. Die Weiterleitung dieser Person wird am 14.10.1955 in den Morgenstunden nach dem Bezirk Cottbus erfolgen, wo er arbeits-und wohnungsmässig untergebracht wird.

Irgendwelche besonderen Vorkommnisse liegen nicht vor.
Alle Personen wurden ihren Heimatorten zugeleitet. Im Lager selbst befindet sich noch eine Person auf eigenen Wunsch, um auf seine Ehefrau, welche mit dem nächsten Transport hier ankommt zu warten. Beide Personen wollen dann nach Magdeburg weiterreisen.

Dienstgrade der 5 Prisonen, die in der DDR verbleiben:

Bezirk	Frankf.	Hauptfeldwebel SS	
"	Leipzig	Unteroffizier	
"	Dresden		Journalist
"	Gera	Soldat	
"	Cottbus	ohne	

Dokument 6:
Bericht über die Ankunft eines Transportes in Frankfurt/Oder nach
dem Adenauer-Besuch in Moskau, 15. Oktober 1955
(SAPMO-BArchDY 30/IV2/13/403)

274

Fürstenwalde, den 17.10.1955

B e r i c h t

Über die Rückführung ehemaliger Kriegsverurteilter aus der
UdSSR vom 15.10.1955

1.) Am 15.10.1955 trafen in Pillgram gegen 18.00 Uhr 323 Personen ein.

2.) Die Übergabe dieses Transportes wurde ordnungsgemäss für das Lager
Fürstenwalde durchgeführt, dabei ergab sich, dass nach der Liste
aus der UdSSR Personen im Transport vorhanden waren, die auf der
Liste des westdeutschen Transportes geschrieben sind. Aus diesem
Grund wurde diese Liste einschliesslich Akt am 5 onnabend von dem
Übernehmenden nicht unterschrieben. Von den Begleitoffizieren des
Transportes wurde die Unterzeichnung der Liste für den 17.10.1955
im Lager Fürstenwalde festgelegt.
Der Transport wurde mittels Omnibus von Pillgram Bahnhof Fürsten-
walde nach dem Lager geleitet.

3.) Nach der Einweisung im Lager und genauer Feststellung der Personalien aller Personen des Transportes wurden 179 Männer und 144 Frauen
ermittelt. Diese Personen wurden wie folgt am gleichen Tag in ihre
heimatorte weitergeleitet:

a)	DDR	142	männliche Personen
		111	weibliche Personen
	Insgesamtzahl	253	Personen
b)	Demokratischer Sektor	16	männliche Personen
	v. Gross-Berlin	17	weibliche Personen
	Insgesamt	33	Personen
c)	Westberlin	9	männliche Personen
		9	weibliche Personen
	insgesamt	18	Personen
d)	Westdeutschland	12	männliche Personen
		7	weibliche Personen
	Insgesamt:	19	Personen

Alle Personen, welche nach Westberlin bzw. Westdeutschland weiter-
reisten haben ihre Angehörigen zum Teil in Westdeutschland bzw. Westberlin und auch in der Deutschen Demokratischen Republik. Von allen
Personen wurde vor ihrer Abreise nach Westberlin bzw. Westdeutschland
die dementsprechende Erklärung, dass sie entsprechend ihrem eigenen
Wunsch in den von ihnen angegebenem Reiseziel fahren, unterschrieben.
3 weibliche Personen mussten in Fürstenwalde ins Krankenhaus überführt
werden, 2 Personen wegen Diphterieverdacht, eine Person wegen fieber-
hafter Erkrankung. Die Weiterleitung dieser Personen in ihren Heimatort wird in den nächsten Tagen erfolgen.

4.) Die Disziplin von den Personen dieses Transportes war gut. Die
Gespräche mit den einzelnen Personen durch die Agitatoren zeigten
zum größten Teil auf, dass von den ehemaligen Kriegsverurteilten
ihre Schuld zugegeben wurde.
Zu bemerken ist, dass dieser Transport zum größten Teil aus Verurteilten nach 1945 wegen Spitzage und ähnlichen Delikten bestand.
Man kann sagen, dass bei fast ausschließlich allen Personen der fe-
ste Wille vorhanden ist am weiteren Aufbau in der Deutschen Demokratischen Republik mitzuarbeiten. Dieses kam besonders dadurch zum
Ausdruck, dass von diesen Personen der Leitung gegenüber der Dank
für die Betreuung und schnelle Abwicklung zwecks Weiterreise in die
Heimatorte zum Ausdruck gebracht wurde.

5.) Besondere Vorkommnisse waren nicht zu verzeichnen, außer dass bei
diesem Transport einzelne Personen waren, welche auf den Listen für
westdeutsche Transporte geschrieben waren und sich in Frankfurt/Oder
entschieden haben in der Deutschen Demokratischen Republik zu verbleiben.
Die Zusammenarbeit mit den einzelnen VP-Dienststellen zwecks Weiterleitung der Transporte ist gut. Schwierigkeiten bestehen noch bei
der Gestellung von Begleitmannschaften der VP-Transportpolizei für
die Weiterreise bei Personen nach Westberlin. So waren am 15. und
16. Nachts auf dem Bahnhof Fürstenwalde keine Kameraden der Transpo-
lizei anzutreffen zwecks Begleitung der Personengruppe mit dem
Triebwagen nach Berlin-Charlottenburg.

6.) Zur besseren und schnelleren Organisierung hinsichtlich der Weiterleitung von Transporten wird vorgeschlagen, dass der Einsatzleitung Fürstenwalde rechtzeitig und laufend bekanntsein muss,
wann und wie stark die Transporte für die Deutsche Demokratische Republik in Frankfurt eintreffen. Es muss erwähnt werden, dass bisher
die Bekanntmachungen bzw. Ansagungen für Transporte nach der Deutschen Demokratischen Republik sehr unregelmässig verlaufen sind,
was zur Folge hatte, dass die für die Weiterleitung von Transporten
eingesetzten Omnibusse (11) und Lastkraftwagen (5) unzweckmässig
bereitstanden und dadurch hohe Kosten entstehen, die bei einer plan-
mässigen Ansagung vermieden werden können.

Dokument 7:
Bericht über die Ankunft eines Transportes in Frankfurt/Oder nach
dem Adenauer-Besuch in Moskau, 19. Oktober 1955
(SAPMO-BArchDY 30/IV2/13/403)

Fürstenwalde, den 21.10.1955

B e r i c h t

über die Rückführung ehemaliger Kriegsverurteilter aus der UdSSR
von 19. Oktober 1955

1. Am 19.10.1955 traf gegen 16,15 Uhr auf dem Grenzbahnhof in
   Frankfurt(Oder) ein gemischter Transportzug ein.(DDR und Westdeutschland.)

2. Dieser Transportzug wurde nach der Deutschen Demokratischen
   Republik und Westdeutschland aufgeteilt.
   Im Transport für die Deutsche Demokratische Republik befanden
   sich insgesamt 566 Personen und 1 Kind.
   Die Personen gliedern sich auf in

DDR	männliche Personen	333
	weibliche "	94
demokratischer Sektor von		
Berlin	männliche Personen	28
	weibliche "	16
Westberlin	männliche Personen	30
	weibliche "	14
	(Kinder	1) .
Westdeutschland	männliche Personen	44
	weibliche "	7

Die Übergabe erfolgte auf dem Bahnhof Pillgram gegen 19,00 Uhr.

Die Ausladung und Weiterleitung des Transportes wurde auf dem
Bahnhof Fürstenwalde-Spree ab 19,40 Uhr schnell und reibungslos durchgeführt.
Es erwies sich als gut für die Disziplin, daß sich der Bevollmächtigte des Ministeriums des Innern, Genosse Jatzke, während
des Aufenthaltes des Transportes in Frankfurt(Oder) befand und
die Transportteilnehmer über die Organisation der Abwicklung in-
formierte.

Die Arbeit der Betreuer und Agitatoren hat sich weiter verbessert.
Sie hatten durch die verantwortlichen Genossen ständig Anleitung
bis zur Abreise der letzten Gruppe der Transportteilnehmer.Es hat
sich besonders bewährt, daß durch die Leitung mit allen Betreuern
und Agitatoren vor Eintreffen des Transportes eine Aussprache
durchgeführt wurde, in deren Verlauf sie in ihre Aufgaben eingewiesen wurden.
Am 20.10.1955, gegen 9,00 Uhr, wurde die letzte Personengruppe per
Autobus zu ihrem Anschlußzug gebracht.

Drei Personen mußten am 19.10.1955 bereits vom Übergabebahnhof
Pillgram in das Krankenhaus Fürstenwalde-Spree überführt werden.

-2-

Eine Person, namens Fritz Kornetzki, geboren 1895 in Brockau, wahrscheinlich wohnhaft in Berlin-Zehlendorf, ist am 20.10.55 gegen 17.15 Uhr im Krankenhaus Fürstenwalde verstorben. Die Anschrift des Verstorbenen ist nicht bekannt, da er bei Eintreffen im Krankenhaus nicht in der Lage war, nähere Angaben zu seiner Person zu machen. Es ist zu vermuten, daß die Familie des K. in Berlin-Zehlendorf wohnhaft ist, da nach Angaben der Stationsschwester Gisela vom Krankenhaus Fürstenwalde der Sohn seinen Vater sprechen wollte. Das Telefongespräch aus Berlin-Zehlendorf wurde aber aus unbekannten Gründen unterbrochen. Vom Superintendenten Hillebrandt in Fürstenwalde wurde gegen 19.00 Uhr telefonisch mitgeteilt, daß der Sohn des Kornetzki am 21.10.1955 in den Vormittagsstunden in Fürstenwalde eintreffen wird. Wie eine Verbindung zwischen dem Superintendenten Hillebrandt und dem Sohn des Kornetzki möglich war, ist hier unbekannt.

Die Weiterleitung der übrigen zwei Personen erfolgt in den nächsten Tagen. Eine Person befindet sich auf eigenen Wunsch noch bis zum 21.10.1955 im Lager Fürstenwalde, um dann die Weiterreise nach seinem Heimatort Görlitz anzutreten.

3. Durch Aussprachen der Agitatoren mit Personen, die ihre Weiterreise nach Westberlin oder Westdeutschland festgelegt hatte, konnte erreicht werden, daß sich 6 Personen zum Verbleiben in der Deutschen Demokratischen Republik entschieden.

Die Transportteilnehmer sprachen der Einsatzleitung ihren Dank für die schnelle und fürsorgliche Betreuung zur Weiterreise nach ihren Heimatorten aus. Der Leitung wurden von zwei Transportteilnehmern Stellungnahmen zur Veröffentlichung übergeben. Diese sind in der Anlage zur Weiterleitung an den Genossen Inspekteur Dinow beigefügt.

4. Am 19.10.1955 wurden erstmalig auf dem Grenzbahnhof Frankfurt (Oder) Agitatorengruppen für den Transport nach Westdeutschland eingesetzt, die Aufklärung gaben und für das Verbleiben in der Deutschen Demokratischen Republik warben. Diese Maßnahme wurde verantwortlich vom Genossen Tessen, Leiter der Abteilung für Innere Angelegenheiten beim Rat des Bezirkes Frankfurt(Oder) mit der Bezirksleitung der Partei beraten und organisiert. Ein sichtbarer Erfolg war nicht zu verzeichnen, da diese Aktion durch die mit der Trennung des Transportes verbundene Aufregung der Transportteilnehmer(Abschiedsszenen) gestört wurde.

Nd.
..... Meldung

Gesamt(Brücke Transportage-Nr.: .... (noch eingeführt.)
davon

	Su.	M	F	Kl	Bem.
DDR.	427	333	94	—	
Demokr. Sektor	44	28	16	—	
Westberlin	44	30	14	(1)	
Westdeutschland	51	44	7		
Insgesamt	566	435	131	(1)	

b e z i r k s a u f t e i l u n g

Rostock	30	Personen
Schwerin	12	" "
Neubrandenburg	19	" "
Potsdam	80	" "
Frankfurt	22	" "
Cottbus	21	" "
Halle	40	" "
Magdeburg	22	" "
Dresden	59	" "
Leipzig	30	" "
Karl-Marx-Stadt	50	" "
Erfurt	14	" "
Gera	16	" "
Suhl	12	" "
	427	Personen

Eine nach Westberlin entlassene männliche Person ist am 21.10.1955
gegen 17,15 Uhr im Krankenhaus Fürstenwalde-Spree verstorben.

F. d. R.

Dokument 8:
Kurzmeldung über die Ankunft eines Transportes in Frankfurt/Oder
nach dem Adenauer-Besuch in Moskau, 11. Dezember 1955
(SAPMO-BArchDY 30/IV2/13/403)

Staatssekretariat für Innere Angelegenheiten
Abteilung Bevölkerungspolitik

300.

Berlin, den 12.12.1955

Kurzmeldung

über eingetroffene Haftentlassene aus der
UdSSR am 11. Dezember 1955

Ankunft des Transportes am 11.12.1955 16.30 Uhr in Frankfurt/O
laut Listen und Protokoll wurden uns übergeben
435 Personen
2 Kinder
437 Personen

Am 12.12.1955 bis 7.00 Uhr wurden entlassen

In die DDR   212 Personen
In den demokratischen Sektor   39 Personen
nach Westberlin   45 Personen
                                        296 Personen

Im Lager befinden sich noch
die nach Westdeutschland entlassen werden sollen: 124 Personen;
                                                          2 Kinder

Da bereits mehrere Aussprachen mit diesem Personenkreis geführt wurden, ist eine wesentliche Än-
derung nicht mehr zu erwarten.
Die Abfahrtszeit ist auf den 12.12.55, 11.00 Uhr
festgelegt.

Der Aufenthalt ist noch unklar bei
Der Aufenthalt für diesen Personenkreis wird noch   15 Personen.
im Laufe des heutigen Tages entschieden.
                                                         437 Personen

Verteiler:
1 x Herrn Minister Maron
1 x Herrn Staatssekretär Hegen
1 x ZK der SED
2 x Abt. Bevölkerungspolitik

Dokument 9:
Bericht über die Ankunft eines Transportes in Frankfurt/Oder nach
dem Adenauer-Besuch in Moskau, 11. Dezember 1955
(SAPMO-BArchDY 30/IV2/13/403)

301

Ministerium des Innern   Fürstenwalde, den 12. 12. 1955
Staatssekretariat für   Sha.l Ra/Ra.
Innere Angelegenheiten

                         B e r i c h t

über die Rückführung ehemaliger Kriegsverurteilter aus der UdSSR
                         vom 11.12.55

1.) Am 11.12.1955 traf gegen 15.40 Uhr auf den Grenzbahnhof in Frank-
    furt/Oder (Oderbrücke) ein Transportzug, bestehend aus
             414 Männer, 1 Frau und 2 Kleinkindern
    ein.

    Diese Personen gliedern sich auf in:

    DDR   männliche Personen   247
    demokr.Sektor von
    Groß-Berlin   männliche Personen   39
    Westberlin   männliche Personen   45
    Westdeutschland   männliche Personen   96
                                  weibliche Person   1 u.2 Kinder

    z.Zt.befinden sich noch im Lager:

    DDR   männliche Personen   8 zwecks Über-
                                  prüfung(auf Weisung MfS)
    Westdeutschland   männliche Personen   6   "   "
    Westberlin   männliche Personen   1   "   "
    Westdeutschland   männliche Personen   2 deren Ange-
                                  hörige erwartet werden.
    ───
    = insgesamt: 415 u. 2 Kinder
    ═══

Die Übergabe erfolgte auf dem Bahnhof Pillgram gegen 17.15 Uhr
und verlief reibungslos und diszipliniert. Es muss erwähnt werden, daß von seiten der BdVP Frankfurt/Oder, die am 11.12.55 an-
geforderte Beleuchtung (Aggregat) für den Bahnhof Pillgram zur
Beleuchtung des Transportzuges nicht vorhanden war.
Trotz dieses Mangels war das Eintreffen des Transportzuges in
Fürstenwalde-Bahnhof gegen 18.15 Uhr, gewährleistet.
Vom Bahnhof Fürstenwalde wurden die Personen des Transportzuges
mittels Omnibussen nach dem Lager gebracht. Gegen 19.oo Uhr wurde
mit den Durchführungsarbeiten der Weiterleitung nach den Heimatorten begonnen.
Durch die gute, technisch-organisatorische Arbeit der Genossen
wurde erreicht, daß bis zum 12.12.55, 7.oo Uhr morgens, der größte Teil des Transportes nach ihren Heimatorten in die DDR und
den demokratischen Sektor von Groß-Berlin weitergeleitet wurde.

                                                        - 2 -

187

302

Die Personen, welche sich für die Weiterleitung nach der Bundesrepublik entschieden haben, wurden mittels Omnibusse nach Wartha gebracht und durch die VP-Grenze über die Demarkationslinie geleitet.
Die Weiterleitung nach Westberlin erfolgt auf der S-Bahn unter Begleitung von Transportpolizei bis Bahnhof Friedrichstraße.
Am 12.12.1955 gegen 15.00 Uhr waren fast alle Personen des Transportes aus dem Lager geleitet worden. Die restlichen 15 Personen verblieben auf Weisung der Mitarbeiter des Ministeriums für Staatssicherheit zur weiteren Klärung im Lager.
Zu dieser Weisung ist zu sagen, dass derartige Massnahmen während der Durchschleusung von Transporten sich äusserst ungünstig auswirken und auch die agitatorische und propagandistische Arbeit erschweren. Es trat eine gewisse Unruhe unter den Zurückgebliebenen auf, die sich auch auf die Abreisenden auswirkte.

Die Rückkehrer, die in der Deutschen Demokratischen Republik beheimatet sind, aber nach Westdeutschland bzw. nach Westberlin wollten, gebrauchten die gleichen Argumente wie bei den bisherigen Transporten, z.B., wir müssen deswegen nach Westdeutschland, weil es nur dort die entsprechenden Spezialärzte gibt oder die Versorgungsansprüche wären gesicherter als in der Deutschen Demokratischen Republik.
Durch Aussprachen der Agitatoren und Kommissionen mit den Personen, die in der Deutschen Demokratischen Republik ihren Wohnsitz haben, aber die Weiterreise nach Westberlin oder Westdeutschland festgelegt hatten, konnte erreicht werden, dass sich 7 Personen zum Verbleiben in der Deutschen Demokratischen Republik entschieden haben.

Durch die Arbeit des Mitarbeiters vom Ministerium für Arbeit und Berufsausbildung wurde erreicht, dass 7 Personen, die keine Angehörigen in der Deutschen Demokratischen Republik angeben konnten, eine wohnungs- und arbeitsmässige Unterbringung erhielten.
Von den Transportteilnehmern wurde der Einsatzleitung ihren Dank für die schnelle und fürsorgliche Betreuung ausgesprochen.

Die Zusammenarbeit mit den Organen der Volkspolizei war gut. Irgendwelche Ansammlungen von Einwohnern in Fürstenwalde waren nicht zu verzeichnen.

Es wird vorgeschlagen, dass evtl. durchzuführende Überprüfungen von Transportteilnehmern durch das Ministerium für Staatssicherheit in Zukunft nicht mehr in der Form durchgeführt werden sollten, wie es bei diesem Transport der Fall war.

Dokument 10:
Kurzmeldung über die Ankunft eines Transportes in Frankfurt/Oder
nach dem Adenauer-Besuch in Moskau, 12. Dezember 1955
(SAPMO-BArchDY 30/IV2/13/403)

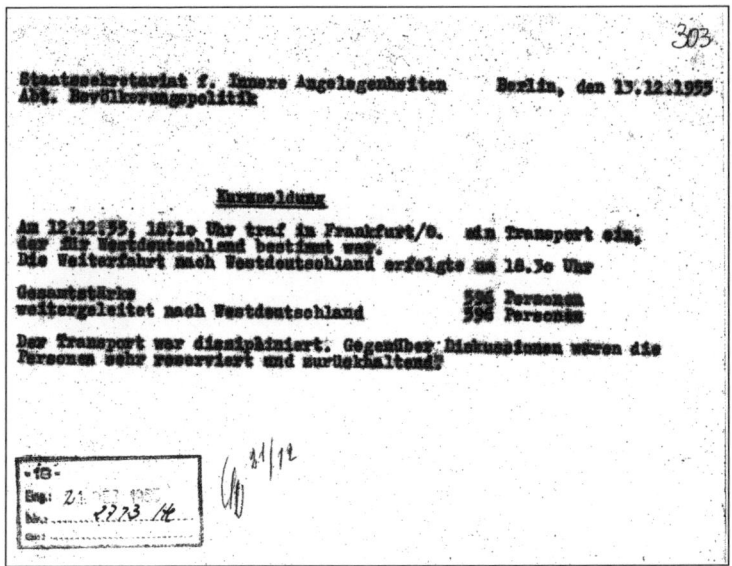

303

Staatssekretariat f. Innere Angelegenheiten   Berlin, den 13.12.1955
Abt. Bevölkerungspolitik

                    Kurzmeldung

Am 12.12.55, 18.10 Uhr traf in Frankfurt/O. ein Transport ein,
der für Westdeutschland bestimmt war.
Die Weiterfahrt nach Westdeutschland erfolgte um 18.30 Uhr

Gesamtstärke   ... Personen
weitergeleitet nach Westdeutschland   ... Personen

Der Transport war diszipliniert. Gegenüber Diskussionen waren die
Personen sehr reserviert und zurückhaltend.

189

Dokument 11:
Vorlage für das Politbüro – Journalistendelegation aus der DDR
zum Adenauer-Besuch in Moskau, 29. August 1955
(SAPMO-BArch DY 30/JIV2/2A/443)

Persönliche Vorlage
– Vorlage – *422*

Abteilung Agitation/Presse-Rundfunk

1 Exemplare je 2 Blatt
15 Exemplar 2 Blatt 106

Berlin, den 29.8.1955
Fö/Re.

Vorlage für das Politbüro

Betr.: Entsendung einer Journalistendelegation nach der Sowjetunion anläßlich des Besuches Adenauers in Moskau.

Beschlußvorschlag:

Es wird eine Delegation von Journalisten aus der Deutschen
Demokratischen Republik nach der Sowjetunion entsandt. Sie soll
während des Aufenthaltes Adenauers in Moskau die Bevölkerung der
DDR schnell und gründlich informieren. Dieser Delegation gehören
ausserdem zwei Mitglieder der Kommission für Agitation an, die
die in Moskau weilenden Journalisten der DDR anleiten und die
Argumentation über den Verlauf der Verhandlungen erarbeiten.

Der Delegation gehören an:

1. Genosse Erich Glückauf,   Mitglied der Kommission für
Agitation beim ZK,
als Delegationsleiter,

2. Genosse Gerhard Kegel,   Mitglied der Kommission für
Agitation beim ZK,

~~3. Genosse Werner Schreier,~~   ~~Persönlicher Mitarbeiter,
als Sekretär der Delegation~~

4. Genosse Dr.Günther Kertzscher, "Neues Deutschland",

5. Genosse Czepuk,   "Neues Deutschland"

~~6. Genosse Günther Diemund ADN~~

~~7. Genosse Erich Selm ADN~~

8. Genosse Arno Friedmann,   ADN

9. Genosse Heinz Priess,   Staatliches Rundfunkkomitee

10. Genosse Karl-Eduard v.Schnitzler, Staatliches Rundfunkkomitee,

11. Genosse Hermann Burkhardt,   "Berliner Zeitung",

12. Genosse Rudolf Wetzel,   ~~Vorsitzender des Verbandes der~~
Chefred.: Vorleopost ~~Deutschen Presse,~~

13. Genosse Karl Bobach,   Chefredakteur "Sächsische Zeitung"
Dresden

14. Genosse Rudolf Singer,   Chefredakteur "Freiheit" Halle/S.

15. Genosse Kurt Hanke,   Chefredakteur "Leipziger Volkszeitung" Leipzig,

16. Genossin Inge Schmidt,   als technische Mitarbeiterin.
aus der Abt.Agitation/Presse-Rundfunk

~~17. Genosse Gerhard Kegel, Instrukteur in der Abt.Außenpolitik
dazu SK~~   - 2 -

Nationalzeitung   *neue Zeit*
Der Morgen.   *Bauern-Echo*

noch Beschlußvorschlag:

Das Ministerium für Auswärtige Angelegenheiten und ADN werden
angewiesen, während dieser Zeit täglich morgens eine deutsche
Pressesohau an die Botschaft der Deutschen Demokratischen Republik
in Moskau durchzusagen, damit unsere Journalisten ständig informiert sind.
Außerdem ist über das Ministerium für Auswärtige Angelegenheiten
die Botschaft der DDR in Moskau anzuweisen, die Arbeit der Delegation zu unterstützen.

Begründung:

Während des Besuches Adenauers in Moskau werden von den Zeitungen
Westdeutschlands über Hundert Journalisten in Moskau sein.
Um auch bei uns alle Möglichkeiten auszunutzen, die Bevölkerung
im Sinne unserer Politik zu beeinflussen, ist es erforderlich,
zu diesem Zeitpunkt mit Journalisten aus unserer DDR in Moskau
anwesend zu sein. Es ist ausserordentlich wichtig, an Ort und
Stelle über den Verlauf der Verhandlungen informiert zu werden.
Das ermöglicht ein schnelles Reagieren entsprechend der Situation
und eine schnelle und gründliche Berichterstattung. Ausserdem
besteht die Möglichkeit, mit westdeutschen Journalisten Kontakt
aufzunehmen. Durch die in die Delegation einbezogenen Mitglieder
der Kommission für Agitation wird zugleich gewährleistet, daß die
Journalisten ständig angeleitet werden und die Argumentation für
die Presse unserer Republik unverzüglich ausgearbeitet werden kann.

Abteilung Agitation/Presse-Rundfunk

Sindermann

Dokument 12:

Fernschreiben aus Moskau an Walter Ulbricht, Stenogramm der
Adenauer-Gespräche im Kreml, 11. September 1955
(SAPMO-BArch DY 30/3497)

SB – A   Berlin, den 11. September 1955

FS-Nr. 9o –   vom 11. September 1955 aus Moskau (dringend)

An Genossen G r o s s e zur Weiterleitung an Genossen U l b r i c h t

2. Verhandlungstag (1o. September). Folgendes außer der Erklä-
rung Bulganins und Adenauers, die veröffentlicht werden:
Brentano: "Ich wünsche offen zu sagen, daß wir beabsichtigen
            alles zu tun für die Normalisierung der Beziehungen
            zwischen unseren Staaten."
Dann seine Behauptung, in Deutschland warteten Millionen Menschen,
die noch immer nichts über das Schicksal ihrer Angehörigen wüßten.
Wünscht, daß die Sowjetunion "gemeinsam mit uns" das Schicksal
nicht nur von Tausenden, Hunderttausenden und vielleicht Millionen
Verschollener aufklärt. "Wirkliche ehrliche Normalisierung" sei
ohne die Lösung dieses Problems undenkbar.

Zur Frage der Wiedervereinigung:
Das Gesamteuropäische Sicherheitssystem sei keine Grundlage und
echte Garantie wenn es auf einem gespaltenen Deutschland beruhe.
Unsere Bitte an die drei Großmächte: Geben Sie dem deutschen Volk
Gelegenheit eine gemeinsame Sprache zu finden. Dafür braucht man
keine Deutsche Bundesrepublik und keine Deutsche Demokratische
Republik, nur den Willen des ganzen deutschen Volkes."

Zur Frage der Normalisierung:
Das könne kein mechanischer Prozeß sein. Ohne eine Lösung, die
auf normale Lage gegründet sei, könne sie zu guten Resultaten
führen. Deshalb habe Adenauer erklärt, er stelle keine Vorbedingungen. Er sagte mit großem Ernst, daß für diese Normalisierung
die Beseitigung der Hindernisse bevorsteht, die sich auf dem Weg
zu ihr befinden.
Chruschtschow: Weist Adenauers Behauptung, daß die Sowjetarmee
in Deutschland auch Greueltaten begangen habe schärfstens als
Beleidigung der Sowjetarmee zurück.
Antwort an Brentano wegen Millionen Deutscher, die auf Verschollene
warten, ist bereits veröffentlicht.
Frage der Wiedervereinigung: sogar/
Wir haben ehrlich und vielleicht mehr als Diplomatie erlaubt
in der Frage der deutschen Seite gesagt und gewarnt, daß die
Pariser Verträge und der Eintritt Westdeutschlands in NATO
den Weg zur Lösung dieser Frage in nächster Zukunft abschneidet.
Wiedervereinigtes Deutschland soll in NATO eingehen, und NATO
werde gegen uns geschaffen. Wenn eine Organisation geschaffen wird,
die gegen uns gerichtet ist, tun wir alles, damit sie schwächer
wird. Das ist ein gesetzmäßiges Verlangen.
"Wenn Deutschland in NATO eintritt aber DDR nicht in NATO ist,
wären wir dumm, wenn wir dazu beitragen würden, daß ganz Deutschland in NATO geht, und damit gegen uns verstärkte Kräfte gerichtet
werden."
Welchen Ausweg gibt es aus der entstandenen Lage? Die Frage der
Annullierung der Pariser Verträge zu stellen ist schon zu spät.
Die Forderung auf Austritt aus NATO wäre ebenfalls unrealistisch,
dies würde etwas wie ein Ultimatum von unserer Seite klingen.
Das wollen wir nicht und diese Frage stellen wir nicht. Deshalb
haben wir, ausgehend von der realen Lage unsere Vorschläge gemacht

Westdeutschland   - 2 -

für die Aufnahme diplomatischer Beziehungen, Errichtung von
Botschaften und Austausch von Botschaftern, Schaffung von
Möglichkeiten für eine günstige Entwicklung des Handels zwischen
uns. Chruschtschow ging ausführlich auf günstige Möglichkeiten
der Entwicklung wirtschaftlicher Beziehungen ein. Der Handel
sei eine freiwillige Angelegenheit. Dem Sinne nach sagte er:
Wenn Ihr wollt, gut, wenn nicht, braucht Ihr nicht. Wir können
warten. Unsere Wirtschaft entwickelt sich unabhängig davon.
Wir haben alles Notwendige für eine normale Entwicklung unserer
Wirtschaft. Aber wenn wir mit Euch Handelsbeziehungen hätten,
würde dies für uns und für Euch förderlich sein. Aber ich wieder-
hole, das ist eine freiwillige Angelegenheit. Unsere Position
ist klar. Wenn unser Partner nicht vorbereitet ist jetzt Verhandlungen zu führen und Vereinbarungen zu erreichen, zu denen man
kommen kann, das heißt Herstellung diplomatischer Beziehungen
und alles sich daraus ergebende, wenn Sie warten wollen, schätze
ich, daß man warten kann. Uns pfeift der Wind nicht ins Gesicht.
Obgleich Verlängerung des Zustandes ohne diplomatische Beziehungen
schwerlich vernünftig ist. Das hängt schon nicht von uns ab.
Die Interessen beider Völker erfordern Normalisierung. Wir glauben,
daß die Herstellung des Kontaktes zwischen die DBR und die DDR
nützlich wäre. Unter welchen Bedingungen man dies machen kann
ist nicht unsere Sache Ihnen zu zeigen. Wenn Sie den Wunsch haben,
werden Sie auch den Weg finden.
Molotow: Erklärte, daß er die Ausführungen Chruschtschow's
restlos unterstütze. Er wendet sich ebenfalls gegen die Beleidigung
der Sowjetarmee. Er geht ein auf das, was die Sowjetarmee nicht
nur für ihr Vaterland, sondern auch für das deutsche Volk getan
hat. Es ist richtig, daß man Hitler nicht mit dem deutschen Volk
nicht verwechseln darf. Aber das deutsche Volk konnte sich von
Hitler und dem Hitlerismus nicht selbst befreien. Niemand mehr
als die Sowjetmenschen wären sehr zufrieden gewesen, wenn das
deutsche Volk sich bis zu Beginn des Krieges von Hitler und dem
Hitlerismus befreit hätten. Adenauer habe ihm (Molotow) gestern
gesagt, daß er Hitler nie gesehen habe und wenn er ihn gesehen hätte
hätte er ihn mit seinen Händen erwürgt. Er verstehe die Gefühle
Adenauers. Aber dann verstehen Sie auch uns, die Sowjetmenschen,
verstehen Sie, daß unsere Sowjetarmee gemeinsam mit der Armee der
USA und England die Befreier des deutschen Volkes vom Faschismus,
Hitlerismus waren. Er bezweifelt nicht, daß Adenauer die Sowjetarmee
nicht beleidigen wollte. Aber unser Recht zu sagen, daß die
Sowjetarmee nach Deutschland nicht nur als Befreier des Sowjetvolkes, sondern auch des deutschen Volkes ging.

Zur Kriegsverbrecherfrage:
Adenauer sagte, daß er das Wort Kriegsgefangene in seiner Erklärung
nicht erwähnt habe. Das ist wahr. Er erwähnte auch nicht das
Wort Kriegsverbrecher. Das ist ebenfalls wahr.
Worum geht es ? Wir haben einige Tausend verurteilter Kriegsverbrecher. Etwas anderes nicht. Wir denken nicht, daß das ganze
deutsche Volk die Frage der Kriegsverbrecher als das Grundproblem
für die Lösung der Frage der gegenseitigen Beziehungen zwischen
der SU und der DBR ansieht. Das Problem betrifft DBR und DDR.
Molotow wiederholte die Erklärung Bulganins.

Zur Frage der Wiedervereinigung:
Wiederholt, wir haben gewarnt, Teilnahme DBR an militärischen
Gruppierungen, Remilitarisierung ist nicht den Weg der Wieder-
vereinigung fördert.

- 3 -

Erlauben Sie der Hoffnung Ausdruck zu geben, daß nicht viel Zeit vergeht bis dies für die Mehrheit des deutschen Volkes klar wird. Die gegenwärtige Periode internationaler Entspannung spricht zugunsten dieser Annahme.

Molotow unterstreicht, daß die deutsche Frage nicht gelöst werden kann ohne gemeinsame Anstrengung der Deutschen selbst. Natürlich hängt viel von den vier Mächten ab, aber vor allem ist die Wiederherstellung der Einheit Sache der Deutschen selbst. Hier wurde gesagt, daß die Delegation der DBR keine Vorbedingungen stellt. Wir verstehen dies so, daß keine Vorbedingungungen für die Herstellung diplomatischer Beziehungen gestellt werden.

Wir begrüßen diese Erklärung Adenauers, auch die heutigen von Brentano, der sich ebenfalls verneinend zur Frage von Vorbedingungen geäußert hat. Aber man sagt, so kann man gestrige Erklärung Adenauers verstehen, daß man jene Fragen, die in den Vorschlägen der Sowjetregierung und Erklärung Adenauers gestellt wurden, als ein einheitliches Ganzes lösen muß. Soll dies so verstanden werden, daß man keine diplomatischen Beziehungen zwischen der DBR und der SU herstellen kann, solange die Frage der Kriegsverbrecher und der Einheit Deutschlands nicht gelöst ist?

Molotow erklärte, daß bei der Lösung dieser Fragen einer nach dem anderen die besten Ergebnisse erzielt werden. Der andere Weg (Aufschub der Lösung einer Frage bis zurLösung der übrigen) führt zur Verschleppung der Lösung jeder dieser Fragen. Die Herstellung diplomatischer Beziehungen entspricht sowohl den Interessen der SU wie der DBR. Das können wir heute entscheiden, wenn die Regierung der DBR es für zweckmäßig hält. Das würde die Möglichkeit schaffen für weitere Verbesserung der Beziehungen und Behandlung anderer Fragen. Wenn Lösung dieser Frage hinausgeschoben wird, oder wenn sie nur halb (unentschlossen) sein wird, dann wird das Ziel nicht erreicht werden. Hätten wir uns vor 5 Jahren getroffen, die Lage wäre viel günstiger gewesen als jetzt. Die Sowjetunion entschied schließlich die Initiative zu dieser Zusammenkunft zu ergreifen. Wir nehmen an, daß dies von der Delegation der DBR richtig verstanden wird. Molotow schließt sich den Worten Chrustschows an, daß wenn die Delegation der DBR wünscht die Entscheidung der Frage hinauszuschieben, man warten kann. Er schließt mit der Feststellung, die Genfer Konferenz bildet gute Vorbedingung für die Verbesserung der Beziehungen zwischen unseren Staaten und für die Lösung der deutschen Frage. Trotzdem könne man in einigen Westdeutschen Zeitungen lesen, und nicht nur in Westdeutschland, als ob die Genfer Konferenz einige ungünstige Ergebnisse für die DBR und das deutsche Volk brachte. Damit können wir nicht einverstanden sein. Die Verbesserung der Beziehungen zwischen den vier Mächten, die gegenwärtig bestehen, befinden sich in Abhängigkeit von der Regulierung restlicher ungelöster Nachkriegsfragen. Dies ist von Nutzen auch für die Lösung der deutschen Frage. Es ist notwendig, dies zu unterstreichen, weil gerade unter den gegenwärtigen Bedingungen ~~zwischen~den~vier~Mächten~~ die Beziehungen zwischen den vier Mächten sich verbessern. Tatsache gegenwärtige Verhandlungen zeugt vom Beginn der Verbesserungen der Beziehungen zwischen unseren S†aaten. Dies ist im Interesse beider Völker.

† unter gegenwärtigen Bedingungen

4

Adenauer" Mir scheint, daß Gesichtspunkt auf dem diese Verhandlungen beruhen, sich etwas verschoben hat. Herr Minister
wies darauf hin, daß diese Verhandlungen das Ziel haben normale
Beziehungen zu entwickeln. Aus der Note der Sowjetregierung
vom 7. Juni verstanden wir etwas andere Ziele." Adenauer zitiert
Note vom 7. Juni unter anderem, daß " Erhaltung und Festigung
des Freidens in Europa in bedeutendem Maße abhängt vom Bestehen
normaler und guter Beziehungen, zwischen sowjetischem und
deutschem Volk. Adenauer " Unsere Delegation kam hierher um normale
gute Beziehungen herzustellen, das ist nur ein Teil der Sache,
sondern um gute Beziehungen herzustellen." Deshalb hätten sie
die Frage der in der Sowjetunion Festgehaltenen und im Interesse der
der Sicherheit, die Frage der Einheit Deutschlands gestellt.
Adenauer entschuldigt sich, er habe nicht bewußt das Wort Greueltaten gebraucht.
Zur Frage, daß das deutsche Volk sich nicht selbst von Hitler
und vom Hitlerismus befreit habe. Er beschuldigt eine Reihe
großer Mächte, die Hitler die Möglichkeit gegeben hätten zu
jenen Höhen zu wachsen, die er erreicht habe. Als Beispiel führt
er die Olympiade 1936 an. Wenn er sich daran erinnere wie damals
die Großmächte dem Hitlerismus Ehrenbezeugungen gemacht hätten,
dann könne er kaum sein Temperament halten. Er könne bis heute
nicht verstehen weshalb die Großmächte Hitler seine beständigen
Vertragsbrüche erlauben konnten, in einer Reihe von Gruppen von
Vertretern des deutschen Volkes ihn zum Helden machten und einen
anderen Teil des deutschen Volkes zur Verzweiflung brachten,
wozu auch er (Adenauer) gehört, der schon 1933 gewußt habe wozu
dies führen werde. Sie (Regierung und Parlament der DBR) seian
die traurigen Erben dieses Erbes. Dann folgte folgende äußerst
interessante Ausführung:
"Ich nehme an, daß wenn Großmächte ihre Verhandlungen so vernünftig
und bedacht fortsetzen werden wie bis jetzt, dann kann diese
NATO im Laufe der Zeit ein Instrument zur Gewährleistung der
Sicherheit werden."

Zur Frage der Kriegsverbrecher "Ich bitte Sie, uns die Möglichkeit
zu geben, nicht mit der Mitteilung nach Deutschland zurückzukehren,
daß die Sowjetregierung direkt ablehnte über diese Frage zu
sprechen." Die Regierung der DDR habe nicht das Recht, auf
Anspruch, jenen Teil des deutschen Volkes zu vertreten,der auf
dem Gebiet dieser Republik wohne. Die Bevölkerung der DDR würde
die Regierung der DDR nicht anerkennen. Dies sei die einzige
Ursache. Die Bundesregierung halte sich nicht für etwas Höheres
oder besser als andere."In jenem Augenblick wenn wir erkennen,
daß die Bevölkerung Ost-Deutschlands wirklich eine Regierung hat,
welche ein Ausdruck des Willens dieser Bevölkerung ist, sind wir
bereit uns mit dieser Regierung an einen Tisch zu setzen, und dann
würde das deutsche Volk wissen, wie diese Frage zu lösen ist."
Adenauer schlägt vor, daß alles, was über den Krieg gesagt wurde
in den Hintergrund gerückt wird und zu wirtschaftlichen Fragen
übergegangen wird.

Bulganin: Ehe wir zur wirtschaftlichen Frage übergehen nehmen
wir zur Kenntnis Ihre Erklärung, daß Sie das von mir und meinem
Kollegen heute Gesagte überlegen wollen.

Nun zur Frage der Rolle der Deutschen bei der Wiedervereinigung.
" Ich kann das, was Sie in Bezug auf die DDR sagten nicht anders
als einen Ausfall bezeichnen." Wir haben kürzlich die DDR besucht.
Wir sahen ein wirklich echtes und ehrliches Verhältnis der Bevöl-
kerung zur Regierung der DDR. Das Verhältnis der Bevölkerung
bezeugt sich darin, daß sie die Regierung der DDR achtet und als
ihre Regierung anerkennt und schätzt. Schließlich: Regierung der
DDR ist eine souveräne Regierung, die von einer Reihe europäischer
Staaten, einer der Großmächte UdSSR und der großen Volksrepublik
China anerkannt wird. Das genügt völlig, um Ihre (Adenauer)
Erklärung zu widerlegen. Eine solche Argumentation hilft nicht
gegenseitiges Verständnis zwischen DBR und DDR in der Sache der
Wiedervereinigung. Wir haben keinen Einwand zu wirtschaftlichen
Fragen überzugehen.

Hallstein: Spricht über Wiederherstellung wirtschaftlichen Lebens
in Westdeutschland, über Wiederherstellung von Handelsbeziehungen
"mit der Mehrheit der handelnden Länder", wobei sie einen wesentlichen Umfang des Exports erreicht hätten. Dies zeige, welche
Bedeutung gute wirtschaftliche Beziehungen zwischen den einzelnen
Ländern für allgemeinen Wohlstand und Verbesserung auch politischer
Beziehungen habe. Eine Voraussetzung dafür sei eine Atmosphäre
gegenseitiges Vertrauens. Die Bundesregierung hoffe, daß gegenseitige Verhandlungen Schaffung der Voraussetzugne für neue Bele-
bung des traditionellen Handels zwischen der Sowjetunion und
DBR fördern werden. Er weist hin auf die Unterbrechung normaler
wirtschaftlicher Beziehungen seit einer Reihe von Jahren.
Während dieser Zeit hätten sich auf beiden Seiten wesentliche
materielle und strukturelle Voraussetzungen für Warenaustausch
ergeben, (insbesondere breite erfolgreiche Politik der Industri-
alisierung der Sowjetunion). Gemeinsam müsse festgestellt werden,
welche praktischen Möglichkeiten für die Wiederbelebung des Handels
in einem für beide Seiten befriedigenden Umfang bestehen.
In diesem Falle erscheinen Verhandlungen mit Sowjetregierung
über Art und Umfang eines solchen Warenaustausches notwendig.

Chruschtschow: Ich denke aus Adenauer-Erklärung richtig verstanden
zu haben, daß man praktisch übereinkommen kann. Vielleicht kann
man schon anläßlich Ihrer jetzigen Ankunft hier irgendeinen Kontakt
in dieser Frage herstellen und Verhandlungen führen, oder soll
man das später tun?

Adenauer: Nach einer so langen Unterbrechung sind wir etwas schlecht
informiert über den Charakter, Lage und Umfang Ihrer Volkswirt-
schaft und wir können jetzt darüber nicht urteilen. Wir können
nicht sagen, inwieweit durch Warenaustausch einer den anderen
befriedigen kann. Wir können jetzt nicht sagen, wir schließen einen
Handelsvertrag, ohne Vorbedingungen für Wirtschaftsverhandlungen
zu kennen.

(Fortsetzung folgt)

Bulganin: Sie wollen sagen, daß eine besondere industrielle Delegation sein muß. Wie stellen Sie sich das praktisch vor ?
Adenauer: Es bleibt nichts anderes übrig.
Bulganin: Das bedeutet, daß besondere Verhandlungen stattfinden und daß von Ihnen eine spezielle Delegation kommt ?
Adenauer: Besondere Verhandlungen mit einer speziellen Delegation.
Bulganin: Einverstanden Chuschtschow wünscht noch etwas zu sagen. Unsere Schwierigkeiten bestehen darin, daß wir auf verschiedenen Positionen ideologischer Ordnung stehen, uns das erste Mal treffen und uns deshalb vorurteilsvoll gegeneinander verhalten. Sie stellen sich vor, daß Sie zu Kommunisten gekommen sind, die die Kapitalisten packen, braten und essen, und noch dazu ohne Salz. Auch wir haben unsere Vorurteile. Ich will nicht sagen, daß Sie das sind. Diese Vorurteile haben wir selbst geschaffen und haben viele Jahre darin Übung. Deshalb braucht es etwas Zeit, daß wir uns untereinander abreiben (?) , um zu erkennen, daß wir in der Welt auf einem Planeten leben, bei Ihnen ist es Kapitalismus, bei uns Sozialismus. Wir unterstützen Euch nicht, Ihr uns nicht. Aber man muß irgendeinen gemeinsamen Berührungspunkt suchen. Muß ausgehen von realer Lage. Jetzt geht schon nicht der Streit darum, ob Kapitalismus oder Sozialismus besser. Die sozialistische Wirtschaft best und entwickelt sich sehr erfolgreich. Dies ist eine Tatsache.
Chruschtschow geht ein auf Sieg des Sozialismus in der Sowjetunion, und daß Länder des sozialistischen Lagers den selben Weg gehen. In vielen Ländern wird ein innerer Kampf geführt und die Frage entschieden auf welchem Weg die Entwicklung gehen soll.
"Das hängt ab von uns und von Euch. Karl Marx ist Eurer. Er wurde in Deutschland geboren. Engels war Verstärkung. Ihr habt die Suppe eingebrockt, jetzt müßt Ihr sie auslöffeln." (Lachen)
Adenauer: Sie kennen wahrscheinlich Pferdmenges. Er ist ein Verwandter von Engels.
Chruschtschow antwortet mit Sprichwort, Semjonow wirft ein "Er ist ein Neffe Engels in weiblicher Linie."
Chruschtschow: Es ist eine Lage entstanden, von der wir real ausgehen müssen. Das ist die Hauptsache. Sie wollen die DDR nicht anerkennen. Uns ist das verständlich, vielleicht besser als Ihnen. Geht darauf ein, daß SU viele Jahre nicht anerkannt wurde. Von den USA 16 Jahre nicht. Aber deswegen haben wir nicht aufgehört zu existieren. Dasselbe gilt für die Volksrepublik China. In gleicher Lage ist die DDR. Chruschtschow legt dar, daß sie auf Interessen des Volkes beruht. Interessen der Arbeiter, Bauern und werktätigen Intelligenz nehmen in der DDR den 1. Platz ein. In DBR dagegen Interesse der Privatunternehmer " Warum sollten die Arbeiter sie mehr begrüßen als eine Regierung, die auf Positionen der Arbeiterklasse beruht." Ihr Standpunkt zur DDR ist uns klar. Er ist jedoch nicht reine Wahrheit, sondern Standpunkt zahlenmäßig kleiner bestimmter Kreise. Der DDR gehört die Zukunft. Das ist die Zukunft nicht nur des deutschen Volkes. Das sagten Karl Marx und Friedrich Engels, nicht ich.
Adenauer: Das war sehr interessant. Ich möchte mit zwei Sätzen antworten. Sie haben für Rußland sehr viel getan. Aber es ist noch nicht klar ob Regierung der DDR ebensoviel getan hat und ich würde raten keinen Vergleich zwischen diesen beiden Staaten zu ziehen. Das wäre nicht im Interesse der SU. Zum 2., ich war sehr interessiert hierher zu kommen, um mit Ihnen persönlich bekannt zu werden, und Sie von Ihrer Seite sicher auch ?

– 7 –

Bulganin: Mit Vergnügen.

Adenauer: Ich habe niemals geglaubt, daß Sie Kapitalisten braten im Gegenteil. Hatte immer den Eindruck, daß Sie dieses riesige Land, dieses Rußland, bevölkert von so vielen verschiedenen Völkern und so sehr rückständig, in ungewöhnlichem Maße vorwärts gebracht haben. Was nach 1oo Jahren bei Ihnen, bei uns und in der Welt im Allgemeinen sein wird, das können weder wir noch Sie wissen.

Chruschtschow: Darin halfen uns Marx und Engels.

Adenauer: Dies ist jedoch kein Hindernis, daß wir zusammenarbeiten.

Chruschtschow: Davon gingen wir aus.

Adenauer: Ich werde Sie nicht zu einem anderen Glauben bringen. Ja, wir werden es garnicht versuchen.

Chruschtschow: In Bezug auf unsere Genossen sind wir ohne Sorge.

Adenauer: Ich ehre jede ehrliche und aufrichtige Überzeugung.

Chruschtschow: schlägt vor zu praktischem Meinungsaustausch überzugehen. Man sollte Außenminister Molotow und Brentano beauftragen, daß sie auf der Grundlage des Meinungsaustausches treffen und besprechen worüber wir uns verständigen können, welche Fragen für die Lösung bereit sind, welche Dokumente angenommen werden können, und welche Fragen noch nicht reiften und was sie zur Reife erfordern, obwohl Herbstwetter ist. Es ist sehr schönes Wetter. Das Wetter begünstigt die Reife.

Adenauer: Jetzt zur Frage des Kommuniqué für die Presse.

Bulganin: Beauftragen wir die Außenminister.

Chruschtschow: Fragt ob alle heute abgegebenen Erklärungen veröffentlicht werden sollen oder nur eine kurze Mitteilung, außer der Rede Bulganins, die zu veröffentlichen für notwendig erachtet wird.

Adenauer: Wenn Bulganins Rede, dann auch meine Rede veröffentlichen. Meint, diese Frage besser heute nicht beantworten, weder bejahend noch verneinend, sondern aufschieben.

Chruschtschow: Das sind etwas ungleiche Bedingungen. Sie haben gestern Ihre Erklärung abgegeben und wir haben darauf keine Antwort gegeben. Nichtveröffentlich_ung heutiger Bulganin_Rede wäre unverständlich. Die übrigen heutigen Erklärungen soll man die Außenminister beauftragen zu vereinbaren. Wenn wir sie veröffentlichen, können wir sie überarbeiten, da sie einige scharfe Ausdrücke enthalten.

Bulganin: schlägt vor heutige Erklärungen Bulganins und Adenauers zu veröffentlichen. Über die anderen sollen die Außenminister Vereinbarungen treffen.

Chruschtschow: Uns ist Ihre Position mehr oder weniger bekannt. Wir verstehen sie. Wir hoffen, daß Sie auch die unsere verstehen. Deshalb müßte man die Außenminister beauftragen Meinungsaustausch zu führen, welche Fragen entschieden sein könnten.

Bulganin: Damit wir keine weitere allgemeine Diskussion mehr zu führen führen brauchen.

Adenauer: Wenn ich richtig verstanden habe bleiben die Reden von Molotow, Brentano, Chruschtschow und Hallstein unveröffentlicht bis zur weiteren Klärung der Frage. Wird bestätigt.

Bulganin: Jetzt zum Vorschlag Chruschtschows, daß wir keine weitere allgemeine Diskussion führen, und daß die Minister Vorschläge ausarbeiten. Wird angenommen.

(Der Inhalt dieses Telegramms ist dem unkorrigierten Stenogramm in russischer Sprache entnommen.)

König.

Dokument 13:

Rede von Wilhelm Pieck, Präsident der DDR und Vorsitzender der SED, auf der Zentralen Heimkehrer-Konferenz am 29. Oktober 1949 in Berlin (SAPMO-BArch NY 4036/441)

Ansprache auf Zentraler Heimkehrer-Konferenz am 29.10.1949

W Pieck

35-43

Liebe Freunde, verehrte Anwesende!

Ich danke dem Herrn Präsidenten der Gesellschaft für Deutsch-Sowjetische Freundschaft für die Einladung zu dieser Tagung und erwidere aufs herzlichste die mir zuteilgewordene Begrüssung. Es ist mir eine besondere Freude, Sie als die Vertreter vieler Tausender ehemaliger Kriegsgefangener auf dieser Zentralen Heimkehrer-Tagung zu begrüssen.

In- und ausländische reaktionäre Kräfte haben versucht, die ehemaligen Kriegsgefangenen zu einem Stoßtrupp antidemokratischer und antisowjetischer Hetze zu machen. Die 150 Heimkehrer-Konferenzen, die schon in der sowjetischen Besatzungszone stattgefunden haben und diese Zentrale Heimkehrer-Tagung sind der lebendige Beweis, dass diese Absicht der imperialistischen Reaktion in der Deutschen Demokratischen Republik zum Scheitern verurteilt ist.

Und das hat seine tiefen, historischen Ursachen und eine ebenso grosse Bedeutung für die Gestaltung des künftigen Lebens unseres Volkes. Der Vorsitzende des Ministerrates der Sowjetunion, Generalissimus Stalin, hat das in seiner Begrüssung an den Präsidenten und den Ministerpräsidenten der Deutschen Demokratischen Republik auf das überzeugendste zum Ausdruck gebracht. Stalin erklärte in dieser Grussbotschaft:

> "Die Erfahrung des letzten Krieges hat gezeigt, dass das deutsche und das sowjetische Volk in diesem Kriege die grössten Opfer gebracht haben, dass diese beiden Völker die grössten Potenzen in Europa zur Vollbringung grosser Aktionen von Weltbedeutung besitzen. Wenn diese beiden Völker die Entschlossenheit an den Tag legen werden, für den Frieden mit der gleichen Anspannung ihrer Kräfte zu kämpfen, mit der sie den Krieg führten, so kann man den Frieden in Europa für gesichert halten."

Sie alle, die Sie Soldaten der Hitlerarmee und dann Kriegsgefangene in der Sowjetunion waren, haben mit eigenen Augen gesehen, ja am

eigenen Leibe erlebt, wie gross die Opfer waren, die das deutsche
und das sowjetische Volk in diesem Krieg gebracht haben. Sie
haben mit Schaudern die unerhörten Blutopfer gesehen, die
Hitler zur Durchführung seiner verbrecherischen Pläne dem deutschen Volk und der Wehrmacht aufgezwungen hat. Sie haben aber
auch die verwüsteten Felder der Sowjetunion, die niedergebrannten
Dörfer, die zerschossenen Städte, die gesprengten Betriebe,
die mit dem Schienenwolf zerstörten Eisenbahnen gesehen. Sie
haben den grauenvollen Wahnsinn erlebt, der darin bestand, dass
das geschlagene hitlerische Oberkommando nach seinen eigenen
Wehrmachtsberichten Todeszonen, in denen jedes Leben ausgelöscht
sein sollte, hinter der zurückweichenden Wehrmacht zurück lassen
wollte. Nach dem Willen dieser wahnsinnigen Regierung und ihres
Oberkommandos sollten die sowjetischen Völker an Hunger und
Seuchen zugrunde gehen. Die Herren haben sich jedoch geirrt.
Der geschlossene Wille des Sowjetvolkes und die Kraft der
Sowjetarmeen haben diesen unmenschlichen Plan zunichte gemacht.

Sie aber, liebe Freunde, die Sie in der SU Kriegsgefangene
wurden, haben die Folgen der Verbrechen der Hitleristen in den
Kriegsgefangenenlagern der Gebiete, die nach Hitlers Befehl
Todeszonen sein sollten, am eigenen Leibe zu spüren bekommen.
Die Jahre 1944, 1945 und 1946 waren für die Völker der Sowjetunion schwere Jahre. Es konnte nicht anders sein, dass sie auch
für die deutschen Kriegsgefangenen schwere Jahre waren. Aber
selbst in dieser Zeit hat die Sowjetregierung, haben die sowjetischen Dienststellen an den deutschen Kriegsgefangenen
nicht Gleiches mit Gleichem vergolten. Mann kann nur mit

- 3 -

200

Entsetzen daran denken, was aus Ihnen allen geworden wäre, wenn
Sie Kriegsgefangene Hitler-Deutschlands mit seinen Massener-
schiessungen, seinen Massenvergasungen und seinen sonstigen
Torturen für Kriegsgefangene gewesen wären, wo Hunderttausende
sowjetische Kriegsgefangene zu Tode gemartert wurden. Das ist
es, was die imperialistischen Reaktionäre in Westdeutschland
mit ihrer infamen und niederträchtigen Hetze gegen die SU vergessen machen möchten. Diese imperialistischen Kriegstreiber
wollen, daß erneut deutsche Männer Opfer eines Völkermordens,
eines Überfalls auf die Sowjetunion werden. Aber Sie, liebe
Freunde, können am besten die tiefe Weisheit des Stalinschen
Satzes von den großen Opfern unserer beiden Völker ermessen.
Darum müssen gerade die ehemaligen Kriegsgefangenen im Geiste
der Stalinschen Grußbotschaft alle Kräfte anspannen, um den
Frieden durch die Freundschaft mit der Sowjetunion zu sichern.

Gefangenschaft ist immer und überall ein schweres Los. Und
doch haben Sie in der sowjetischen Kriegsgefangenschaft mit-
arbeiten können an einem großen und edlen Werk, dem Werk der
Wiedergutmachung der unsühnbaren Verbrechen, die Hitler an
den Völkern der Sozialistischen Sowjetunion begangen hat.
Die Mithilfe am Wiederaufbau der zerstörten Dörfer und Städte,
der Betriebe und Schachtanlagen, das war im Grunde genommen
ein sehr bescheidener Beitrag zu dem großen, ja man darf
sagen gigantischen Werk des Wiederaufbaues, das am Tage nach
der Befreiung der von Hitler okkupierten Gebiete der Sowjetunion begann. Sie haben mit Ihrer Hände Arbeit in der Sowjetunion dazu beigetragen, die Mauer des Hasses, die Hitler
aufgerichtet hatte, wieder abzutragen. Sie haben mit

- 4 -

Ihrer Arbeit der Wiederherstellung der freundschaftlichen Beziehungen zwischen den Völkern der Sowjetunion und dem deutschen
Volk gedient.

Sie haben bei dieser Arbeit zugleich das neue Verhältnis der
Sowjetmenschen zur Arbeit für ihre sozialistische Wirtschaft,
für ihren sowjetischen Staat kennengelernt. Sie haben aus dem
riesigen Erfahrungsschatz der politischen Arbeit der Kommunistischen Partei der Sowjetunion, der sowjetischen Gewerkschaften,
des Komsomol und anderer Organisationen lernen können. Sie haben ein neues Verhältnis zur Umwelt und damit auch zu den wirtschaftlichen und politischen Verhältnissen in Deutschland gewonnen.

Das Hauptthema Ihrer Konferenz heute heisst: "Warum sind wir
Freunde der Sowjetunion und werden es immer bleiben?" In der
Tat, die Freundschaft zur Sowjetunion ist der wichtigste Grund-
stein für die Sicherung einer friedlichen Zukunft unseres deutschen Volkes. Sie sichert aber zugleich auch die nationale Unabhängigkeit und Freiheit des deutschen Volkes. Die Sowjetregierung war nicht nur der konsequenteste Verfechter des Potsdamer
Abkommens, das die wirtschaftliche und politische Einheit
Deutschlands garantierte, sie hat auch als erste der vier Siegermächte die Forderung nach einem Friedensvertrag und dem an-
schliessenden Abzug aller Besatzungstruppen aus Deutschland an-

erkannt und auf internationalen Konferenzen vertreten. Sie hat
jetzt mit der Anerkennung der Deutschen Demokratischen Republik,
mit der Übertragung der Verwaltungsfunktionen an ihre Regierung,
und des Rechtes einer selbständigen Außenpolitik, mit dem Austausch von diplomatischen Missionen auch den überzeugenden
Beweis dafür geliefert, dass sie es mit dieser Anerkennung des
Rechtes des deutschen Volkes auf nationale Unabhängigkeit und
Souveränität ehrlich meint.

Die Freundschaft mit der Sowjetunion ist aber nicht nur für unser
Volk, sie ist für ganz Europa von entscheidender Bedeutung.
Stalin hat in seiner Grußbotschaft die historische Bedeutung
der Bildung der Deutschen Demokratischen Republik hervorgehoben
und gesagt:

> "Es unterliegt keinem Zweifel, dass die Existenz eines
> friedliebenden, demokratischen Deutschland neben dem
> Bestehen der friedliebenden Sowjetunion die Möglich-
> keit neuer Kriege in Europa ausschliesst, dem Blut-
> vergiessen in Europa ein Ende macht und die Knechtung
> der europäischen Länder durch die Weltimperialisten
> unmöglich macht."

Indem Sie aus eigener Erfahrung heraus zu entschiedenen und un-
ermüdlichen Werbern für die Freundschaft mit der Sowjetunion
geworden sind, dienen Sie also zugleich der nationalen Unabhängigkeit und Freiheit unseres deutschen Volkes, unserer eigenen friedlichen Zukunft und dem Frieden Europas. Das ist eine
grosse Aufgabe, zu deren Lösung ich Ihnen jeden Erfolg wünsche.

Abschliessend lassen Sie mich noch ein Wort besonders für die
deutschen Frauen und Mütter sagen, die auf die Heimkehr ihrer
Männer und Söhne warten. Klein gedruckt wurde an versteck-

ter Stelle in einigen westdeutschen Zeitungen vor kurzem die
Meldung gebracht, dass die Pressestelle des Bremer Senats eine Zusammenstellung der Gsamtverluste der Wehrmacht vom 1. September
1939 bis zum 1. Januar 1945 veröffentlicht habe.

Sie stützte sich auf die sogenannten "Beurteilungen der personel-
len und materiellen Rüstungslage der Wehrmacht", einer geheimen
Kommandosache, die monatlich vom Oberkommando herausgegeben wurde.
Danach betrugen die Gesamtverluste:

     1.810.061 an Gefallenen und Verwundeten, die ihren Verlet-
            zungen erlagen,

     4.429.500 an Verwundeten,

     1.903.000 an Vermissten.

Nach diesen bisher geheimgehaltenen Angaben des hitlerschen
Oberkommandos sind an der Ostfront 1.105.987 deutsche Soldaten
und Offiziere gefallen, 3 1/2 Millionen verwundet worden und zur
1.018.000 galten als vermisst. Aber von den Vermissten ist noch
ein grosser Teil zu den Gefallenen zu zählen.

Diese Ziffern, zu denen noch die Verluste der letzten Kriegsmona-
ten hinzu kämen, zeigen, mit welcher Gewissenlosigkeit und
Schamlosigkeit in Westdeutschland gelogen wird, um mit masslos
übetriebenen Kriegsgefangenen-Ziffern eine Hetze gegen die
Sowjetunion betreiben zu können. Dieselben Leute, die Hitlers
Verbrechen am deutschen Volke gedeckt, geduldet, ja unterstützt
haben, begehen ein neues Verbrechen an deutschen Frauen und
Müttern, indem sie ihnen einzureden versuchen, es seien noch

- 7 -

einige Hunderttausende Kriegsgefangene in der Sowjetunion, die dort
zurückgehalten würden, deren Rückkehr sie fordern müssten.
Demgegenüber ist ~~nun~~ mit aller Bestimmtheit versichert worden,
dass bis zum 1. Januar 1950 alle deutschen Kriegsgefangenen aus der
Sowjetunion in die Heimat zurückgekehrt sein werden. Eine Ausnahme werden nur diejenigen bilden, die sich Verbrechen gegen
die Menschlichkeit zuschulden kommen liessen und von Militärge-
richten abgeurteilt worden sind.

Sie wissen selbst, in welch schnellem Tempo in den letzten Monaten
die Heimkehrertransporte aus der Sowjetunion eingetroffen sind.
Wir können der Sowjetregierung für diese Regelung, die trotz der
grossen Transportschwierigkeiten angesichts des einsetzenden
Winters durchgeführt wird, nur in höchstem Masse dankbar sein.

Die Deutsche Demokratische Regierung wird durch den Ausbau unserer
Friedenswirtschaft dafür Sorge tragen, dass die Heimkehrer Arbeit
und Brot finden und nicht wie im Westen Deutschlands zur Arbeits-
losigkeit, zu Not und Elend verurteilt sind.

Wir werden auch nichts unversucht lassen, die Rückkehr der deutschen
Kriegsgefangenen, auch aus den anderen Ländern in kürzester Frist
zu erreichen.

Es ist bekannt, dass in Frankreich noch heute deutsche Kriegsgefangene als Fremdenlegionäre geworben und nach Indochina und
anderen Ländern als Soldner geschickt werden. Das alles muss in
kürzester Frist ein Ende haben.

Ich wünsche Ihnen noch einmal Erfolg bei Ihrer grossen Arbeit, mit
der Sie der Verständigung und der Freundschaft zwischen dem sowjetischen und dem deutschen Volk dienen. Sie dienen mit Ihrer Arbeit
auch der Erhaltung des Friedens.

Dokument 14:
Befehl des Ministeriums für innere Angelegenheiten über die Repatri-
ierung von 120.000 deutschen Kriegsgefangenen vom 27. Juni 1946.
Von den sieben ausgefertigten Exemplaren der Übersetzung wurden
sechs vernichtet; das vorliegende ist das des Dolmetschers.
(SAPMO-BArch DY 30/3361)

Übersetzung   Vertraulich!

Um die Durchführung der Verordnung des Ministerrats der UdSSR
Nr. 1263-519 vom 18.6.1946 und des Befehls des Ministeriums für
innere Angelegenheiten der UdSSR Nr. 00601 vom 27.6.1946 über den
Empfang ehemaliger Kriegsgefangener der deutschen Armee aus der UdSSR
in die sowjetische Besatzungszine Deutschlands zu sichern,

b e f e h l e i c h :

1. Den Empfang ehemaliger aus der UdSSR kommender Kriegsgefangener über das Lager Nr.69 des Innenministeriums in Frankfurt/Oder
in drei Abschnitten durchzuführen:

    1. Transport in der Zeit   - 15. August 46 50 000 Per
    2. Transport "   "   " vom 15.August - 15.Sept.46 - 30 000 Pers
    3. Transport "   "   " " 15.Sept. - 15.Okt. 46 - 40 000 "

                                    insgesamt   120 000 Pers

2. Die ankommenden Kriegsgefangenen sind innerhalb der sowjetischen Besatzungszone in folgenden Provinzen unterzubringen:

Provinz	Mecklenburg	40 000 Pers.
"	Brandenburg	20 000 "
"	Sachsen	30 000 "
Land	Sachsen	30 000 "
	insgesamt	120 000 Pers.

3. Dem Chef der Abteilung für Kriegsgefangene-Angelegenheiten
im Innenministerium, Oberst Welnijaminow:

a) Alle ankommenden ehemaligen Kriegsgefangenen einzuteilen
und ärztlich zu untersuchen. Sie sind nach der Art ihrer Krankheit
einzuteilen. Infektionskranke und -krankheitsverdächtige sind zu
isolieren und im Sonderspital beim Lager Nr. 69 auszuheilen;

b) Alle Kriegsgefangenen sind einer sanitären Behandlung zu
unterziehen, d.h. sie müssen entlaust, sämtliche Wäsche und Uniformen
desinfiziert werden. Alle Kriegsgefangenen werden gebadet und mit
frischer Wäsche versorgt;

c) bis zur Abreise in die Provinzen sind sie mit Wohnung und
Verpflegung nach den Normen der Kriegsgefangenen in der UdSSR zu
versorgen, ihre Dokumente sind fertigzustellen, sie selbst sind
einzukleiden;

d) alle ehemaligen Kriegsgefangenen, die mit Infektionskranken
in Kontakt standen, müssen abgesondert und in ihrem Lager der

Quarantäne unterzogen werden;

e) alle transportfähigen Kranken sind im Sonderspital Nr.1762 und in örtlichen Heilanstalten unterzubringen, bis sie wieder reisefähig sind, wonach sie in kleinen Gruppen in die Provinzen gebracht werden. Die Aufnahmefähigkeit des Spitals ist bis auf 1 000 Betten zu erhöhen;

f) alle transportfähigen Kranken werden im Lazarett untergebracht, wo ihnen die notwendige ärztliche Betreuung gewährt wird und von wo sie später in die Provinzen geschickt werden. Das Lazarett ist bis auf 2 000 Plätze auszubauen;

g) alle übrigen ehemaligen Kriegsgefangenen sind nach der sanitären Behandlung und der Einteilung ohne Quarantäne den Provinzen zuzuführen.

4. Dem Chef der Abteilung für Gesundheitswesen der SMA, Oberst Sokolow:

a) über die Durchführung der ärztlichen und sanitären Massnahmen bei der Aufnahme ehemaliger Kriegsgefangener im Lager Nr.69 sowie an ihren Unterbringungsorten in den Provinzen ist eine systematische Kontrolle zu errichten;

b) über die Unterbringung der kranken Kriegsgefangenen in den Heilanstalten der sowjetischen Zone ist ein Plan auszuarbeiten und mir durch den Chef der Verwaltung des Kommandantendienstes der SMA in Deutschland bis zum 15. Juli 1946 vorzulegen.

5. Der Chef der Transportverwaltung der SMA, Generalmajor Kwaschnin hat den Transport ehemaliger Kriegsgefangener aus Frankfurt/Oder innerhalb der sowjetischen Besatzungszone entsprechend den Anforderungen des Chefs der Verwaltung des Kommandantendienstes zu sichern.

6. Der Chef der Verwaltung für Brennstoffindustrie und Energie, Genosse Kurmaschew, hat die Autotransporte mit den nötigen Mengen von Brennstoff und Öl zu versorgen auf Anforderung der Chefs der Verwaltungen der Länder und Provinzen.

7. Der Chef der Verwaltung für Handel und Versorgung der SMA, Genosse Kutscherenko, hat den Chefs der Verwaltungen der Provinzen und Länder die nötigen Lebensmittelmengen, Seife und Seifenpulver entsprechend den Normen für Kriegsgefangene in der UdSSR zur Verfügung zu stellen.

8. Der Chef der Finanzverwaltung der SMA, Genosse Maletin, hat den Chefs der Provinzialverwaltungen zusätzliche Mittel, die zum Unterhalt der Läger und ehemaligen Kriegsgefangenen benötigt

- 3 -

werden, zur Verfügung zu stellen.

9. Der Chef der Propagandaverwaltung, Oberst Tulpanow, hat unter den ehemaligen Kriegsgefangenen im Lager 69 und in den Provinzen - in ihren Unterbringungslagern - die Agitproparbeit zu organisieren und zu diesem Zwecke die notwendige Anzahl verantwortlicher Mitarbeiter freizugeben.

10. Für die Versorgung der ehemaligen Kriegsgefangenen mit Kleidung hat der Chef des Hinterlandes der Gruppe sowjetischer Besatzungstruppen, Generaloberst Schebunin, dem Chef der Abteilung für Kriegsgefangenenangelegenheiten beim Innenministerium auf dessen Anforderung die nötige Menge von erbeuteten deutschen Uniformen, Wäsche und Schuhe zur Verfügung zu stellen.

11. Die Chefs der Verwaltungen der Provinzen und Länder haben unter persönlicher Verantwortung folgende Massnahmen durchzuführen:

a) Offiziere zum Empfang auszusuchen und in das Sonderlager Nr. 69 in Frankfurt/Oder zusammen mit der nötigen Anzahl an bewaffneter Bewachungsmannschaft und ärztlichem Personal zur Begleitung der Transporte zu schicken;

b) den Empfang und die Unterbringung ehemaliger Kriegsgefangener in den Provinzen und Länder zu organisieren;

c) einen Unterbringungsplan auszuarbeiten und mir durch den Chef der Verwaltung des Kommandantendienstes bis zum 15. Juli 1946 vorzulegen;

d) auf Kosten der deutschen Selbstverwaltung die nötige Anzahl von Kraftwagen für den Transport der Kriegsgefangenen vom Ankunftsort in die Läger und Heilanstalten und für den Transport von Lebensmitteln und anderer Materialien, die zur Versorgung der Ankommenden notwendig sind, freizustellen;

e) alle ehemaligen Kriegsgefangenen der Quarantäne zu unterziehen und sie unter sanitäre Behandlung entsprechend dem Befehl des obersten Chefs der SMA Nr. 46 vom 9.Februar 1946 zu stellen;

f) auf Kosten der Gesundheitsorgane der deutschen provinzialen Selbstverwaltungen medizinisches Personal und die notwendigen Mengen an Medikamenten für die Ambulatorien an den Unterbringungsorten der ehemaligen Kriegsgefangenen zur Verfügung zu stellen;

g) für die ehemaligen Kriegsgefangenen gute Verpflegung mindestens dreimal täglich, ausgehend von den Normen für Kriegsgefangene in der UdSSR zu organisieren;

h) alle Kranken in Heilanstalten der Provinzen und ehemaligen Sanatorien unterzubringen und letztere mit genügend medizinischem Personal und Medikamenten zu versorgen;

i) die Anzahl der ehemaligen Kriegsgefangenen, die zur Verschickung in die Zonen der Alliierten vorgesehen sind, zu registrieren und sie in speziellen Lägern unterzubringen;

j) über alle eingetroffenen ehemaligen Kriegsgefangene täglich telegrafisch nach früher festgesetzter Form der Abteilung für zivile Angelegenheiten bei der Verwaltung des Kommandantendienstes der SMA Bericht zu erstatten;

k) die Zeit der Entlassung der ehemaligen Kriegsgefangenen aus den Lägern wird gesondert mitgeteilt.

12. Für die Organisierung und die Kontrolle über die Verschickung ehemaliger Kriegsgefangener in die Provinzen ist beim Lager Nr. 69 eine zeitweilige Kommission in folgender Zusammensetzung zu bilden:

a) ein Vertreter der Verwaltung des Kommandantendienstes der SMA;

b) ein Vertreter der Transportverwaltung;

c) ein Vertreter der Abteilung Gesundheitswesen der SMA;

d) ein Vertreter der provinzialen Verwaltungen;

e) ein Vertreter der Zentralverwaltung für Umsiedler.

13. Die allgemeine Kontrolle über die Durchführung dieses Befehls übertrage ich dem Chef der Verwaltung des Kommandantendienstes der SMA, Gardegeneralmajor Gorochow.

Über die Ankunft und die Unterbringung der ehemaligen Kriegsgefangenen in der sowjetischen Besatzungszone ist mir durch die Verwaltung des Kommandantendienstes Bericht zu erstatten.

Unterschriften

6 Ex. vernichtet. Rk

(7 x Übersetzer: Bischoff)

Bisch.

Dokument 15:
Anweisung des Zentralsekretariats der SED an die Parteiorganisa-
tionen in den Ländern und Provinzen über die Intergration der
120.000 repatriierten Kriegsgefangenen, 2. Oktober 1946
(SAPMO-BArch DY 30/IV2/2.1/37)

- 152- 8

Anlage Nr. 4 zum Protokoll Nr. 42 vom 7.10.1946

Hauptabteilung IV   Berlin, den 2.10.1946

An alle
Landes- und Provinzialverbände

An alle
Sekretariatsmitglieder

Nachdem die Rückführung der 120.000 Kriegsgefangenen beendet ist
wurde in einer Sitzung der Heimkehrerkommission zu den Erfahrung-
gen Stellung genommen. Das Ergebnis der Verhandlung sind die nachfolgenden Vorschläge. Die darin aufgezeichneten Maßnahmen müssen
beschleunigt durchgeführt werden, damit der Fortsetzung der Transporte im verstärkten Maße zu rechnen ist.

1. Das Lager Gronenfelde hat sich als zu klein erwiesen, um die
   täglich überwiesenen Heimkehrer aufnehmen zu können. Auch sind
   die Baracken nicht winterfest. Es ist deshalb ein Ausbau des
   Lagers notwendig und außerdem die zur Verfügungstellung der
   Lager Gathaus und Südring. Südring soll als Hospital eingerichtet werden.

2. Auch die Methoden der Abfertigung der Heimkehrer nach ihrer
   Überweisung aus der Hofkaserne hat sich als ungenügend erwiesen. Es ist notwendig, daß die Heimkehrer mindestens ein bis
   zwei Tage in Gronenfelde bzw. Gathaus bleiben, um die adminis-
   trative Arbeit und die politische Betreuung ordnungsgemäß
   durchführen zu können. Die Überweisung soll abwechselnd an
   Gronenfelde und Gathaus erfolgen. Die Entlassungsscheine sind
   von den Behörden der SMA an die deutschen Behörden der Lager
   Gronenfelde und Gathaus zu geben. Sie sind erst bei der tat-
   sächlichen Entlassung der Kriegsgefangenen in einem Ort ihres
   Landes zu verteilen.

3. Im Land Sachsen, Provinz Sachsen und Provinz Brandenburg, Thüringen und Mecklenburg sind in der Hauptstadt oder in deren
   Nähe ein oder mehrere Lager für die Heimkehrer zur Verfügung
   zu stellen. In diese Lager sind die für das betreffende Land
   zuständigen Heimkehrertransporte zu leiten. Dort werden die
   Heimkehrer entlassen, nachdem sie von ihren Angehörigen Zivilkleidung erhalten haben. Nur in Fällen der Bedürftigkeit ist
   an die Zivilkleidung aus den gesammelten Beständen zu verteilen.
   Durch diese Maßnahme wird vermieden, daß die Heimkehrer in
   ihren alten Uniformen wochenlang die Straßen bevölkern. Diese
   Entlassungslager müssen unter die Verwaltung der entsprechenden Landesverwaltungen gestellt und von ihnen unterhalten werden.

- 2 -

4. Der Abtransport aus den Lagern Gronenfelde und Gathaus hat in
Landesgruppen zu erfolgen. Die Transportleiter sind von den
Landes- bzw. Provinzialverwaltungen zu stellen. Es darf kein
Zug ohne einen solchen Vertreter abgehen. Für jeden Waggon sind
Waggonälteste zu bestimmen. Die Bewachung der Transporte hat
durch Formationen der Sowjetarmee oder durch Hilfspolizei zu erfolgen. Die Züge dürfen nicht auf Nebengeleise geführt, sondern
müssen möglichst ohne Unterbrechung nach ihrem Ziel geleitet
werden. Durch diese Maßnahme soll in Zukunft vermieden werden,
daß die Heimkehrer die Gärten und Felder plündern, an den Bahn-
dämmen abkochen und Schaden stiften.

5. Als Marschverpflegung sind die von der SMA akzeptierten Produkte
zu liefern und zwar 1200 gr. Brot, 80 gr. Fleisch- oder Wurst-
konserven oder 200 gr. Käse, 100 gr. Marmelade, 17 gr. Zucker,
1 Stück Seife für drei Tage (30 gr.).
Auf jede Raute sind Verpflegungsstationen einzurichten, in denen
Kaffee, Suppe und Brot etc. ausgegeben wird. Die notwendigen Nah-
rungsmittel dafür können im wesentlichen aus den ausländischen
Spenden entnommen werden.

6. Die gesammelten Bekleidungsstücke sind nicht mehr nach Frankfurt/O.
zu liefern, sondern bleiben in den einzelnen Ländern und werden
dort in erster Linie an die heimatlosen Heimkehrer zur Verteilung
gebracht.

7. Die heimatlosen Heimkehrer sind wie bisher nach besonderen Lagern
zu dirigieren. Dort werden sie eingekleidet und zur Arbeit vermittelt. In diesen Lagern sind Vertreter des Suchdienstes zu unterhalten, die an Ort und Stelle die notwendigen Feststellungen
über Angehörige der Heimkehrer machen und die Nachforschungen
durch den zentralen Suchdienst einleiten.

8. Das deutsche Sanitätspersonal in den Frankfurter Krankenhäusern
ist durch Antifaschisten zu verstärken. Die schlechte Auswahl
dieses Personals hat zu Unterschlagungen von Lebensmitteln und
anderen Dingen geführt. Die Lazarettzüge sind besser einzurichten und auszustatten.

9. Todesfälle von Heimkehrern sind der deutschen Verwaltung von der
Hornkaserne sofort zu melden. Das Krematorium in Frankfurt/O.
ist wieder einzurichten, damit den Angehörigen auf Wunsch die
Asche der Verstorbenen zugestellt werden kann.

10. Zur politischen Betreuung ist ein gedrucktes Merkblatt herauszugeben, daß in Frankfurt/O. zur Verteilung kommt und Auskunft über
die Heimreise in der Ostzone, der Westzone, über die weitere Betreuung der Heimatlosen, über den Eisenbahntransport, die Marschverpflegung usw. gibt.

- 3 -

Das Traktat der Heimkehrer "Du fragst – wir antworten" ist an
jeden Heimkehrer auszuliefern, damit er eine Antwort erhält
über die Verhältnisse in der Ost- und Westzone, über die politische und wirtschaftliche Bewegung, über die Fragen der
Arbeits- und Sozialfürsorge etc.

Heimkehrerversammlungen sind jeden zweiten Tag zu veranstalten,
so daß jeder Einzelne durch eine dieser Veranstaltungen erfaßt
wird. Die Verbreitung von Zeitungen und Zeitschriften ist zu
steigern. Vertreter der Presse sind dauernd in Frankfurt/O. zu
stationieren, um an Ort und Stelle bereits Interviews mit Heimkehrern zu veranstalten und Material für die gesamte Presse
zu schaffen.

In allen Lagen sind Antifa-Schüler ständig zu verwenden. Es
gibt darunter sehr viele heimatlose Heimkehrer, die gern bereit
sind, diese Arbeit für längere Zeit zu übernehmen.

11. Alle Lagerleitungen sind durch die Zentralverwaltung der Umsiedler und die örtlichen Behörden zu überprüfen, ebenso die Lager
selbst, damit alle bestehenden Mißstände beseitigt werden.

Wir bitten, zu den Vorschlägen Stellung zu nehmen und Ergänzungen
dazu, die sich aus Euren Erfahrungen ergeben haben, möglichst umgehend nach hier mitzuteilen.

Mit sozialistischem Gruß!
Zentralsekretariat der S.E.D.
Hauptabteilung IV

N.B.

12. Die Heimkehrer, die in den Westzonen zuständig sind, sollen
weiterhin in besonderen Lagern zusammengefaßt werden und betreut werden. Auch die sind nach Zonen und innerhalb derselben
nach Ländern einzuteilen und möglichst in geschlossenen Transporten über die Zonengrenze zu leiten. Es soll erstrebt werden, daß
sie an der Grenze durch Beauftragte der in Frage kommenden Landes-
regierung übernommen und nach ihren Heimatorten transportiert werden. Ihre Versorgung mit Zivilkleidung muß durch die Behörden
ihres Heimatlandes erfolgen. Entsprechende Vereinbarungen zur Regelung der Übergabe des Weitertransportes und der Versorgung mit
Zivilkleidung sind zwischen den Verwaltungen der Länder und Provinzen der Ostzone und den Regierungen der Länder der Westzonen herbeizuführen.

Die aus den westlichen Zonen kommenden Heimkehrer, die in der Ostzone zuständig sind, werden wie bisher in Quarantänelagern gesammelt. Nach Ablauf der Quarantäne sollen sie in Landesgruppen eingeteilt und zur endgültigen Entlassung ebenfalls nach den zuständigen Entlausungslagern der einzelnen Länder überführt werden. Sie
sind, wenn bedürftig, aus Beständen ihres Heimatlandes mit Zivil-
bekleidung zu versorgen.

Dokument 16:
Antrag des Zentralsekretariats der SED an den Gemeinsamen Aus-
schuß der antifaschistisch-demokratischen Parteien für einen Aufruf
»Hilfe für die Heimkehrer«, 6. Mai 1946
(SAPMO-BArch DY/3)

91

Sozialistische Einheits- **SPD**

~~SOZIALDEMOKRATISCHE~~ PARTEI DEUTSCHLANDS

Zentral~~ausschuß~~sekretariat

Sozialdemokratische Partei Deutschlands, Berlin W 8, Behrenstraße 35-39

An das Verbindungsbüro
der Einheitsfront der antifaschistisch-demokratischen
Parteien

B e r l i n C 2

Parochialstr.3

BERLIN W 8
BEHRENSTRASSE 35-39

IHR ZEICHEN	IHR SCHREIBEN VOM	UNSER ZEICHEN	DATUM
		L/S.	6.5.1946

Wir übersenden Ihnen anliegend einen Antrag für die nächste
Sitzung des Gemeinsamen Ausschusses, den in dem Antrag ent-
haltenen Aufruf "Hilfe für die Heimkehrer" zu veröffentlichen.
Wir bitten, diesen Antrag auf die Tagesordnung der nächsten
Sitzung zu setzen und den Parteien den Antrag noch vor der
Sitzung zugänglich zu machen. 4 Exemplare des Antrags fügen
wir bei.

Sozialistische Einheitspartei
Deutschlands

Abt. Arbeit und Sozialfürsorge

Der gemeinsame Ausschuss der Einheitsfront der antifaschistisch-Demo
kratischen Parteien hat in seiner Sitzung vom..........................
beschlossen, um der Not der heimkehrenden Kriegsgefangenen zu steuern,
folgende Vorschläge zu machen:

Die von ihren Angehörigen sehnlichst erwarteten ehemaligen Soldaten kehren
zu vielen Tausenden aus der Kriegsgefangenschaft heim.
Viele unter ihnen haben entgegen Hitlers Befehl, bis zur letzten Patrone
zu kämpfen, den Weg in die Gefangenschaft angetreten und damit ihr Leben
für ihre Familie und für Deutschland gerettet.
In die Heimat zurückgekehrt, suchen viele dieser entlassenen Kriegsgefan-
vergeblich ihre Angehörigen.

Viele stehen vor den Trümmern ihrer Wohnung.

Viele glaubten, auf ihren alten Arbeitsplatz zurückkehren zu können
und suchen jetzt vergeblich die Fabrik, das Büro, die frühere Arbeits-
stätte.
Viele der jüngeren Generation stehen unfertig im Leben, weil ihre Berufsausbildung durch die Erziehung zum Kriegsdienst unterbrochen wurde.

Die materielle Not und das Bewusstsein, jahrelang einer schlechten Sache
gedient zu haben, löst bei vielen Heimkehrenden eine tiefe Nieder-
geschlagenheit aus.

Ihnen allen sei gesagt: Die Heimat erwartet ihre entlassenen Kriegsgefangenen, die Heimat will ihnen helfen!

Die antifaschistisch-Demokratischen Parteien rufen alle Behörden,
alle Organisationen, Frauen-und Jugendausschüsse auf, den entlassenen
Kriegsgefangenen die Rückkehr in das tägliche Leben zu erleichtern.

Insbesondere wird Hilfe von den Arbeits-und Sozialämtern erwartet.

Jedes Arbeitsamt soll eine Stelle schaffen, die sich der Heimkehrer besonders annimt, die dafür sorgt, dass die Heimkehrer baldigst Beschäftig-
ung erhalten oder umgeschult werden. Vorher sollte ihnen zur Regelung
ihrer persönlichen Verhältnisse eine Frist von zwei bis drei Wochen gewährt und für diese Zeit bereits die Lebensmittelkarte gegeben werden,
die ihnen später nach ihrem Beruf zusteht.
Besondere Hilfe benötigen diejenigen, die auf der Suche nach ihren Angehörigen und nach einer neuen Heimat sind, ihnen ist sofort Wohnung und
Arbeit zu verschaffen, damit sie sich leichter in die ungewohnten Verhältnisse finden.
Die Sozialämter und die Solidaritätsaktionen der Länder und Provinzen
sollen bemüht sein, Kleidung, Wäsche, Schuhe und ähnlichen Bedarf für
die Heimkehrer heranzuschaffen.
Nicht nur seiner Familie, sondern auch bei jeder Behörde und bei jeder
Organisation soll der Heimkehrer empfinden, dass man Verständnis für seine
hat und ihm helfen will. Trachten wir danach, seine Sorgen zu verringern,
helfen wir ihm vor allen, in Arbeit zu kommen!

Den Heimkehrern aber rufen wir zu: Reiht euch ein in die Gemeinschaft
der aufbauwilligen antifaschistisch-Demokratischen Kräfte, lasst keinen
Kleinmut aufkommen, helft auch ihr mit, dass alle Arbeit und Brot finden.
So dient ihr Eurer Familie, so dient Ihr Eurem Vaterlande.

Dokument 17:
Tagesordnung der Sitzung des Gemeinsamen Ausschusses der antifa-
schistisch-demokratischen Parteien vom 16. Mai 1946 und der dort
beschlossene Aufruf an die Berliner Bevölkerung
(SAPMO-BArch DY/3)

9 3

<u>An die Herrn Parteivorsitzenden</u>

Für die am 16.5. nachmittags 4 Uhr vorgesehene Sitzung des
Gemeinsamen Ausschusses der Einheitsfront ist folgende Tagesordnung vorgesehen:

1. Antrag des FDGB auf Aufnahme in die Einheitsfront,

2. Antrag der LDP auf Anerkennung des Gemeinsamen Ausschusses als Körperschaft des öffentlichen Rechts,

3. Aufruf der vier Parteien "Hilfe für die Heimkehrer"
   (eine -eufassung, vorgelegt von der KPD und SPD, ist
   als Anlage beigefügt).

Aüfrüf an die Berliner Bevölkerüng!

Helft den heimkehrenden Kriegsgefangenen!

Tausende Söhne Berlins sind bisher aus der Kriegsgefangenschaft in ihre Heimatstadt zurückgekehrt, tausende werden folgen!

Viele der Heimkehrer finden nichts von ihrer Habe wieder.

Deshalb ruft der Heimkehrer-Ausschuß Groß-Berlin, der sich aus den Vertretern der vier antifaschistisch-demokratischen Parteien, des FDGB, des Frauen- und Jugendausschusses und des Berliner Magistrats zusammensetzt, zu einer großen Selbsthilfe-Aktion der Berliner Bevölkerung für unsere bedürftigen Heimkehrer vom 6. bis 13. Oktober 1946 auf.

Helft den mittellosen Heimkehrern!
Gebt von Eurem Wenigen!
Gebt, was Ihr an Kleidung entbehren könnt!
Gebt Lumpen und Altpapier!
Spendet nach besten Kräften Geld!

Wenn jeder Berliner Haushalt nur 1 Pfund Lumpen spendet, können wir tausenden Berliner Heimkehrern einen neuen Anzug geben.

Beweist durch die Tat, daß wir in der Not fest zusammenstehen!

Die antifaschistischen Parteien richten mit dem Magistrat und den Bezirksämtern Sammelstellen zur Annahme Eurer Spenden ein.

Für die gerechte und gewissenhafte Verteilung der Spenden garantieren die in allen Bezirken geschaffenen Heimkehrer-Ausschüsse sowie der Berliner Magistrat.

Unsere Hilfe soll den Heimkehrern neuen Mut und neue Tatkraft für das Leben geben.

Berlinerinnen, Berliner, gebt! Und Berlin wird ein leuchtendes Beispiel echter Solidarität in der Not unseres Volkes sein.

Berlin, im September 1946.

Die Vorstände **der vier antifaschistischen Parteien** **Berlins**	**Der Heimkehrer-Ausschuß** **Groß-Berlin**

Oberbürgermeister Dr. Werner; Propst Grüber; Dir. Herzberg, Deutsche Staatsoper; Schomburgk, Afrikaforscher; Bürgermeister Schwenk; Bürgermeister Orlopp; Domkapitular Buchholz, Beirat f. kirchl. Angelegenh.; Stadtrat Dr. Harms; Prof. Stroux, Rektor der Universität Berlin; Prof. Bennedik, Hochschule für Musik; Polizeipräsident Oberst Markgraf; Intendant Langhoff, Deutsches Theater; Stadtrat Dr. Haas, Stadtkämmerer; Intendant Karlheinz Martin, Hebbel-Theater; Bürgermeister Maron; Stadtrat Winzer; Chwalek, Schlimme, Lemmer, FDGB Groß-Berlin; Elli Schmidt, Käte Kern, Frauenausschuß der SED; Dr. Marion Gräfin York von Wartenburg; Ilse Haak, Hauptausschuß „OdF.", Johannes R. Becher; Klaus Gysi, Chefredakteur des „Aufbau"; Gustav Brack, Präs. d. Zentralverw. f. Arbeit u. Sozialfürsorge; Dr. Paul Konitzer, Präs. d. Zentralverw. f. Gesundheitswesen; Dr. Alfred Beyer, Vizepräsident d. Zentralverw. f. Gesundheitswesen; Dr. W. Lindenberg, Zentralverw. f. Gesundheitswesen; Stadtrat Hans Jendretzky, Otto Braß; Martha Arendsee; Siegmund Weltlinger, Beirat für kirchliche Angelegenheiten; Stadtrat Ottomar Geschke; Ernst Wildangel, Leiter des Hochschulamtes; Professor Havemann; Max Seydewitz, Intendant des Berliner Rundfunks; Stadtrat Prof. Scharoun; Dr. Hermann Landwehr.

Einzahlungen von Geldbeträgen an das Berliner Stadtkontor unter Konto-Nr. 1992 erbeten.

(37) G — 25. 9. 46 Magistratsdruckerei Berlin N 4, Linienstraße 139-140. -

1741. 19. 9. 46

Dokument 18:
Tagesordnung der Sitzung des Gemeinsamen Ausschusses der Einheitsfront der antifaschistisch-demokratischen Parteien am 21. Juni 1946 mit handschriftlicher Teilnehmer-Liste (SAPMO-BArch DY/3)

T a g e s o r d n u n g

der Sitzung des Gemeinsamen Ausschusses der Einheitsfront
der antifaschistisch-demokratischen Parteien
am 21. Juni vormittags 11 Uhr
im Stadthaus, Zimmer 118

1. Aufruf zur Brüderlichung (Vorlage)

2. Beschluss zum Volksentscheid in Sachsen (Vorlage)

3. Stellungnahme zum Erlass der Sowjetischen Militärverwaltung über die Gemeindewahlen in der Sowjetzone

4. Stellungnahme zur Angelegenheit der Reichsgerichtsbibliothek

5. Angelegenheit der Behandlung der ehemaligen nominellen Nazimitglieder.

- - - - - - - - - -

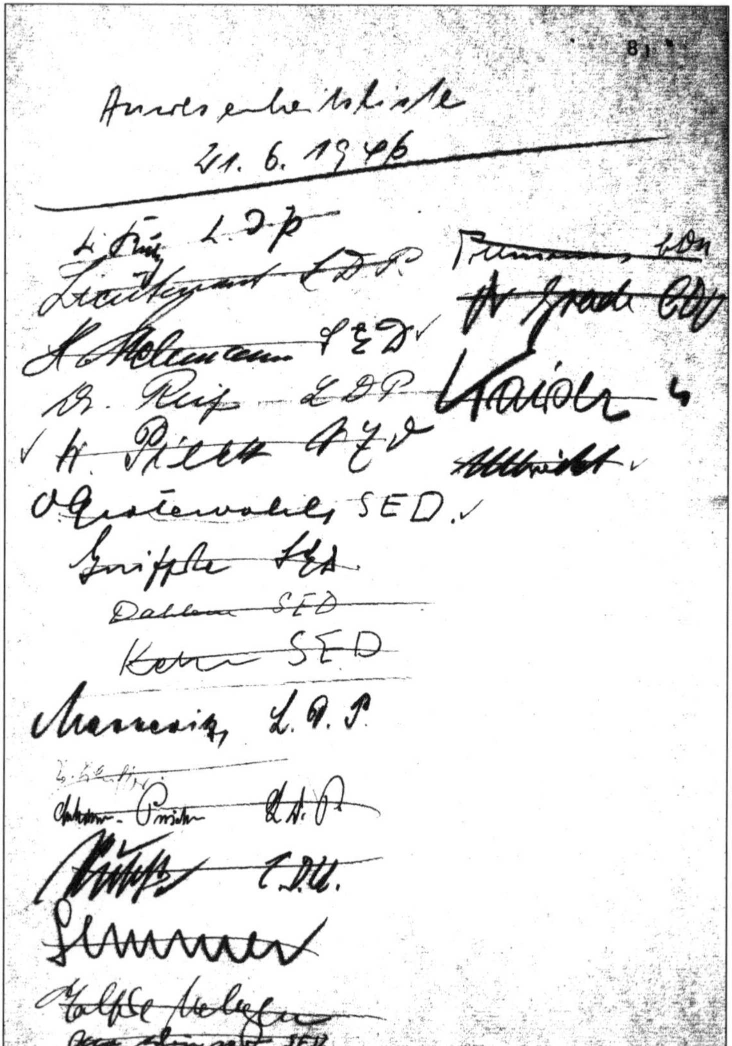
81

Anwesenheitsliste

21. 6. 1946

LDP

LDP

SED

LDP

CDU

SED.

SED

SED

SED

L.D.P.

L.D.P.

C.D.U.

SED

CDU

CDU

Dokument 19:
Eintragung Wilhelm Piecks in das Gästebuch des Heimkehrer-
Lagers in Gronenfelde (Frankfurt/Oder), 10. August 1946
(SAPMO-BArch NY 4036/428)

28-7 26

Eintragung in das Gästebuch

      des Heimkehrer-Lagers in Gronenfelde (Frankfurt/Oder)

Es ist
zu der Sozialistischen Einheitspartei Deutschlands
und dem großen Entgegenkommen der Sowjetischen
Militärverwaltung zuzuschreiben, dass zunächst
120.000 Kriegsgefangene aus der Sowjetunion in die
Heimat zurückkehren.
Wir bemühen uns weiter darum, dass alle Kriegsgefangenen
recht bald ihre Heimat wiedersehen.
Mit dem Eintritt in das Lager Gronenfelde seid Ihr
wieder freie Menschen. Ich wünsche, dass Ihr Eure
Angehörigen, Eure Frauen und Kinder, Eure Eltern und
Geschwister gesund wieder findet.
Wir werden als Partei alles tun, um Euch bei der Über-
windung der vorhandenen Schwierigkeiten behilflich zu sein.
Ich richte an Euch den Appell mit vollem Selbstvertrauen
und aller Energie am friedlichen Wiederaufbau mitzuarbeiten.
Schaut Euch zu Hause um und reiht Euch ein in das Leben
und die Arbeit für unser neues demokratisches, friedliches
Deutschland.

10. 8. 1946   gez. W. P i e c k

Dokument 20:
Schreiben der SED-Ortsgruppe Hessen an Paul Merker im Zentral-
sekretariat der SED mit Bitte um Intervention bei den sowjetischen
Behörden zur Freilassung von Kriegsgefangenen, 27. Januar 1947
(SAPMO-BArch DY/IV2/2.022/36)

SOZIALISTISCHE EINHEITSPARTEI DEUTSCHLANDS

Ortsgruppe Hessen

Hessen, den 27. Januar 1947.

An das
Zentralsekretariat der S. E. D.
B e r l i n
Lothringer STR. 1
z. Hd. des Gen. Karl Merkel

Betr. Entlassung von Antifaschisten aus der russischen Kriegsgefangenschaft.

Lieber Genosse Merkel!

Als Vorsitzender der SED Gebietsleitung Hessen, wende ich mich noch
einmal an Dich, mit der Bitte, den Paul Walter K l e i n , in Augen-
schein zu nehmen.

Ich lege anbei seine letzte Adresse, da die Möglichkeit besteht, daß
unser Genosse Klein inzwischen versetzt worden ist.
Du mußt es verstehen, daß die Hinterbliebenen mich dauernd aufsuchen,
und fortlaufend Klagen darüber führen, warum die Nazis entlassen
werden, und die Antifaschisten in der Kriegsgefangenschaft verbleiben.

Wir haben z.B. hier am Ort Fälle zu verzeichnen, wo z. B. ein ehemaliger Großbauer Meerdorf als Militarist (Major-Rittmeister) früher
schwerer Stahlhelmer, Besitzer von 300 Morgen Land, der vor und in
den Nazijahren seine Arbeiter drückte, in den Stahlhelm, Kriegerverein
usw. einzutreten, derselbe nunmehr aus der russischen Kriegsgefangenschaft entlassen wurde.
Weiterhin ein ehemaliger Ortsgruppenleiter Ebeling der Nazis vor Weih-
nachten von den Amerikanern entlassen wurde.

b. wenden!

So könnten Beispiele über Beispiele angegeben werden, was natürlich unter unseren Antifaschisten, dessen Angehörige immernoch in der Kriegsgefangenschaft sein müssen, schwer beurteilt wird, und uns in unserer
politischen Arbeit hindert.
Deshalb sei bitte so gut, und nimm Dich dieser Sache doch noch einmal an.

> Mit soz. Gruß:
> SED Ortsgruppe und Gebiets-
> leitung Hessen,
>
> Vorsitzender der SED
>
> L. Dörge

1 Anlage.

Dokument 21:
Austrittserklärng hessischer Sozialisten aus der SPD,
16. April 1947 (SAPMO-BArch NY 4036/640)

Pressedienst
    (PD)   16. April 1947

            Nachrichten und Kommentare
            ===================================

    Austrittserklärungen hessischer Sozialisten aus der SPD
    -
    Die Austretenden erklären Politik der SPD für verderblich
                            F r a n k f u r t a.M.,16.4. (Eig.Ber.)
    Eine Gruppe hessischer Sozialisten, die die einheitsfeindliche
    Politik der sozialdemokratischen Parteiführung nicht mehr mitzu-
    machen gewillt sind, wandten sich mit folgendem Brief an den Lan-
    desvorstand Hessen der Sozialdemokratischen Partei:

"An die Sozialdemokratische Partei
Landesvorstand Hessen

Werte Genossen !

    Wir Unterzeichneten erklären hiermit unseren Austritt aus der
Sozialdemokratischen Partei, da wir es als Sozialisten mit unserem
Gewissen und mit unserer Auffassung über die Grundsätze des wissenschaftlichen Sozialismus nicht länger vereinbaren können, einer Partei anzugehören, die weder demokratisch noch sozialistisch ist, und
deren Politik wir für verderblich halten.

    Seit etwa 4 Jahrzehnten wird die Politik der Sozialdemokratischen
Partei von einer geistigen Auffassung bestimmt, die sich von den le-
bendigen Grundsätzen des wissenschaftlichen Sozialismus immer weiter
entfernt hat. Es war August Bebel, der mit aller Entschiedenheit
gegen das lähmende und jede Bewegung tötende Gift des Revisionis-
mus kämpfte und die Partei eindringlich davor warnte, eine sozialistische Reformpartei zu werden. Die Partei hat diese Warnung in den
Wind geschlagen. Das Urteil aber hat die Geschichte gesprochen:
Spaltung der deutschen Arbeiterbewegung 1918, die Revolution verloren; Wiederaufleben der Reaktion;— Sieg des Faschismus; 6 Jahre
Hitlerkrieg; und am Ende ein zerschlagenes und zum Bettler der Welt
gewordenes Deutschland.

    Die Niederringung des faschistischen Deutschland durch die Heere
der Vereinten Nationen war verbunden mit dem Zusammenbruch der bür-
gerlich-kapitalistischen Gesellschaft in Deutschland. Auf den Trümmern
dieser alten, untergegangenen Welt muss ein wirtschaftlicher, gesell-
schaftlicher und politischer Neubau errichtet werden. Nach dem völli-
gen Versagen der herrschenden Klassen, die ausschliesslich die ge-
schichtliche Fehlentwicklung unseres Volkes bestimmten - auch nach
1918, weil damals eine zaghafte, vor entscheidenden Massnahmen zurück-
schreckende Führung der SPD den Schutz der Republik den kaiserli-
chen Generälen und dem Feldmarschall von Hindenburg anvertraute -
kann nur die deutsche Arbeiterbewegung Träger eines wahrhaft demokratischen und sozialistischen Neuaufbaus sein. Wenn aber nach 1918
die Arbeiterschaft getrennt geschlagen wurde, so bedarf es weniger
Einsicht, um zu erkennen, dass sie nur vereint unter Führung einer
zielbewussten und entschlossen sozialistischen Partei ihren geschichtlichen Auftrag erfüllen und unser Volk aus den Ruinen zu neu-
em Leben führen kann.

    Es ist die historische Schuld der derzeitigen Sozialdemokratischen
Parteiführung, sich dieser nüchternen Erkenntnis verschlossen zu
haben. Statt die Einheit der deutschen Arbeiterklasse zu schaffen,
stellt sich ihr unter Missachtung jeder inneren Parteidemokra-
tie mit den Mitteln des geistigen Terrors in den Weg, hindert somit

die deutschen Arbeiter an der Erfüllung ihrer geschichtlichen Aufgabe
und ist auf dem besten Wege, die letzte Lebenschance des deutschen
Volkes zu verspielen.

Statt sich freimütig auch zu ihren Fehlern nach 1918 zu bekennen
und die so teuer bezahlten geschichtlichen Lehren zu beachten, hält
die SPD-Führung ihre Politik in der der Vergangenheit für unantastbar
und wiederholt die Politik der Halbheiten, des ständigen Nachgebens
und der prinzipienlosen Kompromisspolitik, die in jedem denkenden
Arbeiter unwillkürlich die Erinnerung an die Wahl Hindenburgs, an die
Zustimmung zu Panzerkreuzern, an die Widerstandslose Beseitigung der
"preussischen Machtposition Braun-Severing" durch einen Leutnant
und drei Mann usw. wachruft.

Die verhängnisvollen Auswirkungen dieser Politik sind indessen
offenkundig geworden. So stellt die SPD-Führung selbst fest, dass
sie die reaktionäre und rückläufige Entwicklung "seit Monaten mit
wachsender Besorgnis beobachte". Seit wann ist es denn Aufgabe einer
politischen Partei, dazu noch der zahlenmässig stärksten im Westen,
die Entwicklung nur zu "beobachten" anstatt zu gestalten? Es ist
höchst gefährlich, nur zu "beobachten", zumal in einer geschichtlich
so bewegten Zeit, und es ist ebenso billig wie gefährlich, nach der
These "totaler Sieg bedeutet totale Verantwortung" die Schuld anderen
zuzuweisen.

Wir sind beispielsweise mit der SPD-Führung durchaus der Ansicht,
dass die Frage der Ernährung in den Händen eines sozialistischen
Ministers besser aufgehoben wäre als bei einem Ernährungsminister
der CDU. Wenn die SPD-Führung nun der Ernährungsminister der CDU
für die mehr als gespannte Ernährungslage, für die ungleichmässige
Behandlung der Länder in der amerikanischen Zone verantwortlich
machen will,—nun, so fragen wir: wer hat denn der SPD vorgeschrieben,
die auf durchaus demokratischem Wege erzielte Linksmehrheit in Hessen
zu zerschlagen, einen klaren Volksauftrag zu ignorieren und den Herrn
Grosspächter Lorberg von der CDU zum Ernährungsminister zu bestellen?

Wer schreibt den 7 Mitgliedern der SPD-Fraktion des hessischen
Landtages vor, durch Stimmenthaltung das von der KPD eingebrachte Be-
triebsrätegesetz zu Fall zu bringen und damit die Demokratisierung
der Wirtschaft zu verschleppen?

Nein, es ist der Politik der SPD-Führung selbst zuzuschreiben,
wenn die Reaktion von Tag zu Tag mehr Boden gewinnt. Wir haben als
verantwortungsbewusste Sozialisten gegen die Fortsetzung dieser von
der Geschichte bereits verurteilten Politik gekämpft und sind für die
Einheit der deutschen Arbeiterbewegung eingetreten. Wir haben uns dabei nur von der berechtigten Forderung leiten lassen, eine Wiederho-
lung der demütigenden Ereignisse nach 1918 zu vermeiden und von dem
Willen, die mehr als 8 Jahrzehnte von den deutschen Arbeitern mit
soviel Hingabe, Idealismus und Opfern geführten Kämpfe um wahre Demokratie und Sozialismus zu Ende zu führen.

Noch niemals in der Geschichte der Sozialdemokratie wurden Beschlüsse wie jene von Enkheim, Hannover und Offenbach gefasst, in
denen man in undemokratischer Unduldsamkeit die Achtung der Anhänger
des sozialistischen Einheitsgedankens aussprach und sie ohne Verfahren als ausserhalb der Partei stehend erklärte. Satzungswidrig
und gegen jede demokratische Grundregel verstossend, verleugnet
die SPD-Führung damit auch die im SPD-Mitteilungsblatt vom 17.1.47
veröffentlichten Parteigrundsätze, wonach die Minderheiten ein
anerkanntes Recht auf Kritik und praktische Betätigung innerhalb
der Partei haben und die Chance besitzen, in der Partei zur Mehrheit zu werden.

Die Unterzeichneten, zum Teil seit vielen Jahrzehnten in der Sozialdemokratie und in der Arbeiterbewegung stehend, haben darauf nur eine Antwort: den Austritt aus der Partei. Unser Ringen um die Einheit der deutschen Arbeiterklasse wird deswegen keine Unterbrechung erfahren und wir rufen Euch in dieser Stunde zu:

Glaubt nicht an das Märchen von der"Zwangsvereinigung im Osten. Wir haben uns mit eigenen Augen überzeugt. Vernunft, Einsicht und Verantwortungsbewusstsein, die gemeinsame Not und das gemeinsame Ziel der Demokratie und des Sozialismus haben zur Einheit geführt. Die Sozialistische Einheitspartei mit 2 Millionen Mitgliedern verkörpert jene grosse Tradition, die mit den Namen Karl Marx, Friedrich Engels, August Bebel, Karl Liebknecht und Rosa Luxemburg für immer in die Geschichte eingegangen ist.

Macht auch Ihr Schluss mit der verhängnisvollen Spaltung! Geht mit uns den Weg zur Einheit! Zeigt Euch in grosser Stunde nicht klein!

"Proletarier aller Länder vereinigt Euch!" haben wir auf unsere Fahnen geschrieben. Wir gehen auf diesem Wege voran, indem wir herstellen

    die Einheit der deutschen Arbeiterklasse.

Es lebe die Demokratie! Es lebe der Sieg des Sozialismus!

Paul Kohlhöfer,	Schriftsteller	Heinr. Leschhorn, Schlosser
Wilhelm Dieterle,	Mechaniker	Rudolf Hänsch, Ingenieur
Otto Lichtinger,	Geschäftsführer	Maria Hohmann, Hausfrau
Leonhard Daum,	Lehrer	Gottfried Bassler, Bezirksvor-
Jakob Kern,	Darmstadt	sitzender der Gewerkschaft
Wilhelm Foster,	Verw.Inspektor a.D.	Druck und Papier
Ernst Knevels,	Schlosser	Heinr. Pfeffer, Schichtmeister
Ludwig Obst,	Wirtschaftsprüfer	

Zu vorstehender Erklärung bevollmächtigt:
(Karl Hauser)

Landesleitungen der Kommunistischen Partei in
der französischen Zone tagten
- - - - - - - - - - - - - - - - - - - -

Baden-Baden, 16.4. (Eig.Ber.)

Anfang April tagten die Landesleitungen der Länder Rheinland-Pfalz, Saargebiet, Süd-Württemberg und Süd-Baden der KPD. Sie nahmen Stellung zur Moskauer Konferenz, zu den interzonalen Konferenzen der KPD in Frankfurt/Main und Kassel und befassten sich in ernsten Beratungen mit den dringendsten Aufgaben der Arbeiterbewegung Deutschlands und seiner demokratischen Neugestaltung.

Auf allen Landesleitungs-Sitzungen wurde beschlossen, zum kürzest möglichen Termin Parteitage anzuberufen. Diese werden im Zeichen des Kampfes um eine demokratische Verfassung, der am 18. Mai stattfindenden Wahlen und der Beschlussfassung zur Verschmelzung der beiden Parteien SED und KPD stehen. Die Parteitage wurden einberufen für Süd-Württemberg am 26./27.April, für Rheinland-Pfalz am 4./5.Mai und am 17./18. Mai für das Saargebiet.

Die Kommunistische Partei in der französischen Zone, die in Süd-Württemberg gemeinsam mit der SPD und DVP gegen den antidemokratischen Verfassungsentwurf der CDU kämpft und in Rheinland-Pfalz ihr Nein gegen den reaktionärsten Verfassungsentwurf Deutschlands prokla-